〈岩波講座〉教育　変革への展望5

学びとカリキュラム

〔岩波講座〕

教育　変革への展望5

学びとカリキュラム

【編集委員】
佐藤　学
秋田喜代美
志水宏吉
小玉重夫
北村友人

岩波書店

刊行にあたって

二一世紀は、教育が、政治、社会、経済、文化の未来を決定する時代である。

近代の象徴として、国民国家の統合と産業主義社会の発展という二つの動因によって推進された公教育は、グローバリゼーションとポスト産業主義社会の出現により、その価値と意味を問われることとなった。教育は「量」の時代から「質」の時代へと転換し、教育内容、学びの様式、教育システムのイノベーションが求められるとともに、排除と差別による教育格差が顕在化し、学ぶ者の権利の保障と平等の実現が、逼迫した課題として浮上している。

そのような課題を受けて本講座では、教育改革の指標を「質と平等の同時追求」として設定した。知識が高度化、複合化し、流動化する社会において、教育はどのような知識と学びを、子どもたちに提供すべきなのだろうか。一人も排除せず、一人残らず学びの主権者に育てる教育は、どのような哲学と実践と制度によって可能になるのだろうか。

現在、教育現場には改革の波が押し寄せているが、それらは子どもや教師や親の声から出発するというよりも、政治、経済、マスメディアなどの外在的な力によって発せられ、教育の内在的な規範や実践を突き崩すという深刻な状況にある。この現実を内破する実践は、どのようにして改革の希望を生み出すことができるのだろうか。

以上のような状況に対して、教育学は手をこまねいてきたわけでもなければ、無力でもない。本講座は、教育改革の実践的、理論的、政策的課題を教育の内側から問い直し、教育学を専門とする研究者の最先端の知識によって探究し、教育に携わる市民、教師、学生、研究者に最も信頼しうる知見を提供することを企図している。

本講座は五つの基本方針によって編集した。第一は、提供する知識の〈先進性〉である。第二は、教育の専門的知識の〈実践性〉である。第三は、教育を探究し実践する〈当事者性〉である。第四は、教育の議論における〈科学性と実証性〉である。そして第五は、教育を探究し政策化する〈グローバル性〉である。

本講座が、混迷の中にある教育現実に問題解決のための多様な糸口を指し示し、子どもたちと日本社会の希望を照らし出す一助となることを願っている。

二〇一六年二月

編集委員一同

岩波講座　教育　変革への展望5

目次

刊行にあたって

II　カリキュラムの系譜と展開

序論　学びとカリキュラム

秋田喜代美
佐藤 学

一　知識基盤社会における公教育

知識基盤社会と言われる現代社会。科学技術の急速な進展の中で、どのような知識を学習することが求められるのか。また、習得するだけではなく、さらにそこから新たな社会の形成や未来に向けて知識を自ら生成創出できるよう育てていくことがいかにして可能なのか。先達が築いてきた知識を学び、精緻にしたりして積み上げ増大させていく学習だけではなく、自らがあるいは社会が直面する課題に気づき、その課題の探究や解決のために、質や構造の異なる知識へと既存の知識を再構造化したり、発想を転換してリフレーム(再枠組み化)したりできるメタ的な思考や資質も、社会のイノベーションのために問われている。

ネット社会において、情報はデジタルメディアを介して氾濫している。子どもたちですら、携帯電話やスマートフォンを使用することで、自分たちの実生活に必要な情報を容易に得て使いこなす時代である。その中で、文化や学問分野の原理や重要な概念、核となる知識を深く理解し学ぶこと、また特定の教科分野だけではなく、それらを横断して求められる多様な知識やスキルもまた習得すること、そしてさらにはそこから新たな知を状況に応じて、また将来を見通しながら生み出す、創造力やメタ認知的資質、そのためのしなやかさが求められる。

特にグローバルな多文化状況が進展する現代社会の中では、自文化の価値だけではなく、異質な価値を理解したり、その中で意味の交渉や新たな価値の生成ができる資質をもち、文化を越えて人間として普遍の価値や倫理を学ぶことが、平和で持続可能な社会を構築するためには必要である。そしてこれらは、他者と共に協働し学ぶことを通して、初めて学ぶことができることである。

公教育は、子どもたちの目の前の実生活のための知識やスキルの育成だけではなく、今述べたように未来志向の教育である。高齢化する生涯の人生の中で、市民として心身ともに健やかに、かつ幸せに生活し、社会人や職業人として社会に寄与できるための、核となる知識や基礎技能、資質の習得が求められる。

「教育とは、学校で習ったすべてのことを忘れてしまった後に、自分の中に残るものを言う。そして、その力を社会が直面する諸問題の解決に役立たせるべく、自ら考え行動できる人間をつくること、それが教育の目的と言えよう」とはアインシュタインの言葉だが、様々な人が同様のことを指摘するように、心に深く刻み込まれた知や身についた知識こそが求められることになる。

課題大国といわれる日本。人口が集中する地域でも過疎化する地域でも人の絆の希薄化が進展し、地域に住まいながらも地域と分断された中で、子どもたちは日々生活している。その中で地域にある学校の役割は大きい。子どもたちが二〇年後、三〇年後に社会人となった時にどのような姿に育ってほしいと願っているのか、そのために学校ではどのように教育課程を編成するのか、具体的にどのような授業に取り組むことで子どもたちに良質の深い学びのプロセスが保障できるのかを、教師や保護者など学校に関わる大人たちが自律的に問うことが求められている。求める資質を育成するためには、どのような成果が学校教育の中で表れることを短期的また長期的に望むのか、ではそのためにどのように子どもたちの学びを評価し、さらにその評価を活かして次の教育につなげていくのかを問う必要がある。

しかも、そこには困難がある。限られた授業時数の中でそれをいかに実現するかである。また経済による家庭間格差や地域・学校間格差なく、どの子も落差なく、学校種の段差なく、どのように一貫して行うのかという平等性の保障である。またさらには設定された課題ができたか、できないかだけではなく、各々の子どものかけがえのなさとしての個性や卓越性を伸ばし、子どもが自信や自己有能感を持てる教育もまた求められることである。これらの条件下で、学びの質が問われている。その質の保証を目指す国・学校の「カリキュラム」と、カリキュラムに基づいて実施される「授業」、その中で子どもたちが経験する「学び」がそれぞれ別個に論じられるのではなく、三者間のつながりの中で相互の関係が問われ評価されなければならない。本巻のタイトルが「学びとカリキュラム」となっているゆえんである。「学び・授業・カリキュラム」としてもよかったのかもしれない。またその際にカリキュラムから学びの達成を見る視座だけではなく、子どもの学びの経験の質からカリキュラムとして学ぶ内容や授業のありようを問う視座も必要だろう。本巻の編者としては、このような思いで「学びとカリキュラム」という語順でのタイトルとしている。

二　学習指導要領改訂とカリキュラム

折しも、文部科学省は、学習指導要領の改訂に際して、これからの時代の人材に求められる資質、そのための教育課程としての学習指導要領、授業の方法における方法として「主体的、対話的、深い学びを目指す」授業としてのアクティブラーニングなどを提示している。これは、国家が目指す、これからの社会形成のための教育政策の実現である。政策立案担当者が国内外の動向や課題を丁寧に精査し形成されたものである。

ではその内容領域の専門家や各自治体や学校、教師はそれらをどのように受け止めるだろうか。一般の保護者や、出口として中等教育修了後に子どもたちを受け入れる大学や企業の人はどうだろうか。「理解し受け止めること」と「そのまま受け入れること」とは異なる。私たちはその政策の形成過程と結果を、常に吟味していくアクターとなることも求められる。

大綱化された要領は、自治体、学校、教師の自律的探究の可能性を与える。そのカリキュラム自身を問い、さらにそれを具体的に授業として実施するための多様な可能性を探究し、さらにその実施を多面的に評価するサイクルの中で、学校教育、授業の営みが問われていく必要がある。専門的な眼で、学習内容と学習方法の歴史を踏まえ、これからの多様化する社会への長期的視座という時間軸とグローバル化しつつある国際社会の動向の空間軸の座標軸の中で、今の日本の公教育とその改革を問うていかねばならないだろう。

行政が意図したカリキュラムと、それを教師が学校での授業において実施するカリキュラム、そしてそれを一人ひとりの生徒が経験するカリキュラムではそこにずれが生じる。また学校にはそれぞれに暗黙の規範としてのヒドゥンカリキュラムがある。それが教師や子どもの関係を暗黙に縛ったり、ある種の方向を向かせる働きをする。また授業で使用される教科書をはじめとする学習メディアや教材、文具や道具、机やいす、黒板をはじめとする身体姿勢を方向づける学習空間、学校建築等の環境が学習を物理的に制約しまた拡張もする。そしてその中で授業中に使用される言葉、教室での話し言葉や書き言葉の談話が学習を実際に方向づけている。この学習活動のシステムとカリキュラムの網の目の中で、生徒や教師がどのように学んでいるのかが問われ議論されなければならないだろう。

本巻はこのような問題意識から、教育内容や学習過程に関して学習科学や教育心理学、教育方法学や教科教育に関して教育学の専門分野の観点からこれらの問題点について論じたものである。本書は、大きく二部構成となっている。まず第I部では、学びのプロセスが問われる。子どもや教師の学びの過程をどのように捉えるのか、学習の理論や実践としての授業でのコミュニケーション過程、その授業のあり方を教師が学ぶ過程、習得されるリテラシーとして理数科リテラシーでの学びの過程と学力が論じられる。次に第Ⅱ部では、カリキュラムに焦点を当てカリキュラムの歴史的な展開の系譜とグローバルな展開、新たなカリキュラム内容として議論される英語教育や市民性の教育、アートの教育、メディアリテラシーの教育と学習環境が論じられる。

三　本巻の構成

本巻を読まれる方々は、以下の各章において二一世紀型のカリキュラムと学びが、どのような現実的な課題と切り結び、どのような研究と実践を基盤として、どのような進展をとげているかを探究することができるだろう。全一〇章にわたる論稿は、それ自体が、前世紀末から今世紀にかけて開拓された学習科学の俯瞰図であり、それらの科学的知見にもとづいて展開された学びの実践の来歴である。

知識基盤社会の展開は、新しい学びの概念と、その実践を推進する学習科学の創造を要請してきた。第1章「学びをめぐる理論的視座の転換」(白水始)は、一九九〇年代初頭、認知科学から創出された学習科学の展開をたどりながら、学びの概念それ自体を変革する視座を提示している。この叙述において白水が、アン・ブラウン、ジョン・ブランスフォード、マレーネ・スカーダマリアとカール・ベライターから学習科学の創成を基礎づけているのは至当である。たとえば、アン・ブラウンは、アメリカ教育学会の会長講演「学びの前進(The Advancement of Learning)」(一九九四年)において、フランシス・ベーコンの「手」と「精神」の結びつきの必要性を論じる『新オルガノン』(一六二〇年)の引用によって学習科学を基礎づけていた。この講演題目の英文名はベーコンの『学問の進歩』(一六〇五年)と同名であり、学習科学の創成が「学習革命」としての歴史的性格を帯びていることが示唆されている。白水は、現在の学びの視座の転換を「目標到達型」から「目標創出型」への転換、知識の「獲得メタファ」から「参加メタファ」への転換、さらには知識の「創造モデル」への展開として描き出す。そのうえで白水は「知識創造モデル」の学びが「協調的対話」の「建設的相互作用」(三宅なほみ)において創出されると述べ、教室における子どもたちの学び、それを支える教師たちの学び、そして研究者と教師の学びの「ネットワークのネットワーク」の構築を展望している。

教室の中へと視点を移してみよう。第2章「教室のコミュニケーションから見る授業変革」(一柳智紀)が論述するのは、教室の風景であり、思考の過程を共有し、相互に応じつつ支え合い、協働的、探究的に学び合う子どもたちの姿である。一柳が教室の観察から導き出すのはコミュニケーションの「参加構造」である。「参加構造」は、教室の談話における参加の権利と義務の関係を示す概念であり、コミュニケーションの場を構成している。コミュニケーションの場の変革は、教室をどう探究の共同体へと導くのだろうか。一柳は、「発表的な会話」と「探索的な会話」の相違を指摘し、「話し合う関係」から「聴き合う関係」への転換、そして教室に生起する「たどたどしい語り」(探索的な会話)の重要性を指摘している。一人ひとりが学びの主人公になる教室内の民主主義の実現が、協働的で探究的な学びの基礎になるのである。

現代の学校において子どもの学びと同等の価値をもつのが教師の学びである。教師は「教える専門家」から「学びの専門家」へと移行し、学校は教師が専門家として育ち合う共同体(professional learning community)へと変化しつつある。第3章「授業づくりにおける教師の学び」(秋田喜代美)は、教師の学びの起点を子どもからの学びとして描き出し、学習理論を「プロセス―プロダクト(過程―結果)アプローチ」(行動主義心理学)、「認知的モデリングアプローチ」(認知心理学)、「状況的・社会文化的アプローチ」の三つの系譜で定位したうえで、複雑で文脈的な教師の学びの実体に迫っている。そこから秋田は、教師が学校内外で「専門家の資本」(ハーグリーブズ)を豊かにする協働学習としての授業研究の意義と方法について提示している。

続く第4章「知識基盤社会における学力の構造と理数科リテラシー」(藤村宣之)は、いわゆるPISA学力の実態分析であり、「リテラシー」と「コンピテンシー」の二つの概念で提示されてきた未来志向の学力を「深い学習」として結実させるための方略を探究している。藤村は、これまでも日本の子どもの学力が「定型的問題に対する手続き的知識・スキル」(「できる学力」)においては高得点を獲得しながら、「非定型的問題(多様な解・解法・解釈などが可能な問題)の解決」(「わかる学力」)においては不十分な結果を示す実態を提示してきた。「暗記・再生」型の学習から「理解・思考」型の学習へと転換する必要性の指摘である。藤村が提示するのは、「多様な既有知識を活性化する非定型的問題の構成」と「個別探究場面の組織」と「クラス全体の協同探究における関連づけの重視」と「再度の個別探究場面の組織」で構成される「協同的探究学習(collaborative inquiry learning)」の実現である。この提言には「協同による理解の深まり」が実現する授業づくりの一つの典型がくっきりと示されている。

第I部におけるこれまでの章が学びのプロセスを解明する論述であったのに対して、第5章から第10章の第II部はカリキュラムに焦点をあてて、文化内容の領域ごとの真正の学び(authentic learning)のあり方とそれを実現するための課題について論述されている。

第5章「学校改革とカリキュラム変革の歴史と現在」(石井英真)は、「コンピテンシー」を基礎とするカリキュラム改革の現在を、一世紀にわたる「カリキュラム設計」の歴史的展開という俯瞰的な視点から再定位し、今日の「スタンダード運動」と「パフォーマンス評価」の改革に対する考察へと向かっている。濃縮されたカリキュラム研究史(論争史)とも言える本章の論述から浮かび上がってくるのは、今日のカリキュラム改革の課題の重層性であり複合性である。石井は「行動目標による評価」と「パフォーマンス評価」の差異を明確化し、「カリキュラムの構造化」にあたって「認知過程の高次化」と「理解の深さ」の追求の重要性を提示している。

第6章「「グローバル化」と英語教育カリキュラム」(斎藤兆史)は、混乱と混迷をきわめている英語教育の現状を解剖し、あるべき英語教育の方向性を明示している。斎藤が指摘している通り、「コミュニケーション」から「グローバル」へと移行しつつある日本の英語教育は政策的な混乱と実践的な混迷を深めている。そもそも日本人にとっての英語の学びは、「第二言語」の習得ではなく「外国語」の学びであるのだが、その認識がないまま、文化と歴史と社会と不可分の言語を中立的な「ツール」と「技能」として習熟と訓練の対象としてきたことが大問題である。その悪弊は昨今、「グローバル人材育成=英語教育」のもとで加速している。斎藤は、この実態を「失敗仮説」と「コミュニケーション+グローバル」政策の二つに腑分けして批判的に検証し、教師の個性と教えたいこと、学習者の希望、そして「教育・学習効率を中心におくカリキュラム」すなわち「文法・読解の基礎固め」を中心とする英語教育、何よりも学習者の「人間的な成長」を促す英語教育を提唱している。

第7章「民主的市民の育成と教育カリキュラム」(小玉重夫)は、シティズンシップ(市民性)教育の実現の筋道を「カリキュラム・イノベーション」の視点から描き出している。小玉が提起するのは「学力の市民化」であり「アマチュアリズム」に立った政治教育であり、「探究」が「政治主体」をつくるという政治教育の要諦が述べられている。この転換にあたって、教師の役割も「アカデミズムのエージェント」から「市民的批評空間のコーディネーター」へと転換するという。小玉が、その実例として紹介している福島原発事故以後の「知」のありようの変化や東京大学教育学部附属中等教育学校での「探究的市民」の教育実践には説得力がある。

第8章「アート教育カリキュラムの創造」(今井康雄)は、アートの教育を「ミューズ的教育」(表現の教育)、「専門領域立脚のアート教育」(ディシプリンの教育)、「バウハウス教育」(探究としてのアート教育)の三つの系譜に整理し、アートの教育を「一つの物の見方」と「聡明さ」へと結実させる方向を提示している。後半で分析される「金子・柴田論争」と「エリオット・リーマー論争」は、いずれもディシプリン中心の芸術教育をめぐる論争の批評であり、アート教育の立脚基盤を問う論述である。本章の終わりの「アート教育の学校教育における一つの意味は、身体や知覚や感情のような、アカデミックな教科では及びもつかない深部にまで、教育の対象範囲を広げる点に見出せるだろう」という一節は、今井のアート教育に対するまなざしを端的に表現している。

第9章「ICTメディアと授業・学習環境」(山内祐平)は、MITのシーモア・パパートらが開発したLOGO以来のICT教育の展開を「プログラミングの教育」と「ICTメディアの教育」として総括し、学習指導におけるICTの活用を「CAI(コンピュータ支援による教育)」と「CSCL(コンピュータ支援による協調学習)」の二つの系譜で描き出している。そのうえで、この展開を支えた「行動主義」「認知主義」「社会構成主義」の三つの学習理論の展開が提示され、CSCLがその三つの発展形として定位される。情報リテラシー教育の系譜としては、インフォメーションリテラシー、メディアリテラシー、技術リテラシーの三つの系譜が示され、最後に、ICT教育の今後の課題として「学習環境のイノベーション」が提起されている。本章は、ICT教育の領域とその展開を俯瞰的に理解し、探究的学びを求められる今後のICT活用への基本的な視座を提示している。

第10章「新しい学力像と評価のあり方」(田熊美保・秋田喜代美)は、二一世紀型の学力像を牽引してきたOECDの政策研究に従事してきた田熊による国際的な視野に立ったカリキュラム改革と学力形成の最新動向の紹介である。本章が叙述しているように国連やOECDなどの国際機関は、二〇三〇年を目標としてカリキュラム改革を推進している。「持続可能な開発」をキーワードとして「未来志向」の教育を求めて、OECDをはじめ世界各国は「市民性」「創造性」「協同性」などを中心概念とする新たな学力像を模索している。そのカリキュラム改革の動向を田熊は、「コンテンツ焦点型」から「コンピテンシー焦点型」へ、そして「コンテンツ・コンピテンシー統合型」へ、さらには「概念的理解」から「キー概念重視とコンピテンシー統合型」モデルの創出へと表現している。

この動向と並行して生徒評価の変化も記されている。ルーブリックによる評定、ポートフォリオ評価、パフォーマンス評価などの動向であり、創造性の学びや協働的な問題解決の学びに対するアセスメントの方法が多様に探索されてきた。それら多種多様に展開される「未来志向」の学力像とその評価方法の探究は、今後、どのような教育政策に具体化され、どのような学びの改革を各国にもたらすのだろうか。本章は、その問いに直接的には答えていないが、今後私たちの探究と実践の基礎となる最新の情報と改革を推進するための基本的なコンセプトを提示している。

I

学びのデザイン

1　学びをめぐる理論的視座の転換

白水　始

はじめに

　不安定で不確実・複雑・曖昧（VUCA）な社会では、直面する課題に対して解が部分的にしか存在しないことが多い。そのため、既存の知識を組み合わせて解を創り出し、解決（ゴール）に近づいたらゴール自体を見直して前進するような新しい知力の育成と評価が求められる。二一世紀型スキルプロジェクト（Griffin et al. 2012）や「キー・コンピテンシー2.0」を探るOECDの「エデュケーション２０３０」といったプロジェクト（田熊・秋田 二〇一七）はそれを狙ったものである。

　しかし、これらの知力の育成や評価は、ゴールが可変で形成的評価が必要な点が難しい。知識の正確な把握や問題の効率よい解決といった二〇世紀型の学習目標は、教師が答えを教えて個々の児童生徒がそれを再生・適用できれば終わりになるのに対し、二一世紀型スキル――例えば、アイデアや知識を持ち寄り交換して目的を達成する「協調問題解決スキル」など――は、解決を繰り返す中でスキルが伸び、求められるゴールのレベルが上がっていく。つまり、正解を出して終わりになる「目標到達型」のゴールとその総括的評価による序列化から、正解の先を問い続けるなど、到達が次のゴールを生む「目標創出型」のゴールとその形成的評価による教育改善という学習・評価観への刷新が求められているのである。

国内の学習指導要領改訂や高大接続改革も知識創造を志向し、「主体的・対話的で深い学び（アクティブ・ラーニング）」の視点に基づく授業改善を重視するなど、教育と評価の刷新を狙っている（中央教育審議会 二〇一四、二〇一六）。しかし現状は入試等の一回性のテストがボトルネックとなって、テストから逆算して対策を行う目標到達型の教育が主となっている。これは単に「知識・技能」「思考力・判断力・表現力等」「学習意欲」の学力三要素を一体的に育てる教育が「知識・技能」のみを主とした入試で阻害されているというだけでなく、思考力等すらも「下位スキルに分割しトレーニングできる」と考える後ろ向きの規律訓練的なマインドセットが根強い点に問題がある。

本章では、こうした問題に対して、国内外で進みつつある学習目標・授業手法・評価等の一体的変革とその基盤にある理論的視座の転換について描出する。変革の目的の一つは「新しい知力を評価することで教育を変える」ところにある。しかし、その中味について、背景にある理論的視座によって「新しい知力を専門家が定義しそれをテストする問題を作って評価することで教育を変える」のか、「新しい知力を教育現場が定義し評価するサイクルを専門家も含めて協働的に進めることで教育を変える」のかも変わる。この視座の転換が重要であり、その鍵を「協調（collaboration）」が担うことを本章は描出する。

一　学びをめぐる理論的視座の形成

学びをめぐる理論的視座の転換を語るためには、一九九〇年代初頭から隆盛した学習科学（Learning Sciences）の誕生と発展の経緯を解説することが有効だろう（よい紹介として Bransford et al. 1999）。

学習科学の母体となる認知科学は、二〇世紀後半、「心の働きの理論化」を目指して進められてきた様々な取組みを総合して「人が生活するリアリティの中で実際に役立つ科学」に再構築する試みとして立ち上がった。学習科学も同様に、「学びや教えの理論化」を目指して進められてきた取組みを総合・再構築して「人を日常の学びの中で今より賢くするために実際に役立つ科学」として立ち上がった。両者とも実験室実験や画一的な疑似「理論」化を避け、人の日常的な営みの質向上を目指したという意味で「実践」の学を新しく打ち立てようとしていた。本節では、認知科学の様々な先駆的発見が学習科学のスピンアウトをどう方向付け、学習科学の実践の蓄積からいかなる成果や課題が見えてきているかを解説する。

(1) 学習科学を再考する

日本の学術雑誌で初めて学習科学が特集された号の紹介論文で、筆者らは「学習科学とはよりよい教育を実現したいという社会的要請を背景にして、これまでの認知過程の研究に基づき、現実の人の学習、例えば学校教育の中での子どもたちの学習を研究し、現代のテクノロジを駆使して実効性のある教育のシステムを教育実践の中で作り上げようという研究動向」であると定義した(三宅他 二〇〇二)。それから一〇年以上が経ち、その間に学習科学「会」は成熟すると同時に初期の活発さ、奔放さを失ってきたとも言える。そうした動きの中で今この定義を見直してみると、以下の三点が次の課題としてはっきりしてきたと言える。

一つ目の課題は、現場でこれまで以上に質の高い学びを引き出すために、「学びのゴール」を一定のところに設定するというこれまで普遍的だった考え方自体を否定し、「ゴールとは、そこに近づいたら次のゴールが探せるもの」と考えるべきだとする見方を実践の中で実現すること、二つ目の課題はそういった実践をいかなる現場においても実現するために、テクノロジの役割を「学びの支援になくてはならないもの」として捉え直し、実践的な活用例を検討してよりよいテクノロジを開発することである。それらを受けて最後の課題は、学習科学自体を「学びに関わる全ての人々が自ら作り出し続けていかなくてはならないもの」として意識できるような実践学を確立することである。これら三つの課題、特に三つ目の課題が他の二つの課題を取り込んで実社会で広く「普通のこと」として受け入れられるようになると、教育学、教育心理学、教育工学などの名で現在呼ばれているものがそれぞれの過去を背負った形で変質していくことだろう。

以下、ここで挙げた課題が生まれた背景と経緯を簡単に紹介する。まず一点目に挙げたのは、学びのゴールを「到達したらその先の「次のゴール」を生むための中継点」に置く学びをどう設計し実践して効果を検証するか、という課題である。本章ではこの型のゴールを「目標創出型」ゴールと呼んでおく。そこでは「ここまでできれば合格」という「目標到達型」のゴールを設定しない。このゴールを設定すると、学習者が次のゴールを自分で見つける「学びの主体性」が損なわれ、学んだはずのことが長続きしないだけでなく、「学び方を学ぶ」のが難しいことがわかってきたからである(Scardamalia et al. 2012)。この動きが「教育の多様性」や「教育リソースのオープン化」を生む基盤を作った。これらの動きは金成隆一や梅田望夫、飯吉透などにより紹介されているが、興味深いのはこれらの紹介がほぼ全て「目標到達型」ゴールの充足を学びのゴールの主眼に据えた記述として読める点である(金成 二〇一三、梅田・飯吉 二〇一〇)。ゴール概念を「目標到達型」から「目標創出型」に変えること自体がかなり困難なことなのだろう。その実践と効果の測定までが、実践学としての学習科学の課題である。

第一の課題に取り組む手段として、学習過程をこれまでより個別、詳細かつ長期にわたり記録し、分析可能な形に編集し、実際に多視点から分析して次の学びの設計支援に役立てるためにテクノロジをどう使うかが、第二の課題となる。学習プロセスの分析そのものに焦点化したラーニング・アナリティクスという学会の誕生や書籍の刊行(Suthers et al. 2013)に見るように、学習プロセスの分析結果を学習支援に結びつけようとする試みが始まっている。しかし、それでもその分析は依然「プロ」の研究者の手に拠るものがほとんどで、現場教員には開放されていない。

そこで第三の課題が立ち現れることになる。その課題は、「現実の人の学習」を「一人ひとりの学習者が、自分をより賢くするために、これから創り出すもの」としてデザインできるようにし、その実践からどういう「学」が成り立つかを検証していくことである。近年、学習科学が教育行政と連携し、研究者と現場教員、教材・学習環境のデザイナー、教育行政関係者、産業界などの対話の中で新しい授業の形や評価手法、カリキュラムスタンダード等を創り出そうとする試みが現実化し始めている(白水他 二〇一四)。それは、二〇〇二年に国際学習科学会を作る下地になった実践的な試みが、本格的に行政を巻き込んで、社会の中に新しいフィールドを作り、そこで「人の学びの成果」の質を上げ続け、大規模な実践学に発展させようとする意志の表れだとも受け止められる。その実践を検証し、そこから新しい学習の「学」を作り上げるために、「目標創出型」ゴールという考え方が必要になってきたとも言える。

以下、学習科学者の研究史を追って、学習という高次認知過程の研究がなぜこのような研究展開を要請し、認知科学がなぜその展開を可能にしたのかを検討する。これを第二節で学習理論の転換を詳説する前提とする。

(2) 学習科学の誕生と発展

ここでは、一九七〇年代から二〇〇〇年頃までの間に認知科学から学習科学へと研究を展開した研究者を対象に、「目標創出」をゴールとした実践が古くからあり、それを一部の研究者が支援しつつ学びについての新しい研究分野を拓こうとしてきた姿を紹介したい。

認知科学、人工知能、あるいは認知・発達・教育心理学から学習科学へと展開した研究者は多いが、常に実践を視野に入れ実践からのフィードバックをデータとして新しい研究の形を探ってきたと言える人たちの数は限られる。その中からここでは、記憶や文章読解を中心にメタ認知研究を先導したアン・ブラウン、文章記憶や意味理解、問題解決研究を主導したジョン・ブランスフォード、作文研究を先導したマレーネ・スカーダマリアとカール・ベライターの足跡を追い、共通する特徴を同定する。彼らは思考や問題解決について「人は無限に賢くなることができる」とする認知科学の見方を基礎として、それを学習実践の中で具体化し強化・拡張しようとした。したがって、この三組の研究史を追うことにより、時代の変遷や学問分野の発展とともに、三組が分野の影響を受けながら学習研究を展開し、教室現場での実践から新しい「学」を切り拓き自ら牽引するようになった過程が見えてくるだろう。

①アン・ブラウン——メタ認知研究からＦＣＬプロジェクトへ

アン・ブラウンは一九七〇年代に、幼児や発達遅滞児に健常な大人が使うような記憶方略を教え、徹底的ともいえる訓練を行って成績を上げた研究を通して、メタ記憶・メタ認知を広く世に知らしめた(Brown 1978)。しかし、後になって彼女は一連の研究を振り返り、「子どもは記憶方略をその場でなら使えて、より多くものを覚えられるようになるが、実験室を出ると方略を保持できず自発的に使うことも少ない」とまとめている(Brown 1992)。

一九八〇年代に入ると、ブラウンはレフ・ヴィゴツキーの最近接発達領域の考え方にも影響を受けながら、文章の読み方を、そのモニタリングの仕方とともに獲得できる「相互教授法(reciprocal teaching)」(Palinscar & Brown 1984)を開発・実践した。さらに、相互教授法をジグソー学習法(Aronson 1978)とともに組み込んだ学習者コミュニティ育成(Fostering Community of Learners　以下ＦＣＬ)プロジェクト(Brown 1992, 1997; Brown & Campione 1994)という大型の教育実践プロジェクトを展開した。学習科学誕生の一つの契機である。

ＦＣＬプロジェクトを通して子どもたちは、読み書きやコンピュータ・リテラシーを身に付け、活用できる科学の知識を獲得し、科学とはどういう学問領域なのかという認識論を形成した。グループで取り組む発展課題が「平原から餌とする動物がいなくなったら、チータは絶滅するか。赤ちゃんのチータはどうか」「砂漠やある惑星の環境に適応する動物をデザインする」などだったことから分かるように、学習のゴール自体が特定の用語の理解や問題の解を得ることよりも、子ども一人ひとりが自発的に次に学びたいことを見つけ出せることを重視する目標創出型のものだった。また、子どもたちは、自分がうまく読めていないと思ったときには相互教授法を自発的に用いるようにもなった。実験室で「実験者を喜ばせるため」だけに覚えた記憶方略を自発的には使わなかったことに比べると、教室で仲間とともに、効果を実感しながら身に付けた読解方略は、その後も使い続けるスキルとして獲得していたことが示唆される(Brown 1992)。

ブラウンの発達段階に対する「目標創出型」ゴールの見方は、心理学や認知科学の先行研究に対する彼女のスタンスをよく表している。ブラウンは、中学校あるいは小学校高学年で扱われるコンテンツについて、小学校低学年でも十分学べることを、実践を繰り返し洗練させ強化することで示していった(Brown 1997)。晩年には、実験室と教室を往還しながら、実験室で見られる「年齢による違い」が年齢によって標準的に蓄積される知識や経験量に拠ることも示している。それゆえ、経験が違えば、想定された段階以上の内容を学ぶこともできる。つまり、子どもが潜在的に学ぶ力を使って、年齢による制限をうけずにどこまでチャレンジングなことを学べるものかを示すために、教育実践を展開したと言える。

②ジョン・ブランスフォード――問題解決研究からジャスパー・プロジェクトへ

ジョン・ブランスフォードは、一九七〇―八〇年代の彼自身の著名な文章理解・意味記憶研究に比べれば、それほど知られてはいないが、日常的な問題解決に大きな関心を持っていた。例えば、一般読者向けの啓蒙書として *The ideal problem solver* (Bransford & Stein 1984)がある。この著書は、日常生活で使える問題解決方略として「問題の同定(Identify problems and opportunities)」「ゴールの定義(Define goals)」「方略の模索(Explore possible approaches)」「成果を予測し実行する(Anticipate outcomes and Act on a plan)」「振り返って学ぶ(Look back and Learn)」という五つを抽出し、頭文字を取って「「理想的な」問題解決者("IDEAL" problem solver)」と名付けたものである。問題解決に〝I〟の問題発見を含めた点で、解決者主体の動的で「目標創出型」のモデルだったといえる。日常での問題解決は、解決者本人が問題を認めない限り始まらない。しかし、常に「問題を見つけて解こう」とする人はあまりいない。だから人は、生活の中で日々潜在的に賢くなることができるチャンスがあるにもかかわらず十分活用していないとブランスフォードらは考えたのである。

このモデルは、使うことができれば強力だったが、領域知識の少ない初学者にとっては聞いてすぐ使えるものではなかった。それゆえ、ブランスフォードらは、初学者がＩＤＥＡＬのサイクルを自然に回せるような文脈を学校教育の中に探し求めた。その成果が、一九九〇年代に彼が中心となって開発・実践したジャスパー・プロジェクト(The Jasper Project)(CTGV 1997)である。これは、教育が難しい学校の小中学生を対象に、ドラマ仕立てのビデオ教材を多用して、算数・数学の問題解決能力を育成するプロジェクトだった。ジャスパー・ウッドベリーという主人公らが遭遇するドラマ中の困難を解決するために、速度計算や確率、代数、幾何が必要となる一二の話が用意され、子どもたちはその話を見ながら「傷ついたワシを救うための最短移動経路を求める」といった課題を共有した上で、それを具体的にどういう問題――誰がどのような経路をどのような手段で移動するか――として解くかを相談する(課題等の詳細は三宅・白水 二〇〇三)。ビデオに埋め込まれた情報は、自分たちの立てた問題を解くデータとして使えるとともに、そもそも設定した問題が解決可能か不可能かを決める「制約」としても働く。それによって何度も問題を定義し解き直してIDEALのサイクルを回すことになるのに加え、これを協調学習で行うことによって多様なサイクルの回し方も比較対照できる。

プロジェクトの学習成果は、速度や比などの概念や技能の習得、文章題の解決など「目標到達型」ゴールの達成度だけでなく、複雑な問題の高次なプランニング、算数の有用性の認識や複雑な問題解決への自信・意欲など「目標創出型」ゴールへの接近度にも表れた。後者の成果が出たのは、解が一通りには決まっておらず、個人やグループごとに独自の解を出すことが許容されていた課題設定のユニークさにあるだろう。その利点は、「目標到達型」で考えている教師には、課題を見ただけでは推測され難いので、普及のために配布されたDVDには、経験した教員の「生の声」として「解が多様であってよい」ことが解説されている。さらに、解き方も多様にあり得た。大人がジャスパー課題を解いているところを見た小学生の中には、「自分たちは問題の解き方を考えてから情報を探しにいくけれど、大学生は最初から何が大事そうか気付いているらしい。あれは賢いから見習うべきだ」という発言も出たという(Bransford 1999)。

確かに私たち大人がプロとして働いている場面では、問題がまだ形を成していなかったり、他者から明確に与えられたりせずとも、「問題になりそうなこと」を察知し、その準備を始めることがある。さらに、問題を見つけてから解くのではなく、自分ができることや得意な解法へと引き寄せた形で問題を作ることすらある(Suchman 1991)。そのような視点でブランスフォードの研究史を見ると、問題解決の認知科学的研究をベースとしながら、それをさらに拡張する形で、「問題発見と解決はインタラクティブに「目標創出的」に進んでいくこと」や、だからこそ「解は一つではなく、個々人が状況に応じて作り上げること」を教員、子ども双方に体験させようとしていたと解釈できる。

③ スカーダマリアとベライター——作文研究から知識構築プロジェクトへ

スカーダマリアとベライターは、作文の書き方に「知っていることを書き出して紙面が尽きたら終わりとする」ような知識伝達(knowledge telling)型と「書きながら自分の知識を作りかえる」知識変容(knowledge transformation)型があることを示した(Scardamalia & Bereiter 1987)。その上で、初学者が知識変容型の書き方をできるように、変容型の書き手が使うような「書き出し」を複数のカードにして子どもに選ばせる「手続きファシリテーション法」を実践した。しかし、この方法では、作文はより説得文や意見文らしくなったものの、文章全体の一貫性など、教授した以外の側面は却って成績が落ちた(Scardamalia et al. 1984)。推敲のやり方を教えた実験でも、子どもたちは「導入文や結論をつける」「追加説明を入れる」「欠けている情報を補う」などの改善ができるようになったが、詳しく見ると、同じことを違う言い方で言う程度の「付加」であり、知識や考えの変容を伴っていなかった。

そこで、スカーダマリアらは「知識を作りかえること」自体を学習のゴールの前面に出した。そのための学習環境が、一九八三年に構築したCSILE(Computer Supported Intentional Learning Environment コンピュータに支援された意図的学習環境)であり、それをさらに多機能化して一九八八年から運用を開始したKnowledge Forum(以下KF)であった。

CSILEの名称の中程にあるIL(Intentional Learning)の「意図的学習」とは、子ども自らが獲得したい知識や能力を見つけて長期間にわたって追求する学びを指す。つまり、教師の定めた目標に満足するだけではない学習である。ベライターらがこうした構成概念を提唱した基には、作文から発展した熟達研究があった。チェスや数学、物理などの領域では、熟達者ほど初心者より少ない認知的労力で流れるように素早く課題を実行するが、作文や読み、歴史的資料の検討などの領域では、熟達者ほど初心者より多くの労力や時間をかけることが珍しくない。この矛盾を解消するため、ベライターらは、医学や音楽、プログラミングの学習などの不良定義問題(ゴールや初期状態、制約などが明確に定義しにくい問題)における熟達研究を行った。その結果、熟達者は、仕事に慣れて自動化してくると、その余った認知リソースをより高次なレベルの複雑な課題への挑戦に振り分けやすいことが示唆された(Bereiter & Scardamalia 1993)。子どもが学校での学びをこのような「漸進的な問題解決」に変えることができれば、学習スキルや方略を「目標到達型」で学ぶ自己調整学習を超えた意図的学習が可能になる。

ベライターは、S・エンゲルマンやJ・ブルーナーとともに、セサミ・ストリートという番組を生んだ米国のヘッド・スタート・プロジェクト(Head Start Project)に関わった一人である。このプロジェクトは、中流白人家庭と貧困黒人家庭の間で、物事の説明の仕方や本、玩具の存在などの文化的環境が違っており、その違いが就学後の学力格差をもたらしているという詳細な観察結果に基づいていた。そこで、就学前に子どもが家庭で触れられるテレビ番組などのメディアを変え、親の意識を変え、その子どもへの接し方も変えて、知的発達に望ましい環境を創ろうとした。知識の構造化の源泉が「文化」にあるとする認知科学的なものの見方だったといえる。

ベライターがスカーダマリアと教室で実現しようとしたのが、知識を内的なものとしてではなく、実体のある「もの」と見て、それを書くことや話すことを通して作りかえる「知識構築」文化であった。そのための知識構築(Knowledge Building 以下KB)プロジェクトでは、クラスの全員が共有した問題についてネットワーク上の電子掲示板CSILEやKFを用いて作文しながら考えを深める。先述の「書き出し」もシステム上で活用できる。それらを用いた実践から、小学生が「カイメンに生殖を含めて再生方法が三つもあるのはなぜか」という疑問を基に進化について学んだ例や、「シェークスピアの時代に夜に上演されていた劇が月明かりで見えたのか」という疑問から光について学んだ例、歴史の時間に「中世の城の敵からの防衛方法」について調べたところから、KF上にあったシミュレイタを使って城壁や跳ね橋、吊り鉄格子などがどの程度の荷重に耐えるのか確かめた歴史と物理の融合授業など、数多くの事例が生まれた(Scardamalia & Bereiter 1996)。また対話と電子掲示板で学びを進めるため、小学一年生が「なぜ秋になると葉は赤くなるのか」という問いに挑んだクラスでは、「私の考えは」「証拠は」「もっと知りたいことは」など共通の「書き出し」を用いたノートがたまると、書き出しの利用回数をグラフで眺め、「私の考えは」ばっかりだね」「もっと証拠を探さないと」等と自己評価しながら自分たちの学びを方向付けていく例も見られた(Scardamalia et al. 2012)。

学習成果は、言語スキル、作文の量・質両方の向上、教科の内容理解や科学的な概念変化、協調的な問題解決や探究スキル、知識構築についての認識論、自発的にKFなどのシステムを使ってその学年以上の内容を学ぶ力などに表れた。その中でもスカーダマリアらが重視する成果が、教科書の内容や教師の期待を超えた疑問の生成である。ベライターの著書に、感染について学んだ小学生の事例がある(Bereiter 2002)。

エイズについて学ぶ子どもたちが「エイズは蚊によって伝染しない」という情報に出会った。彼らはこれが信じられなかった。皮下注射針でエイズが伝染するなら、なぜ「飛んでいる注射針＝蚊」で伝染しないのか。子どもたちは地域のエイズホットラインに電話して質問し、「蚊は自分自身がマラリアにかかるのでマラリアを人にうつすが、エイズにはかからないのでうつさない」と教えてもらった。この回答に満足した子どももいたが、「注射針だって自分は感染しないのにエイズをうつす。どうして同じことが蚊について言えないのか」と満足しない子どももいた。その後、この疑問について図書館で調べたり他の専門家に尋ねたりしたが、満足する説明は得られなかった。

ベライターは、この事例について一番評価できるのは、子どもたちが感染学に関して得た知識でも、批判的な思考スキルでもなく、大人がすぐには答えられないような疑問を持ったことだという。確かに、このような解けない疑問を持った子どもは、自分たちの今日の理解を乗り越え、明日も新しいことを学び続ける学習のコースに乗っているといえよう。「目標創出型」ゴールを追う実践活動の典型例である。

(3) 共通点から得られる示唆

以上三組の研究史から、学習科学の初期の研究展開をまとめたい。まず、一九七〇年代から八〇年代半ばにかけては、実験室実験の知見を基に、読解や問題解決、作文などの認知プロセスを同定し、それらをステップに分けて初心者に教える研究が多かった。しかし、状況論や日常的認知研究の影響が強まった一九八〇年代半ば頃から九〇年代にかけて、より十全な効果を求めて、教育現場での介入実験や学習支援プロジェクトを手掛け始める例が増えた。これが学習科学の誕生につながり、教科内容の深い理解など豊かな学習の文脈の中で、協調的な問題解決経験を長期間繰り返すことで、転移可能な概念や高次スキルが獲得され、目標創出の可能性を具現化する実践例が生まれ始めた。それらの共通点から学習科学の特徴を抽出しておこう。

・知的に追究する価値のある「課題」を設定し、それを解決するために、学習者が読んだり問題を解いたり作文したりする文脈を創り、テクノロジも含めた学習環境全体をデザインする。
・認知的な方略の教授・訓練の代わりに教科等の内容に主眼を置き、学習素材を実験室実験でよくあるような断片的なものではなく、統合的で連続的なものにすることによって、「概念」の深い理解や活用できる知識の獲得を主たる教育目標にする。
・その上で、協調的な学習経験から問題解決、知識構築スキルや科学的な認識論の形成も一定程度可能にする。
・研究手法として「デザイン実験」(Brown 1992; Collins 1992)と呼ばれるアクション・リサーチの繰り返し(統制群を設けずに、各時点で最善の結果を狙った実践を繰り返し行う研究手法)を採用するようになり、必然的に「これまでの成果の乗り越え」を目指して子どもの潜在的な力をどれだけ引き出せるかを切実な研究課題として引き受け始めた。
・そこから、子どもの潜在的な力やできることを見つけて教育のゴールを再設定し、力を十全に発揮させせつつ育成する「目標創出型」の教育実践が可能だという成果を、研究者集団だけでなく、実社会や行政機関の関心を引く形で発信するようになった。

(4) 相違点から得られる示唆

三組の相違点については、教育内容や学習活動に対する「制約」の程度に違いがある。例えば、ジャスパー・プロジェクトでは内容がパッケージ化されており、教員はとりあえず、そのプロジェクトを試してみることができた。だからこそブランスフォードらの手を離れて広く教育現場に共有され、そこから、香港と米国の子どもが同じ問題を解いて解法を交換する異文化交流が行われるなどの新しい試みも生まれた。ブラウンの相互教授法やFCLプロジェクトの学習活動は、「型」が決まっていたために、現場に広がりやすかった面があった。前者は特に「読めない」児童生徒の支援に好んで使われた(Brown 1992)。反面、スカーダマリアらのKBプロジェクトは、高い教育理念と、ツールとして明確な制約を持つ掲示板システムが提供されるが、そこで扱う内容や展開する学習活動は各教育現場の裁量に任される。それゆえ、各学校やそれを取り巻く社会の「反知識構築的」で「目標到達型」の文化も絡んで、期待通りの成果を挙げなかった例も多い。そこで、プロジェクトに携わる教員や研究者が一年に一回各国から集まり〝ＩＫＩＴ〟という研究会で意見交換しながら理念を実践で裏打ちして教育の質向上を図る試みもなされている。

ブランスフォードにせよ、ブラウンにせよ、スカーダマリアとベライターにせよ、教育現場に伝えたかったのは、教材や授業の型、システムではなく、その背後にある学習についての考え方である。教材などの具体物を通して、考え方を共有し、教育現場に自力で学びの理論を再構築してもらうのが、実践の本質的な目的である。

その目的のために「この形で教育した方がよい」という教材や型などの制約が明確にあった方がよいのか否かは、極めて興味深い課題である。例えば、一面的に考えるとジャスパー・プロジェクトの制約の強さは短期的な成功を保証する反面、教員に考えることを促さないが、ＫＢプロジェクトの自由度はそれを促し理念の理解を深める利点があると考えられる。しかし、その一方で自由度は長期的な成功自体も保証しない可能性もある。このような「制約」の可能性――古くから「守破離」と呼ばれる、制約に触れることがその先の改変や原理の理解を可能にするのかどうか――を検討するのは、すぐれて実践的な教育研究の課題になるだろう。この視点は日本における「仮説実験授業」と「学びの共同体」といったあり方の比較対照にも使えるだろう。

二　学びをめぐる理論的視座の転換

第一節で示したように、目標到達型のゴールから目標創出型のゴールへという学習目標の転換が、学びをめぐる大きな転換の一つと言える。しかし、第一節で取り上げた研究者の足跡を振り返ると、研究者自らが研究成果に基づいて学習目標を高く掲げ直したというよりも、当初から希求されていた目標創出型のゴールが実践の進展に伴って徐々に安定して実現できるようになったといった方が実態に近い。これは大正新教育から新教育へといった日本の教育改革史、あるいはその背後にあったジョン・デューイやブルーナーの教育理念に照らしても納得できるところだろう。そうだとすれば、大事なのは、実践のあり方がどう変わり、その実践を支える理論的視座がどう変わってきたかである。そこで本節では、学習理論、特に知識をどう見るかという観点から学習研究史を紐解き、理論的視座を描出する。

(1) 知識の獲得メタファと参加メタファ

学習理論の大きな転換の一つは、一九七〇—八〇年代に隆盛した状況論である。専門家や学者だけでなく、労働者や生活者も含む熟達者を詳しく調べた研究成果から、「知識」や「学習」に対する見方が変わってきた。

例えば、孤独な営みをしていると思われていた科学者が科学者同士で頻繁に交流し、互いの主張を評価し合い、自分の主張をどのような証拠で支え発表すればよいかを考えながら、結果的に自分の考えも分野の考えも前進させていた(Dunbar 1995/邦訳 一九九九、Latour 1987/邦訳 一九九九、Nersessian 2008)。それに連れて、科学的な知識を「世界についての言明と言明に適用できる論理操作の総体」と見る見方から、「モデルや説明原理の深い知識に裏打ちされた、「科学する(doing science)」ことに関する理解」(Sawyer 2014, p. 7)と見る見方へと変わってきた。職場の日常研究からも、人が単に「頭の中の知識」だけを使って働いているのではなく、周囲の事物を巧みに記憶の助けにし、ICTを使って情報を収集し、同僚とコミュニケーションしながら、一人では解けない問題を解き、新しいアイデアを出していることが見えてきた(Sawyer 2007/邦訳 二〇〇九)。

そこから、「頭の中の静的な心的表象」としての「知識」よりも、「仲間や道具が使える環境の中で、実際に適用すべき対象が目前にあるときに生きて働く過程」としての「知っていること」が重視されるようになった。こ

表　知識と学習に関する2つのメタファ

	獲得メタファ	参加メタファ
学習のゴール	個人の知識を豊かにすること	共同体(コミュニティ)を作ること
学習	何かを獲得すること	共同体の参加者になること
児童生徒	知識の受領者，消費者，再構成者	共同体の周辺的参加者，徒弟
教師	知識の提供者，ファシリテーター，調整者	熟達した参加者，プラクティスや談話を継承する者
知識，概念	所有物，専有物，商品(私的，公的)	共同体でのプラクティス，談話，活動
知ること(knowing)	持っていること，所有していること	共同体に属し，参加し，コミュニケーションすること

出典：Sfard 1998, p. 7.

れが「状況的認知論」や「社会的分散認知論」と総称される考え方の一つの骨子である。それに連れて「学習」に関しても、事実等の知識を頭の中に移すことだと考える「獲得モデル」に加え、知識を使うべき状況に参加し、その中で実際に機能するメンバーになる過程だと考える「正統的周辺参加論」などの「参加モデル」(Lave & Wenger 1991／邦訳 一九九三)が生まれてきた。

A・サファードは、表のとおり、知識を心の中の容器に入る「物」としてイメージする「獲得メタファ」と、状況における他者や事物との「関わり」としてイメージする「参加メタファ」の二つがあると整理した(Sfard 1998)。メタファとは、私たちの思考を左右する根底的なものの見方を指す。「習ったことが「頭に入る」」という表現もメタファである。表に見るように、獲得メタファでは「知識を受け取ったり構成したりしながら豊かにしていくこと」が学習になるが、参加メタファでは「共同体の熟達者や先輩から手ほどきを受けながら、そこでの活動の仕方や語り方を身に付けて、一人前のメンバーになっていくこと」が学習になる。

獲得メタファには、知識を、学んだ状況に関わりなく獲得される「物」として捉えてしまうことで、かえってどういう状況に転移できるのかが説明しにくくなってしまう欠点があると、サファードは言う。さらに、知識を「所有物」「専有物」と見てしまうことで、金銭と同じように獲得競争が生まれてしまい、個人間の「点数競争」が協働を妨げ、民主的な社会が作りにくくなる欠点があるとも指摘する。一方で、これらの問題をクリアする参加メタファにも、人が様々な状況を越えて有能にふるまう過程を説明しにくい欠点があり、「知識」を想定する必要は依然あると指摘する。したがって、この二つのメタファは、適宜使い分けるとよいのではないか、というのがサファードの提案である。

(2) 知識創造モデル

サファードの獲得メタファと参加メタファの二つでは、知識は個人の頭の中にしかない静的な存在か、他者や環境との関係の中にしかない動的な過程かのどちらか一方になる。S・パーヴォラらは、二項対立的な二分法に陥らないように、第三のメタファとして「知識創造モデル」を提案した(Paavola et al. 2004)。このモデルは、現実の知識創造機関(トヨタなど)の分析を行った野中郁次郎と竹内弘高の「知識創造モデル」(野中・竹内 一九九六)、教育現場における実践も対象にしたユーリア・エンゲストロームの「拡張的学習モデル」(Engeström 1987／邦訳一九九九)、知識創造的な教育を実践した先述のスカーダマリアとベライターの「知識構築モデル」の共通点を探り、次の七点にまとめている。

《1 知識構築の特徴》

① **「新しさ(newness)」の追求** 既存の知識、技能、慣習を超える「新しい何か」が目指される。
② **心身二元論を超える媒介要素** デカルト的な心身を二分する考え方に陥らないように、外界の物の世界

と一人一人の心の世界とを媒介する「みんなで作り上げる公共的な知識の世界」が想定される。さらに、この公共的な知識空間の改善のために、現状への「疑問」や「問い直し」が重視される。

③ **社会的な過程としての知識創造**　知識創造は、人と人との間の建設的な相互作用によって可能になると想定される。

④ **知識創造に対する個人の主体性**　知識が社会的な過程から生まれるとしても、各個人の直観や暗黙知、疑問、努力、粘り強さもまた重要な役割を果たすと見る。

⑤ **命題的・概念的知識を超える**　言葉にできる理論的知識を実際に使って身体化することや知識創造の「見込み」を感じるセンスの獲得が目指される。

⑥ **概念化や概念的人工物の重視**　個人の身体化された知識や感覚が大事だとしても、それを概念化し、批判吟味できる対象(人工物)にすることが推奨される。

⑦ **共有物をめぐる相互作用や共有物を通した相互作用**　人と人との相互作用は共有するオブジェクト(製品や作品、アイデアなど)をめぐってなされる。その結果がまた共有物となり、それを通して相互作用が続いていく。

これらを見ると、知識が他者(③)や事物(⑥⑦)との相互作用で生み出されるとする点で、参加メタファの考えをとっている。同時に、個人のアイデアや「自分事」となった知識(④⑤)を重視する点で、獲得メタファの考えも含んでいる。さらに、その活動全体が「新しさ」(①)を目指し、公共と個人の空間を「行き来」しながら行われる点(②)が、従来の二つのメタファにない。自分一人でなく、周りの人の力も使って、終わらない知識創造に「前向きに」挑み続けるところが、このモデルの一番の力点である。目標創出型のゴールが反映されたものと言える。

知識は、確かに状況の中で生み出されるが、そこで生み出された知識は個人が自分のものにでき、新しい状況に持ち込んで使えるものになる。知識は通常、獲得メタファに従って頭の中にあるものと思われがちだが、特許や引用(クレジット)という知的財産の概念があるように、外的な「物」として扱うことも可能である。各々の個人的な知識を持ち寄って対話の中から生まれたアイデアや知識を公共「物」として扱い、そこから各自が自分の「取り分」を持ち帰る過程をイメージすると、知識創造モデルが理解しやすくなるだろう。その点で、知識創造モデルは、自立と協働を繰り返すことで自分にとっても共同体にとっても新しい価値が創造されるというモデルだと言える。

知識創造モデルにおいて、資質・能力(例えば二一世紀型スキル)は、知識創造を可能にする手段(enabler)として位置づけられる(Scardamalia et al. 2012／邦訳 二〇一四、一〇三―一〇五頁)。それと同時に、知識創造過程に従事することで、自分の「学び方」や「知識の作り方」自体を磨いていくことも可能になる。それによって、これまでは一部のエリートのものでしかなかったような「知識を使って、知識を生み出し、建設的に考えることができる資質・能力」が万人のものになる。

以上のように、目標創出型のゴールを協調的な活動(対話)の中で実現していくことを狙うようになったのが、学びをめぐる理論的視座の転換の核と言えるだろう。

三　学びをめぐる転換の具現化

問題は目標創出型の学びがなぜ対話の中で起きやすいのかの理論とその具現化である。本節では、この理論と実践について日本で進行中の実践型学習科学研究の一つを紹介したい(三宅他 二〇一六、Shirouzu et al. 2016)。この研究グループが行っている試みは、以下のような研究活動から構成されている。

《2 目標創出型の学習実践研究》
① 学校の授業で、学習者一人ひとりに多様で発展的な学びのゴールを保証する授業の設計原理を提示し、
② その原理を実現する「型」による授業実践が可能なことを示し、
③ そこで学ばれる多様性と発展性を評価する手法をテクノロジも含めて提案することで、
④ 現場教員や研究者自身の「学習科学」を作りかえる。

(1) 目標創出のための理論——概念変化と建設的相互作用

①の「多様で発展的な学びのゴールを保証する授業の設計原理」は、認知科学における社会的概念変化の理論(稲垣・波多野 一九八九、Clement 2008; Vosniadou 2013)——ある個人がもつ考えを、本人が作り上げる経験則と他者が提供する社会的により広く認められた考え方との相互作用による概念変化の結果だと見る考え方——と、建設的相互作用の理論(Miyake 1986; Shirouzu et al. 2002)——共有された問いに二人がそれぞれの視点から解の生成を試みる対話過程が、課題遂行とモニタリングの役割交代によって解の抽象度を原理的に上げるとする考え方——とに基づく。両者は原理的に無限の概念変化、目標創出型のゴールを保証する。

例えば「ミシンの縫い目がなぜできるか」といった簡単そうに見える問いでさえ、二人で話しながら解いてみると、ある一つの答え(例えば「上糸と下糸とが絡み合って輪になる」)が見えると次の疑問(例えば「上糸は布と糸巻き、

下糸は布とボビンにつながっていて二本とも端がない糸のはずなのに、なぜ絡み合うのか」)が生まれる形で数時間にわたって続く。その中で「ミシンのことが分かっている」と思って率先して問題を解こうとする「課題遂行者」が自分の考えを外化すると、聞き手の「モニター」が素朴な疑問を呈することで課題遂行者の考えが一層進むことや、課題遂行者が苦境に陥ると、モニターが視野の広い代案を提案して課題遂行者の役割を取ることなどが見えてきた。

これらの知見によれば、建設的相互作用を多人数が参加する授業で安定的に引き起こすには次の設計原理が満たされていることが望ましい。

(a)「問い」が共有されている。
(b)答えを出す視点や考え方が各自異なる。
(c)異なる考えを統合して各自が答えを作る。

(2)目標創出のための授業の型——知識構成型ジグソー法

次に、《2》の②「設計原理を活用した授業の型」として、本グループは教員と連携して「知識構成型ジグソー法」と呼ぶ授業の型を作成し実践してきた。知識構成型ジグソー法は次の五つのステップからなる。

ステップ1 個人で問いへの「解」を書き留める(設計原理(a)の意識化)。
ステップ2(エキスパート活動) グループに分かれ解決に必要な知識の部品を担当し内容を確認する(設計原理(b)を準備)。

ステップ3（ジグソー活動）　各部品担当者一人ずつからなる新グループで各資料の内容を交換、統合して各自解を作る（設計原理（b）を保証、（c）を実現）。

ステップ4（クロストーク活動）　グループの解をクラスで共有する（設計原理（c）を強化）。

ステップ5　個人で再度問いに解答し次の疑問を記す。

学習活動を制約する一方で、問いと資料は教員に自由に創ってもらうため、二〇一六年度現在八年にわたり連携成果として一千近い教材が全校種・全教科について開発・蓄積されている。

例えば、中学校理科の授業では、わずかな水滴と線香の煙を入れたペットボトルに注射器を接続しピストンを引くと曇る現象を見せ、「これが雲と同じであれば、それがいかにできるか」を説明する課題がある。生徒は「断熱膨張」「飽和水蒸気量と凝結」「凝結核」についてA４用紙一枚に記述した三資料それぞれをエキスパート活動で読み込み、ジグソー活動で組み合わせることで、「体積が増えると温度が下がるんだって」「そうすると空気中に入っていられる水蒸気の量が減る？」「それで出てきた水蒸気が核にくっついて水になったのが雲？」などと会話しながら、答えを作り上げていく。

（３）目標創出の評価――授業前後理解比較と多面的対話分析

《２》の③「成果の評価」として、この型に従った授業実践からは、各学習者について授業前後の解の記述（ステップ１とステップ５）、活動中の発話など（ステップ２、３、４）が取得できる。

授業前後の解を比較する「授業前後理解比較法」からは、一人ひとりの学習者の理解の深化と疑問を捉えることができる。例えば、前記の理科授業では中学一年生でも約八割が全資料の内容を統合した説明を書くようになり、何より一人も無答の生徒が出ない。その意味で子ども一人ひとりが自分なりの知識統合を行い、「わかった」感を伴った学習に成功していると言える。さらに大事なのは、子どもたちからたくさんの疑問が生ずることである。例えば「ペットボトルを水で濡らしていなかったら」「線香の煙がなかったら」といった演示実験への疑問が自然に出る。これを比較実験で最初から潰しておくよりも、その疑問をもとに次時でグループに分かれて実験をした方が子どもたちの主体性は高まるだろう。さらに、「空の上では誰が注射器のピストンを引くのか」という根本的な疑問も出る。課題を限定して一旦その中で知識を統合することで、現実の世界との対応が気になるようになるわけである。これが授業を超えた目標創出につながる。

他の例でも高校一年生「地歴」で実践された「地理A　都市部の水害」がある。問いは「NHK放送センター近くでゲリラ豪雨に遭った。渋谷駅と明治神宮前駅のどちらにどんなルートで逃げるか、それはなぜか」であり、知識の部品は「等高線から渋谷駅と明治神宮前駅付近の断面図を作成する」もの、「渋谷川流域図と地形図の対応をとる」もの、「渋谷区における過去の内水氾濫の実績と地形図との対応をとる」ものの三種である。教師の期待する答えは、「水害時には低地帯を避けるため、明治神宮前駅に逃げる」というものだった。

三七名一二グループから授業前後での解の記述と各自の全発話を分析したところ、授業後の説明の質の向上、ステップ3における異なる考え方の検討や、独自の考えに基づく多様な「解答の根拠」の表現、各部品のキーワードを巡る意味の確認など建設的な相互作用の発現、及び、「渋谷駅はもっと整備すべきではないか」などの発展的な問いが認められた。また、授業後の記述解答と対話中のキーワードの出現を比較したところ、自身が発話していないキーワードの記述、また最終的な記述にたどり着くまでの多様な考えの揺れが見られ、建設的相互作用が示唆された。同様の傾向は、二〇一三年度に分析した二六授業二一四グループの対話の八割に認められた(三宅他 二〇一六)。

（4）目標創出のためのシステム——ネットワークのネットワーク

《2》の④「学習科学の作りかえ」の例として，本グループが前記の全生徒の全発話についてキーワードをカラー表示したエクセル表を授業担当教員に見せたところ，授業で感じていたよりも学習者一人ひとりに多様で発展的な学びが起きていたことの確認や，発話の中に本来評価すべきポイントが現れることなどが極めて短時間に了解された。また，研究者にとってもこれだけの量の発話データからは，従来，発話音声の大きさや発話回数から見て協調的な活動が起きにくいと判断されてきたステップ２のエキスパート活動中にも，「一人が発話しかけて途切れたところから他者がその文を完成させるかのように新しい表現を付け加え，それが第三番目の参加者に更に引き取られて文が完成する」ような「協調的対話(collaborative utterances)」がかなり起きていることが見えた。それにより部品資料の内容が一人ひとりの学習者の固有の表現となってステップ３の交換に持ち込まれ，建設的な相互作用に至る経緯が了解し易くなった。これらのデータから，学習科学がこれまでも主張してきたように「子どもたち一人ひとりが多様な学び手」であり，「一人ひとりが自ら答えを作り出す力」を持っており，「対話が一人ひとりの考え方を変えていく」現象が一回の授業という短い時間の中でも確かに起き得ることが確認できる。

以上の「認知科学的な学習理論」「理論に強く制約された授業の型」「その授業で起きる学習プロセスの詳細な評価」「それに基づく内省的で現場固有な理論作り」のサイクルが，学びの科学をより実践の科学として作り直し，参加者すべてがよりよい学びについての判断基準を形成し，自分なりの学びの認知科学を創っていく契機になるかが今後の大きな検討課題である。

こうした学びの見直しのための建設的相互作用は，主体的な参加者同士で協働して新たな価値を創造する文化を社会のあらゆる層で醸成して初めて可能になる。

授業のやり方を変えようとして、グループ学習を導入した先生方から、「結局できる子が一人で解決し、一方的に教える関係になってしまう」「司会を入れて全員に発表させるようにしてもそれぞれが自分の考えを発表して終わりになってしまう」「結局できる子はできて、できない子はできないので、いつも考えを言う子と聞くだけの受け身の子ができる」という悩みをよく聞く。先生としては、「みんなで問題解決に従事し、それぞれの考えを聞き合い、自然に聞き手と話し手の立場を交換しながら、考えを深めていく」といった姿を求めているにもかかわらず、である。

この問題は児童生徒の間の関係に留まらない。例えば、先生同士で行う授業の協議会でも、「できる先生が一方的に指導する」「自説を披露し合って終わりになる」「いつも考えを述べる先生と聞くだけの先生に分かれる」といった問題に頭を悩ませる管理職や研修主任の先生は多い。佐藤学が述べるように、教科と教授法の知識をたくさん正確に習得して、正しく授業に適用することが「自分の仕事」と考える「技術的熟達者」としての教師は、教え方の「正解」はどこか外にあって、誰かが判断してくれると考えている可能性がある(佐藤 一九九七)。それに対して、これから求められる「反省的実践家」としての教師は、教科や教授法についての知識と子どもの実態とを考え合わせ、学びの質を継続的に上げていく支援をするのが仕事であると考えるものだろう。つまり、自分の実践的判断の根拠を学習の記録を基に語り、次の仮説を自分で立てられる教師が望まれている。平易に言えば、「これでよかったでしょうか? 勉強になりました。次はどうしたらいいですか? そろそろ合格ですか?」と受動的・他律的に判断根拠を求める教師から、「私は授業についてこう考えたからこう試してみた。その結果こうなったから、最初の考えを見直して、次はこうしよう」と主体的・前向きに授業を作り続ける教師が求められる。この転換をいかに起こしていくかが課題である。

さらには、研究者と現場教員の間でも、「研究者が教員に一方的に指導する」「考えを述べる研究者と聞く先生に分かれる」といった関係性は、まだ問題として自覚すらされていないほど、厳然と存在し続けている。

こうした教室や教室内外における子どもたちの学び、それを支える教師たちの学び、研究者と教師の学びという三つのレベルで、問いを共有し対話から学ぶ建設的相互作用がシステム的にサポートできると、子どもたちの学びは一層豊かになることが、教育行政も巻き込んだ学習科学の実践的な研究から見えてきている(飯窪 二〇一六)。これは、教育における「格差」の問題にも示唆を与えるような、すべての参加者(児童生徒、教員、教育行政関係者、研究者など)が学ぶことができる学習環境づくりにつながるだろう。

参考文献

飯窪真也 二〇一六、「教師の前向きな学びを支えるデザイン研究——「知識構成型ジグソー法」を媒介にした東京大学CoREFの研究連携」『認知科学』第二三巻第三号、二七〇—二八四頁。

稲垣佳世子・波多野誼余夫 一九八九、『人はいかに学ぶか——日常的認知の世界』中公新書。

梅田望夫・飯吉透 二〇一〇、『ウェブで学ぶ——オープンエデュケーションと知の革命』ちくま新書。

金成隆一 二〇一三、『ルポMOOC革命——無料オンライン授業の衝撃』岩波書店。

佐藤学 一九九七、『教師というアポリア』世織書房。

白水始・三宅なほみ・益川弘如 二〇一四、「学習科学の新展開——学びの科学を実践学へ」『認知科学』第二一巻第二号、二五四—二六七頁。

田熊美保・秋田喜代美 二〇一七、「新しい学力像と評価のあり方」『岩波講座　教育　変革への展望5　学びとカリキュラム』岩波書店。

K・ダンバー、山崎治訳 一九九九、「科学者の思考法——科学におけるオンラインの創造性と概念変化」岡田猛・田村均・戸田山和久・三輪和久編著『科学を考える——人工知能からカルチュラル・スタディーズまで一四の視点』北大路書房、二六—五五頁。

中央教育審議会 二〇一四、「新しい時代にふさわしい高大接続の実現に向けた高等学校教育、大学教育、大学入学者選抜の一体的改革について(答申)」(二〇一四年一二月二二日答申)。

中央教育審議会 二〇一六、「次期学習指導要領等に向けたこれまでの審議のまとめについて」(二〇一六年八月二六日報告)。

野中郁次郎・竹内弘高 一九九六、『知識創造企業』東洋経済新報社。

三宅なほみ・白水始 二〇〇三、『学習科学とテクノロジ』放送大学教育振興会。

三宅なほみ・東京大学CoREF・河合塾編著 二〇一六、『協調学習とは——アクティブ・ラーニング型授業で目指すもの』北大路書房、一九二—二〇〇頁。

三宅なほみ・三宅芳雄・白水始 二〇〇二、「学習科学と認知科学」『認知科学』第九巻第三号、三二八—三三七頁。

Aronson, E. 1978, *The jigsaw classroom: Building Cooperation in the Classroom*, SAGE Publications.

Bereiter, C. 2002, *Education and mind in the knowledge age*, Lawrence Erlbaum Associates.

Bereiter, C. & Scardamalia, M. 1993, *Surpassing ourselves: An inquiry into the nature and implications of expertise*, Open Court.

Bransford, J. D. 1999, "When cognition meets classrooms and technology: Issues and opportunities".(『第六三回日本心理学会特別講演』、中京大学名古屋キャンパス、一九九九年九月六日)

Bransford, J. D, Brown, A. L. & Cocking, R. R.(eds.) 1999, *How people learn: Brain, Mind, Experience, and School*, National Academy Press.(米国学術研究推進会議編著、ジョン・ブランスフォード、アン・ブラウン、ロドニー・クッキング、森敏昭・秋田喜代美監訳、二一世紀の認知心理学を創る会訳『授業を変える——認知心理学のさらなる挑戦』北大路書房、二〇〇二年)

Bransford, J. D. & Stein, B. S. 1984, *The ideal problem solver: A guide for improving thinking, learning, and creativity*, W. H. Freeman.

Brown, A. L. 1978, "Knowing when, where, and how to remember: A problem of metacognition", Glaser, R.(ed.), *Advances in instructional psychology*, Vol., I. Erlbaum.

Brown, A. L. 1992, "Design experiments: Theoretical and methodological challenges in creating complex interventions in classroom settings", *The Journal of the Learning Sciences*, 2(2), pp. 141-178.

Brown, A. L. 1997, "Transforming schools into communities of thinking and learning about serious matters", *American Psychologist*, 52(4), pp. 399-413.

Brown, A. L. & Campione, J. C. 1994, "Guided discovery in a community of learners", McGilley, K.(ed.), *Classroom lessons: Integrating cognitive theory and classroom practice*, MIT Press.

Clement, J. 2008, "The role of explanatory models in teaching for conceptual change", Vosniadou, S.(ed.), *International handbook of research on conceptual change*, Routledge.

Cognition & Technology Group at Vanderbilt(CTGV) 1997, *The jasper project: Lessons in curriculum, instruction, assessment, and professional development*, Laurence Erlbaum Associates.

Collins, A. 1992, "Toward a design science of education", Scanlon, E. & O'Shea, T.(eds.), *New directions in educational technology*, Springer-Verlag, pp. 15–22.

Engeström, Y. 1987, *Learning by expanding: An activity-theoretical approach to developmental research*, Orienta-Konsultit.(ユーリア・エンゲストローム、百合草禎二・庄井良信・松下佳代・保坂裕子・手取義宏・高橋登・山住勝広訳『拡張による学習——活動理論からのアプローチ』新曜社、一九九九年)

Griffin, P., McGaw, B. & Care, E.(eds.) 2012, *Assessment and teaching of 21st century skills*, Springer-Verlag.(P・グリフィン、B・マクゴー、E・ケア編、三宅なほみ監訳、益川弘如・望月俊男訳『21世紀型スキル——学びと評価の新たなかたち』北大路書房、二〇一四年)

Latour, B. 1987, *Science in action: How to follow scientists and engineers through society*, Harverd University Press.(B・ラトゥール、川崎勝・高田紀代志訳『科学が作られているとき——人類学的考察』産業図書、一九九九年)

Lave, J. & Wenger, E. 1991, *Situated learning: Legitimate peripheral participation*, Cambridge University Press.(J・レイヴ、E・ウェンガー、佐伯胖訳『状況に埋め込まれた学習——正統的周辺参加』産業図書、一九九三年)

Miyake, N. 1986, "Constructive interaction and the iterative process of understanding", *Cognitive Science*, 10, pp. 151–177.

Nersessian, N. J. 2008, *Creating scientific concepts*, MIT Press.

Paavola, S., Lipponen, L. & Hakkarainen, K. 2004, "Models of innovative knowledge communities and three metaphors of Learning", *Review of Educational Research*, Vol. 74, No. 4, pp. 557–576.

Palinscar, A. S. & Brown, A. L. 1984, "Reciprocal teaching of comprehension monitoring activities", *Cognition and Instruction*, Vol. 1, pp. 117–175.

Sawyer, R. K. 2007, *Group genius: The creative power of collaboration*, Basic Books.(K・ソーヤー、金子宣子訳『凡才の集団は孤高の天才に勝る——「グループ・ジーニアス」が生み出すものすごいアイデア』ダイヤモンド社、二〇〇九年)

Sawyer, R. K.(eds.) 2014, *The Cambridge Handbook of the Learning Sciences(2nd edition)*, Cambridge University Press.

Scardamalia, M. & Bereiter, C. 1987, "Knowledge telling and knowledge transforming in written composition", Rosenberg, S.(ed.), *Advances in applied psycholinguistics*, Vol. 2(Reading, writing, and language learning), Cambridge University Press.

Scardamalia, M. & Bereiter, C. 1996, "Computer support for knowledge-building communities", Koschmann, T.(ed.), *CSCL: Theory and practice of an emerging practice*, Lawrence Erlbaum Associates, pp. 249–268.

Scardamalia, M., Bereiter, C. & Steinbach, R. 1984, "Teachability of reflective processes in written composition", *Cognitive Science*, Vol. 8, No. 2, pp. 173–190.

Scardamalia, M., Bransford, J., Kozma, B. & Quellmalz, E. 2012, "New assessment and environments for knowledge building", Griffin, P., McGaw, B. & Care, E.(eds.), *Assessment and teaching of 21st century skills*, Springer-Verlag, pp. 231–300.（M・スカーダマリア、C・ベライター「知識構築のための新たな評価と学習環境」P・グリフィン、B・マクゴー、E・ケア編、三宅なほみ監修、益川弘如・望月俊男訳『21世紀型スキル――学びと評価の新たなかたち』北大路書房、二〇一四年）

Sfard, A. 1998, "On two metaphors for learning and the dangers of choosing just one", *Educational Researcher*, Vol. 27, No. 2, pp. 4–13.

Shirouzu, H., Miyake, N. & Masukawa, H. 2002, "Cognitively active externalization for reflection", *Cognitive Science*, Vol. 26, pp. 469–501.

Shirouzu, H., Scardamalia, M., Saito, M., Ogawa, S., Iikubo, S., Hori, N. & Rosé, C. 2016, "Building on cultural capacity for innovation through international collaboration: In memory of Naomi Miyake", Looi, C-K., Cress, U., Polman, J. & Reimann, P.(eds.), *Transforming Learning, Empowering Learners: ICLS 2016 Conference Proceedings*, Singapore.

Suchman, L. with XEROX PARC System Science Laboratory 1991, *WORKPLACE Project* [Video].

Suthers, D. D., Lund, K., Rose, C. P., Teplovs, C. & Law, N.(eds.) 2013, *Productive multivocality in the analysis of group interactions*, Springer.

Vosniadou, S. 2013, "Conceptual Change in Learning and Instruction The Framework Theory Approach", Vosniadou, S.(ed.), *Handbook of research on conceptual change*, Taylor & Francis Group, pp. 11–30.

2 教室のコミュニケーションから見る授業変革

一柳智紀

はじめに――ある授業の風景から(事例1)

小学六年生の算数。上から見ると長方形のケーキを兄と弟で二:一に一本の直線で分けるという問題に、子どもたちは男女混合の四人グループで取り組んでいる。各自の手元には長方形が印刷されたワークシートが配付されている。**図1**のように分けられることを確認したのち、先生が「他にも分け方はない?」と問いかける。以下はせいじ、まゆ、しょう、あおい(いずれも仮名)の四人のやりとりである。

せいじはいち早く自分のシートに長方形の対角線を引く。それを見たあおいは「(対角線だと)同じ面積になるんだよ?」と指摘する。せいじはもう一度シートを見直し、やがて何本も斜線を引いては三角形を作り、そのつど面積を確認していく。その様子をまゆがのぞき込んで見守りながら、一緒に計算して確認している。一方あおいは、線を引かずに計算式を書き始める。それを見たしょうが「何を計算しているの?」「あれ、計算で求めるの?」と訊く。「八〇:四〇、二:一ってことは…」とあおいがつぶやくように言うと、しょうが「八〇:四〇か…三角形ってどうやってやるんだっけ?」とあおいに訊く。あおいはシートに目を落とし、「できない…あ、

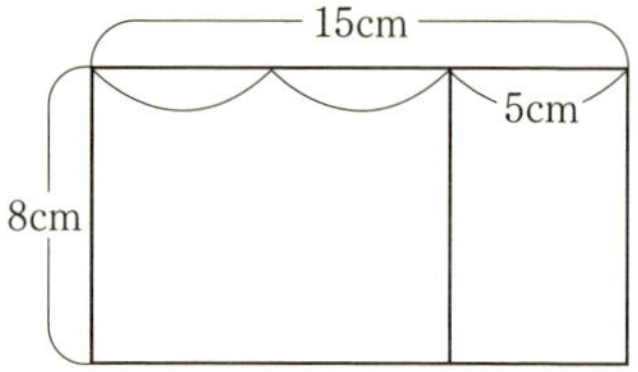

図1

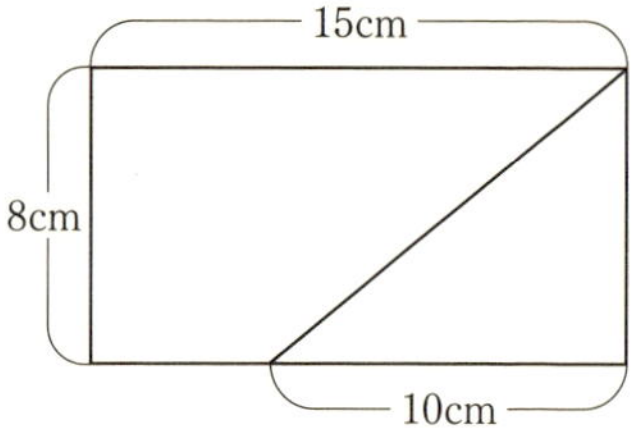

図2

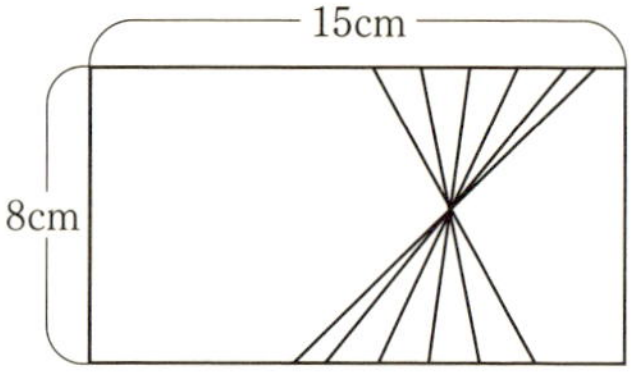

図3

でもできるよ。えっと、えっと、縦が…三角形の面積の求め方ってどうやんだっけ？」とつぶやく。しょうが笑顔で「底辺×高さ、÷二！」と答えると、あおいは計算を進めていく。それを見て、今度はしょうが「え、でもかたっぽを三角形にしたら、かたっぽは三角形にならないじゃん？」と訊く。あおいは少し考えてから「そうだよね…でも片方を四〇cm^2にしたら、残りは八〇cm^2になるじゃん？」と応える。そして、計算で求めた直線を引くと(図2)、あおいはまゆとせいじに自分の考えたシートを「ほら！ 計算でできた」と見せる。線を引いてから面積を考えていた二人は、顔を上げて「え～」と驚く。すると、しょうが「わかった！ わかったよ」と声をあげ、まゆに向かって「底辺×高さ÷二。だから、÷二だから、縦が八だから、横を…」と言いかける。まゆが「一〇？」と言葉をつなぐ。しょうが続けて「そうそう、八〇で、÷二して、みたいな？ そしたら四〇になる！」と言って、あおいと同じように線を引く。

しばらくすると、さらにしょうが「台形もできるよ」「上底＋下底で八出せばいいんじゃない？…だから、上が二なら下は六とか…」とつぶやく。それを聴いていたあおいが何度もうなずきながら「あ、わかった！」と言って、再び自分のシートに計算していく。しょうが続けて「これでいいんじゃない？ 上底＋下底で一〇でしょ？ で、÷二すれば？」とシートに書きながら言うと、せいじもうなずく。さらにしょうが「台形だといろんなのできんじゃない？ だって上一にして下九にしてできんじゃん？ どーんって」とつぶやく。まゆが「どうい

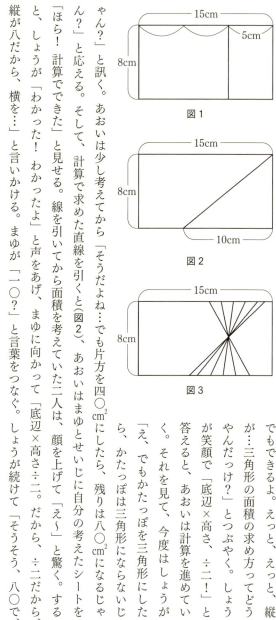

うこと？」としょうに訊くと、しょうはせいじのシートを指差しながら説明する。それを聴いたまゆとせいじも自分のワークシートに上底と下底の和が一〇になるところで線を次々と引いていく（図3）。やがて、シートを見ていたあおいがつぶやく。「これぜんぶ同じ点を通る。線の真ん中」。それを聴いてしょうが、「じゃあじゃあじゃあ、ここに、この点に線をあわせればなんでもできんじゃん？」と応じる。

四人は考え方は異なるものの、互いに相手の考えを聴きながら、「〜じゃない？」と思いついた不確かな考えを確認したり、わからないことを訊き、ときに「え、でも」と批判的に問いかけ、それに応じながら問題に取り組んでいく。しょうやあおいが議論を引っ張っているように見えるが、彼らはまゆやせいじの問いかけに応じたり、考えを聴いてもらうことで、自分の考えをより明確にしていく。また、その中でまゆやせいじは彼らの考えをそのまま受け取るのではなく、自分なりに理解しながら持ち帰り、再び自分で問題に取り組んでいる。ここでは誰かが主体的に問題に取り組んでいるのではなく、誰もが主体的に問題に取り組んでいる。そして、彼らは考えた結果を共有するのではなく、考えている過程を共有しつつ、応じ、支え合い、協働的、探究的に学んでいる。

一　知識基盤社会における授業

知識基盤社会の到来と言われて久しい。社会状況が複雑・多様化する中、わたしたちは解決が困難な課題や「正解」が一つに決まらない課題、互いに利害が一致しない課題に直面している。そして、これらの課題に直面した際に、言語や数、ＩＣＴなどの基本的な媒介手段（メディア）を用いて世界の情報を収集・処理し、表現する力や、主体的・協働的に課題を解決し、さらに新たな課題を見いだしていく力、さらにはそうして自分たちが主

表1　深い学習 対 伝統的な教室の実践

知識の深い学習(認知科学の知見から)	伝統的な教室の実践(教授主義)
深い学習に必要なのは，学習者が新しいアイデアや概念を先行知識や先行経験と関係づけることである．	学習者は，教材を自分たちがすでに知っているものとは無関係なものとして扱う．
深い学習に必要なのは，学習者が自らの知識を，相互に関係する概念システムと統合することである．	学習者は，教材を相互に切り離された知識の断片として扱う．
深い学習に必要なのは，学習者がパターンや基礎となる原則を探すことである．	学習者は，事実を記憶し，手続きを実行するのみで，理由について理解することがない．
深い学習に必要なのは，学習者が新しいアイデアを評価し，それらを結論と結びつけることである．	学習者は，教科書で出会ったものと異なる新しいアイデアを理解することを困難に感じる．
深い学習に必要なのは，学習者が対話を通して知識が創造される過程を理解し，議論の中の論理を批判的に吟味することである．	学習者は事実と手続きを，全知全能の権威的存在から伝えられた静的な知識として扱う．
深い学習に必要なのは，学習者が自身の理解と学習過程を省察することである．	学習者は記憶するのみで，目的や自身の学習方略を省察することがない．

出典：Sawyer 2014.

体となって、多様な人々と関わり合い協働しながら、自分自身や社会の未来を切り開いていく力が求められている(国立教育政策研究所 二〇一六)。

このような中、知識基盤社会における授業では、単に多くの事実や手続きを覚えるだけでなく、学習する内容を自身の知識と結びつけたり、その原則を理解し、他者との対話を通してその理解を振り返り吟味するなど、深く学ぶことが不可欠とされている(表1)。そのためには、教師が一方的に教える知識伝達型の一斉授業から、学習者自身が異質な他者との協働の中で知識や技能を獲得し、実際に活用し、思考しながら学んでいく、協働的で探究的に学ぶ授業への変革が求められる。同時に、一部の子どもだけがこうした学びに従事するのではなく、教室にいるどの子にも課題に主体的に取り組み、思考することを保障することが求められている。

このような授業の変革にあたり、各教科の学習内容だけではなく、グループによる学習などの学習形態、ICTの活用など新たな教材・道具の導入などが検討・実践されている。一方、そうした教える内容や方法を変革したとしても、教室のコミュニケーションを変革することなしには学習者の学びは変わらないだろう。授業は教師と子ども、子どもと子どものコミュニケーションを中心に展開しており、コミュニケーションの形態が変われば、授業への参加のあり方も理解のあり方も変わる。授業をどのようなコミュニケーションの場とするか、子どもたちがどのような言葉をどのように用いる場とするかを考えることが、授業をデザインするうえで不可欠である。

二　学び合う教室におけるコミュニケーション

では、教室のコミュニケーションは、前述のような授業の変革とともに、どのように変わってきているのだろうか。協働的で探究的に学び合う教室において交わされる言葉は、どのように学習や理解に影響をもたらしていくのだろうか。以下では事例にもとづき検討していく。

（1）参加構造によるコミュニケーションの相違

次の事例2（表2）は、小学四年生の国語物語文単元『白いぼうし』を扱った、同一時間内の授業の様子である。ここでは教師が説明するのではなく、子どもが発言して授業が展開している。しかし、事例の前半（201〜212）と後半（251〜281）では、コミュニケーションの特徴は大きく異なっている。

255	先生	はい，さぁ，ここの部分から(と模造紙のその箇所に線を引く)おふくろから，夏みかんをくれて嬉しい．じゃここのところから，わかったことがあった，思ったことがある人いますか？
256	C	違う．
257	先生	はい，石橋さんどうぞ．ちょっと今ね，岡村くんにつなげてみましょう．
258	石橋	松井さんはお母さんが送ってくれた，のが嬉しくて一番大きいのをお客さんに自慢したかったんだと思いました．
259	先生	さ，これにつながる意見はありますか？ 似ているとか，同じところでっていうのを．
		〈中略〉
270	杉田	えっと，いいにおいだな，おふくろはどうして夏みかんのにおいを僕に，あ，えっと，私に届けたかったんでしょう．
271	先生	(杉田さんに向かって)あ，おふくろが，どんな気持ちでっていうふうに松井さんが思ってる？(杉田さんがうなずく)なるほどね．(全体に)おふくろが出てきましたけどなにかおふくろのこと，書いた人いますか？ はい，どうぞ，重森くんいきましょう．
272	重森	速達で，送ってきてくれたおふくろに，感謝してる．
273	先生	(全体に)感謝ってわかりますか？ ありがとうっていう気持ちだね～．
		〈中略〉
277	先生	じゃどうぞ，はい，杉田さん．
278	杉田	さっき，夏みかんのもぎたての，におい，もぎたての夏みかんのにおいをかいでみたら*，本当に，レモンのにおいがしました．
279	先生	はい，どうぞ(と大橋くんを指名)．
280	大橋	えっと，自分の気持ちで…その，もらった松井さんは，おふくろに感謝してるけど…その…おふくろは，その，近くにいないから……夏みかんのにおいじゃなくて…そのおふくろの…においが感じた．
281	先生	(目を閉じて，ゆっくりとうなずいて，全体に)大橋さんの言っていることはわかります？ なるほどね，夏みかんのにおいから，お母さんをね，思う，ね～．

出典：一柳 2013 および一柳 2014a にもとづき作成．
注：子どもの名前は仮名．「C」は話者不明．以下の事例でも同様．
＊この日の授業で実物の夏みかんのにおいをかぐ時間があった．

◉教師の問いかけと参加構造

前半(201～212)は「「これは、レモンのにおいですか。」ときいたのは？」といった先生からなされた問い(201)に対し、複数の子どもが「紳士」と短く答え(202)、それを先生が確認し(203)、また別の問いを発する(204)、という繰り返しにより進んでいる。これらは、教室において典型的なやりとりとされるIRE連鎖の特徴を備えている。すなわち、教師による開始の質問(Initiation)、応答(Response/Reply)、そして評価(Evaluation)の三つの組み合わせである(201＝I、202＝R、203＝E、204＝I、205＝R、206＝I、207＝R、208＝E、209＝I、210＝I、211＝R、212＝E)。ここでの問い(I)は、「正解」が一つに決まっている(あるいは教師が一つの「正解」を

表2　事例2　参加構造によるコミュニケーションの相違

黒板には本時のめあてとして「松井さんの気持ちを考えよう」と板書されており，その横にテキストが拡大印刷された模造紙が展示されている．子どもたちは前向きに座っている．		
201	先生	では，確認したいことがあるので最初の方を見てください．え〜まず，「これは，レモンのにおいですか．」ときいたのは？
202	複数	紳士．
203	先生	これは，お客の紳士，紳士，きちんとしたみなりの，きちんとした格好の男の人，ですね〜．
204	先生	(全体に)お客と言っていますが，何のお客さんかな〜？
205	複数	タクシー．
206	先生	どっかにタクシーって書いて…
207	C	ない．
208	先生	ないですけど，わかりました？ ね，タクシーの，運転手．
209	先生	「運転手の松井さんは」ってどっかに書いてありましたね．どこですか？ 「運転手」って書いてありません？ 先生の問いかけに，子どもたちが口々に書いてある場所を隣の子と言い合ったり，先生に向かって言う．
210	先生	何行目？
211	複数	4行目．
212	先生	そう，4行目にね，「運転手の松井さんは」と書いています．
		〈中略〉やりとりが続いたのち，読んで感じたこと，考えたことをテキストが印刷されたワークシートに書き込む．その後，書き込んだ内容をグループで交流し，終わると机を子どもが互いに向き合うようにコの字型に配置し，座る．
251	先生	クラスみんなでね，どんな松井さんの気持ちが出てきたのかな〜ということを，え〜聴き合いたいと思います．え〜(教科書を見ながら)おふくろさんが速達で送ってくれた夏みかんを，ね，(全体を見ながら)自分のタクシーに乗せて，いる，松井さんの気持ち，ね．え〜どんな気持ちが出たでしょうか．はい，どうぞ，発表して，ください．〈中略〉それでは，岡村さん．
252	岡村	はい．えっと，おふくろが，夏みかんをくれて嬉しい．
253	先生	(大きくうなずいて応じる)どこからわかりました，それが？
254	岡村	えっと，「あまりうれしかったので，いちばん大きいのを，この車にのせてきたのですよ．」(と松井さんのせりふを読む)

想定している)問いである。そして、「正解」を教師はすでに知って(想定して)おり、子どもはその「正解」を答えることが求められている。ゆえに、子どもは教師の問いに対する「正解」は何かを考え、テキストを読む。こうしたやりとりにより、教師はそのつど、子どもの理解度や学習状況を把握し、授業の展開を自分のペースでコントロールできる。一方、ここで子どもが語っているのはあくまで教師の問いに対する回答であり、自分自身の考えではない。そのため、多様な考えや教師の予測を超える考えは生まれにくい。また、子どもの発言は常に評価の対象となっている(教室によっては「私の考え、どうですか？」「いいです」「違います」と、子どもが評価を担っている場合もあ

る)。そのため、子どもは自分や他の子の発言が教師の求める「正解」かどうかを聴けばよく、自分の考えを深めるために聴く必要はない。

一方、後半(251〜281)では、「おふくろさんが速達で送ってくれた夏みかんを自分のタクシーに乗せている松井さんの気持ち」についての子どもたち自身の考えが、前半よりも長い言葉で、多様に語られている。ここで先生が尋ねている「松井さんの気持ち」には、一つの「正解」があるわけではない。その問いかけに、子どもがどのように応じるかを、先生自身も知らない。子どもたちは、読んで感じたことを自分の言葉で語ることが可能であるし、求められている。あわせて、「ここのところから、わかったことがあった、思ったことがある人いますか?」(255)、「これにつながる意見はありますか?」(259)にあるように、子どもたちは先行する他の子が言及したテキストや考えと、自分の考えを比べたり関連づけたりしながら聴くこと、そしてつなげて発言することが求められている。当然、先生も想定していなかった考えも出てくるため、子どもだけでなく教師も子どもの考えに耳を傾け、考える必要が生まれる。

このような前半と後半のコミュニケーションの特徴の違いは、参加構造の違いとして捉えられる。参加構造とは「誰が、いつ、何を、どのように発言することができるのか」に関して互いに形成し合っている権利と義務の関係である(藤江 二〇一〇)。前半では、先生の問いかけの答えがわかる子どもが、問いかけの直後に、その答え(教師の求める「正解」)について、短く発言できるし、求められていると言える。一方、後半では「松井さんの気持ち」について考えたすべての子どもが、あるいは先行する発言につながる考えがある子が、先生の問いかけや他の子の発言ののちに、自分の考えを自分の言葉で発言できるし、求められていると言える。こうした参加構造の違いは、前述のように、教師の問いかけや子どもの発言に対する応答の仕方の違いによって形成されている。それにより、話す、聴く、読む、考えるといった授業への参加の仕方、学び方が異なっている。

◉教室環境に現れる参加構造

前述のような参加構造の変更は、物理的な机の配置にも現れている。前半は先生が問いかけ、子どもの理解を「確認する」(201)という構造から、子どもが前を向いて先生と向き合う形で座っている。しかし、後半は子どもが互いの考えを「聴き合う」(251)という構造から、子どもが互いに向き合うコの字型に座っている。本章の冒頭の事例1のように、グループの形にすることも、参加構造を物理的に変更していると言える。これらの机の配置の違いは、誰が話し手でその聴き手は誰かを反映しているのである。

机の配置だけではなく、教室掲示も子どもの参加構造を規定する重要な環境だろう。事例2では、子どもの考えを書き込むためにテキストが拡大印刷された模造紙が黒板に貼られていた。これにより、子どもの考えがテキストのどことつながっているのか、また他の子の考えとどうつながるのかが可視化されていた。他にも、前時までの学習内容が掲示されている教室では、子どもがそれを見直して振り返りながら考えられる。このとき、掲示内容が教師の説明の言葉なのか、子どもが考えた子どもの言葉なのかによっても、誰と誰が言葉を交わし、考えていくのかは異なってくる。このような教室の物理的環境も、コミュニケーションの参加構造を明示的・暗黙的に規定すると言える。

以上のように、一時間の授業であっても、教師はそのときに行う活動のねらいに応じて、コミュニケーションの参加構造を変えている。授業をデザインするうえで、どちらの特徴を持った参加構造も必要である。ただし、前半のIRE連鎖が特徴的なコミュニケーションだけでは、冒頭に述べたような、協働的で探究的な学びをすべての子どもに保障していくことは難しいだろう。どの子も主体的に学び合うためには、後半のようなコミュニケーションへと、参加構造を変革していく必要がある。

（2）たどたどしい語り

事例2の後半では、「夏みかんをもらった松井さんの気持ち」(252〜258)から「松井さんのおふくろへの気持ち」(270〜272)へとつながり、「夏みかんのにおい」(278)について話題が移ったのち、「松井さんのおふくろへの気持ち」と「夏みかんのにおい」が結びついた「夏みかんのにおいにおふくろを重ねる」松井さんの新たな心情世界を創発する読み(280)が提示されている。

この大橋くんの発言(280)には、他の子の明瞭な語りとは異なり、言い淀みや躊躇するような間、「その」という曖昧な指示語による中断が頻繁に見られる。バーンズ(Barnes)はこのような躊躇や中断、さらには「〜かもしれない」「たぶん〜だろう」といった仮説的な話し方によるたどたどしい語りを、「探索的な会話(exploratory talk)」(Barnes 1992)と呼んでいる。すなわち、完結していない、新たな考えや意味に向けた手探りがなされる会話であり、修正に向けて開かれた会話である。話し合いの前後でワークシートの書き込みを検討した一柳(二〇一二)は、大橋くんの考えが、話し合う前にテキストを読み、書き込んでいた内容ではなく、「おふくろに感謝してる」という重森くんの発言(272)や、「夏みかんのにおい」について語った直前の杉田さんの発言(278)を聴く中で、「いなかのおふくろ」というテキストの記述と結びつけながら新たに形成されていること、さらには彼の発言が多くの周囲の子どもの印象にも残っていたことを示している。すなわち、たどたどしいながらも話し合いの中で他の子の考えを聴いて生まれた新たな考えが、周囲の子どもにテキストを読み直し、さらには新たな読みを生成する契機となっているのである。

こうした過程は、「話し合い」に対する一般的なイメージとは異なるのではないだろうか。話し合いというと、参加者がそれぞれにまとまった考えや知識を持ちより、それを交流する場、また交流を通して異なる考えに触れ、新たな視点を得たり，考えを変えたりする場と捉えられることが多いのではないだろうか。こうした話し合いのイメージは，学校においてしばしば聴かれる「自分の考えを持っていないと話し合いに参加できない」という指摘に反映されている。そのため，話し合う前にまず一人で問題に取り組んで考える時間を設け，そこで考えた内容を全体やグループで話し合うという流れがデザインされる。そして，自分の考えが相手に伝わるように，大きな声，明瞭な言葉で，順序立てて分かりやすく話す指導がなされる。その中で「～さんと同じで…」「私は違って…」「なぜなら…」といった話型が，話し合いのためのスキルとして教授される場合もある。

こうしたコミュニケーションやそのためのスキルが授業において必要ないわけではない。明瞭な話し方で自身の考えをわかりやすく伝えることは重要である。一方で，前述のような話し合いにおいて，多様な考えが出たり，スキルを用いているにもかかわらず，理解が深まらず「発表して終わりになってしまう」という声も聴かれる。これに関し，バーンズは「探索的な会話」と対照的な特徴を持つコミュニケーションとして，「発表的な会話（presentational talk）」を挙げている。そこでは，「教師の承認に向けられた形式的で完成したプレゼンテーションとなるような書き言葉，あるいは話し言葉」（Barnes 1992）が「最終稿」として提示され，期待される情報や適切な話し方を示すことに焦点が当てられる。こうした「発表的な会話」においては，協働的で探究的な学びは生起しにくいだろう。子どもが活発に発言しても理解が深まらない背景には，話し合いが「発表的な会話」となっている可能性がある。

事例2に戻ると，大橋くんはすでに考えた内容を話しているのではない。そうではなく，他の子の考えを聴いて自分の考えを形成し，それを発言しているのである。いわば話し合いが，「自分の考えを持っていないと参加できない場」ではなく，「自分の考えを持つための場」となっていると言える。

本章の冒頭に示した事例1においても，こうした「探索的な会話」の特徴を見ることができる。そこでは，子どもたちが「〜かな？」と未完成の考えを確認したり、問いかけたり、思いついたことをつぶやき、それに応じながら問題に取り組み、理解を深めている。彼らは事前に考えたことを話しているのではなく、考えながら話しているのである。

このように、たどたどしい不完全な語りは、必ずしも話し手としての未熟さを示しているわけではない。子どもたちが今まさに協働で探究していることを示している。授業を変革し、協働的で探究的な学びのある授業をデザインするうえでは、単に話し合う活動を取り入れるだけでなく、以上のような話し合いについてのイメージの変革や、そこでのコミュニケーションの質の変革が伴われなければならないだろう。

三　「話し合う」ことから「聴き合う」ことへ

では、前節で述べたような協働的で探究的な学びへと授業を変革するうえで、何が必要なのだろうか。コミュニケーションを組織するとは、教室に規範と談話の文化を構築することであり、時間の経過とともに子どもたちは新しい談話の形式と規範を形成し、獲得していく(Michaels et al. 2008)。そうした文化を構築するために、授業の中で何がなされているのだろうか。

これまでの事例で見てきたように、他者との協働は、クラス全体やグループでの話し合いの形を通してなされることが多い。しかし、話し合う活動を設定すれば、協働的で探究的な学びが生じるというわけではない。とりわけ、自分の考えを発表するだけでは不十分である。他者との協働の中で探究し、理解を深めるためには、他者の考えを聴き、それを踏まえながら考えを交わしたり、他者に疑問を訊き、それに応答したりすることが不可欠である。いわば、協働的で探究的な学びは「聴き合う」ことにもとづいていると言える。ここで言う「聴く」

「聴き合う」とは、他者の発言内容を正確に聴き取ったり、情報を過不足なく聴き取るという意味だけではない。他者はどのように考えたのか、どうしてそう考えたのか、どこからそう考えたのかと、他者の声に耳を傾け、そうした他者の声に自分なりに返答することを含む。こうした「聴き合う」ことにもとづいたやりとりにおいて、先述した二つの事例においてみたように、子どもたちの言葉だけでなく、そこにあらわれた考えがつながり、理解がつながり深まっていく。

(1) グラウンド・ルールの共有

「聴き合う」ことを中心とした談話の文化を構築するうえで重要な役割を果たしているものの一つに、グラウンド・ルールが挙げられる。

グラウンド・ルールとは「相互の主張や発話内容、発話の意図を正確に理解するために、厳密な言語学的知識に加えて、会話の参加者が保持していることが必要となる、ひと揃いの暗黙の理解」(松尾・丸野 二〇〇七)とされる。マーサー(Mercer)らは、協働で思考するためのグラウンド・ルールとして、①関連するすべての情報を共有する、②グループは同意にたどり着くことを目標とする、③グループが意思決定のための責任を持つ、④発言する際に理由を述べる、⑤反論を受け入れる、⑥決定を行う前に代替案を議論する、⑦互いに発言を促すという七つを挙げ、これらにもとづいて、学校のカリキュラムと直接関連するトピックを含んでデザインされたグループ活動からなる一連の介入を行っている。その結果、教授介入を行った場合、「なぜなら(because)」や「～だと思う(I think)」、「賛成(agree)」といった介入により教授された表現が多くなり、発話も長くなること、さらに推論課題や科学に関する事後テストにおいても成績が向上したことを示している(Mercer et al. 2004)。また、以前の授業で提示された疑問の型が、のちの授業におけるグループの話し合いの中で子どもによって使用されるだけでなく、次第に子ども自身の言葉が加えられ、話し合いに適応的、創造的に適用されていくことも明らかにしている（Mercer 2008）。このように、グラウンド・ルールにもとづく話し合いの積み重ねが、子どもの用いる言葉を変化させ、教室談話をも変化させていく。

ただし、グラウンド・ルールはいつでもどこでも使用可能なものとして文脈から切り離して提示されては不十分だろう。松尾・丸野（二〇〇七）は、話し合いを通して子ども同士が学び合う授業を志向する熟練教師が、対話的な話し合いのためのグラウンド・ルールの共有を、やりとりの文脈に応じながら、具体的な経験と結びつけて働きかけていることを示している（表3・表4）。日々の授業の中で、そのときどきに必要な形で繰り返し提示されることで、教室において「聴き合う」ことに価値を置く談話の文化が構築されると言える。

（2）「聴き合う」ことを求める参加構造

さらに、グラウンド・ルールやスキル・話型のみを取り出して指導を行うだけではなく、それらが実際に意味を持ち、スキル・話型の使用が必然性を持つ活動が、教科内容を学習する中に埋め込まれていてこそ、その中で実際に使用しながらの習得が可能になるだろう。デューイが指摘しているように、「技能の習得（読み方、綴字法、書き方、図画、朗読における）と、情報の獲得（歴史、地理における）と、思考の訓練と、というような、さまざまの目的に教授を分割することは、われわれがこれら三つの目的のすべてを達成するのにどんな効果のないやり方でやっているかを示す一つの尺度である。〔中略〕思考とは別個に獲得された技能は、それを役立てるべき目的についてのいかなる知識とも関連がない。〔中略〕教授や学習の方法の永続的改善への唯一の正攻法は、思考を必要とし、助長し、試すような情況に中心を置くことにある」（デューイ 一九七五、二四二―二四三頁）。とりわけ、暗黙の理解であるグラウンド・ルールは、先述したコミュニケーションの参加構造に具現化されている。以下では、「聴き

表３　話し合いのためのグラウンド・ルール

グラウンド・ルール	概要	教師の発話例
側面１：話し合いの中での「お互いの考えとの向き合い方」		
1)自分なりの考えを大切にする	自分の考えを持つ．他者の考えとの違い(意見の独自性)を大切にする．	(意見交換の開始時の発話)「ちょっとの違いを大切にせないかんよ．それが自分の感じ方だからね．」
2)自分の立場にこだわる	必要な時には，納得できるまで自分の立場や疑問にこだわる．	(M.R. から，異なる立場の意見を提示された児童 Y.H. に対して)「それは，M.R. さんの考えよ．君が納得するかどうかは別よ．食いさがらないかんとよ．」
3)話し合いの中で考えをつくる・変える	話し合いを通じて自分の考えを構成する，変えることを目的に話し合う．(そのために)話し合いの場に出された考えを，公共的なものとして扱う．	(班での話し合いの途中での発話)「情報交換しいよ，自分の考え作るために話しよるっちゃけんね．」／(意見交換の最中での発話)「自分の読みを出していくことによって，人のヒントにもなるね．」
側面２：話し合いの中での「他者との関わり方(発話の機能)」		
4)考えを積極的に提示する	自分の考えを積極的に発言し，試そうとする挑戦の姿勢を持つ．	(挙手していた児童 K.K. に対しての発話)「K 君よくチャレンジするようになってきたね．」
5)積極的に質問や反論を行う	他者の発言を聞いて質問／確認／反論を積極的に行う．	(意見交流の開始時の発話)「わからなかったらどんどん質問してわかっていく．」
6)積極的に情報を付け足す	他者の意見の中に自分が考えていることが無ければ，付け加えを積極的に行う．	(意見交流の開始時の発話)「人の意見の中に，理由の中に自分が書いていることが無かったら付け加えていく，ていうことが大切．」
側面３：話し合いの中での「活動主体としての責任」		
7)授業の主体として参加する	授業において，話し合い，読みを深めていく活動の中心として，子どもそれぞれが責任を持ち，全体で問題に取り組む姿勢を持つ．	(質問を提示したあとの発話)「どんどん意見を，ぱっぱ，ぱっぱ交流して，自分達で整理せな，読みを．」
8)助け合いの尊重	誰かが発言できなくなったときや，困っているときにはみんなでフォローすることを大切にする．	(教師からの質問に対して児童 O.B. が答えにつまっている状況で，全体に向けての発話)「ほら，フォローせなフォローせな．」

表４　話し合いの中でのグラウンド・ルールの提示例

発話者	発話内容
J.T.：	はい，えっと，僕は K.D. 君とか Y. I. さんとは違って，18 ページに書いてある，右から２行目の，大魚はこの海のいの，この海のいのちだと思えたって言っているので殺さなくてすんだと思います．
	〈中略〉
K.S.：	今，J.T. 君の意見をきいて思いついたんだけど，～//
教師：	～//～うん，それがいい．人の意見をきいて思いつかないかんと．自分の書いたことばっかりこだわりよったらダメ．学習は．
K.S.：	大魚は，この海のいのちだと，太一は思ったから，この大魚を殺したら，おとうや海へ帰った与吉じいさんも殺してしまうんじゃないかと思ったからだと思います．

出典：松尾・丸野 2007 より作成．
注：～//～は発話が途中でさえぎられて次の発話に移っていることを示す．

合う」参加構造をいかに形成することができるのか、事例を通して検討する。

◉子どもをつなぐ教師の言葉がけ

先述の事例2の前半と後半における参加構造の相違を生んでいたのが、先生の問いかけと子どもの発言に対する応答であった。後半、先生は「おふくろから、夏みかんをくれて嬉しい。じゃここのところから、わかったことがあった、思ったことがある人いますか?」(255)、「あ、おふくろが、どんな気持ちでっていうふうに松井さんが思ってる? なるほどね。おふくろが出てきましたけどなにかおふくろのこと、書いた人いますか?」(271)と、子どもの考えを言い換えながら繰り返し、発言した本人に内容を確認したり、全体へと広げて関連する発言を促したりしていた。

こうした他者の発言の繰り返しや言い換えは「リヴォイシング(revoicing)」と呼ばれる。事例2で先生はこれらのリヴォイシングにより子どもの発言を評価するのではなく、発言した子ども自身に考えを訂正、確認する機会を与えていた。さらには、子どもの発言を全体へと広げることで、他の聴き手にその考えを聴いたり、自身の考えを関連づけたり、聴いて考えたことを発言したりする機会を与えていた。言わば、子どもと子どもをつなぎ、周囲の子どもに発言した子どもの考えを聴くことを求める参加構造を作り出しているのである。

リヴォイシングの他にも、子どもをつなぐために教師はさまざまな言葉がけを行い、協働的な学びを実現している(表5)。これらの言葉がけは、「今○○さんが~と言ってくれたんだけど、どう? ちょっとグループで相談してみて」と、ペアやグループで話し合う契機とすることもできる。これにより、ペアやグループでの活動も、自身の考えを発表するだけでなく、他の子の考えを聴いて考えたり感じたりした内容を交流する場にできる。

くわえて、子どもが協働的に学ぶのを促すうえでは、グループへの教師の関わり方も異なる。本章冒頭で紹介した事例1では、先生は一度もグループのやりとりに介入しておらず、少し離れて様子を見ていた。この先生は、事例1のように子どもたちが人に訊いて話している際には「私が入っては、ね、あの、その子どもたち同士のを切ってしまうことになるので、そういうときは近づかないようにしている」と語っていた。しかし、別の授業において、事例1とは異なるメンバーとのグループで問題に取り組んでいる際、まゆがワークシートに何も書けず、他のメンバーのやりとりにもついていけていない様子を見取ると、先生は彼女に個別に問題解決の支援をするのではなく、最初は彼女に他のメンバーの説明を聴くように促し、次に他のメンバーに対して彼女にも図が見えるようにワークシートの向きや場所を変えて説明するように促していた。このように、子どもが協働的に学び合うためには、グループの中で子ども同士がいかに関わり合っているかを見取り、子どもをつなぐ(つながりを切らない)教師の関わり方が必要となる。

表5　子どもをつなぐ典型的な言葉がけ

言葉がけ	典型例
リヴォイシング	「あなたの考えをちゃんと理解してるか教えて．あなたは〜と言ってるの？」(教師による言い換えを認めたり認めなかったりする時間を生徒に与える)
ある子の考えを別の子に言い換えるよう求める	「今彼が言ったことをあなたの言葉で言える？」
ある子の考えを自分の考えに適用するよう求める	「賛成？　反対？　それはなぜ？」
子どものさらなる参加を促す	「付け足しのある子はいる？」
子どもに自分の考えを詳しく説明するよう求める	「どうしてそう思ったの？」「どうやってその答えにたどり着いたの？」「もっと詳しくお話して」
異議や反例を示す	「これはいつも成り立つ？」「あてはまらない例はある？」

出典：Resnick et al. 2010 より作成.

◉「聴き合う」必然性を生む挑戦的な課題

子どもが聴き合いながら協働的で探究的に学

ぶうえでは、授業で子どもが取り組む課題も重要な要素である。

次の事例3では、二年生の子どもたちが、学年で扱う内容を越えた二桁×二桁の計算に、既習の九九や、先に行った五×三を分けた組み合わせにするという考え方を用いながら、さまざまな方法により取り組んでいる(表6)。このとき、子どもたちは「一あたり量がいくつ分」という掛け算の基本的な性質を用いながら、問題に取り組み、九九を越える計算でも「一あたり量」を決めれば掛け算で解けることを発見している。さらに、明言はされていないものの、彼らの用いた計算は分配法則につながる方法である。

こうした理解の深まりは、ペアを中心とした子ども同士のやりとりの中で生じている。子どもたちは口々に思ったことをつぶやいていくが、これらの課題に関わるつぶやきも、今まさに考えていることを話している未完結な言葉であり、「探索的な会話」の特徴と言える。そして、先生に促されると、堰を切ったように隣の子と相談し始め、互いの考え方を見てヒントをもらったり、一緒に確認したり、疑問を出しながら、自分なりのやり方で問題に取り組んでいる。

前記のやり取りは、子どもたちの関係性のよさだけではなく、課題によっても引き起こされている。ここで先生は、「一四×一五」の答えではなく、「どういうふうに計算したらいいか」という考え方を問うている。前者は正解が一つに決まるが、考え方(一あたり量の作り方)は多様である。ゆえに、自分なりに取り組む余地、自ら主体的に関わる余地が生まれている。また、多様な考えが生じるため、それらを聴き、協働する必然性が生まれている。くわえて、多くの子が「困っている」と手を挙げているように、解決が難しい、難易度の高い課題でもある。そのため、一人ではなくペアやグループなどで訊いてみたり、確認したり、一緒に考えるなど、協働する必然性、必要性が生まれている。こうした前提として、この課題が単元で扱う数学的な性質の理解につながる、数学的に探究する意味のある課題であることは言うまでもない。

表6　事例3　子どもをつなぐ挑戦的な課題

小学2年生の算数．九九を一通り習ったあとの授業．机は子どもたちが向き合うようにコの字型に並んでいる．

黒板に提示された5個のブロックのかたまりが縦に3つ並んだ絵について，5×3で示せることを確認する．さらに，1つ分のかたまりを変えて，「3×5」「1×15」「15×1」，そして「3×3と2×3」でもできることを子どもたちは発見する．

続いて先生が「今日また一つ悩みがある」と切り出し，縦に14個，横に15個つながった「隣のおじさんからもらった干し柿」を示し，全部でいくつかどうやったらわかるだろうかと尋ねる．すぐに子どもたちが口々につぶやいていく．

C：掛け算すればいい．
C：え，でもそれだとできないよ．
先生：ゆうこさんなに？
ゆうこ：掛け算すればいい．
C：え，でも．何の段で掛け算するの？
ゆうこ：1あたりの数を，14に…
C：でも14だから…
C：14は掛け算じゃないもん．

先生は全員で数えて14個あることを確認する．

C：いくつ分がないと…
C：14個のがいくつか．
先生：いくつ分ってことは，何列あるかってこと？
C：14個のやつが…

ここでまた全員で何列あるか数える．

C：15列！
C：14×15！
先生：掛け算でできそうか…？
C：九九越えちゃってるから…
C：九九を越えた掛け算だから…
先生：この干し柿は，14×15っていう掛け算ができそう？
C：できそうっちゃできそうだけども…
C：できるかなぁ．
C：いや，できない．
C：九九を覚えれば…
先生：ちょっと隣の人と，どういうふうに計算したらいいか，考えてみて．

すぐに子どもたちは交流し始める．「14を10と4に分けて」とさっそく計算しだす子もいれば，ノートに書いて互いに見合っている子もいる．黒板に貼られた干し柿の絵を体を寄せて見て，指差してつぶやくペア，後ろの子も巻き込んで4人で話し合っている子どもたち，「あ，これさ…」と気づいたことを隣の子に伝える子どもなど，教室のいたるところで交流が生まれる．

やがて，干し柿の絵が印刷されたワークシートが各自に配布されると，子どもたちは近くの人と相談したり，「10で，20でしょ？」と確認しながら取り組んでいく．少ししてから先生が声をかける．

先生：ちょっとストップ．ちょっといい？あの，困ってる人？困ってるんだけど…(と挙手を促すと，半数近くの手が挙がる)ちょっと聴いてみるね，あいりさん何に困ってる？
あいり：…どういう計算をしたらいいか…
先生：…どういう計算をしたらいいか困っているそうです．なんかヒントありますか？
C：私も．
そうた：14の数を，いくつかに分けて，それを1つずつ，九九でわかるところまで計算してから，あとは，そのちっちゃい数字を1つずつ足していくとわかります．(前に出て)2つが，1つのまとまりだとして．
先生：この14を分けるってこと？
そうた：九九だと，掛ける数が9のところまではわかるから．
先生：意味わかる？九九が使えるところまで，分けていく，っていうの．
C：あ～．

そうたさんの説明を聴いて，あいりさんもうなずく．子どもたちは再び問題に取り組んでいく．10ずつ囲んでいる子の図を見ながら隣の子がいくつあるかを数えて確認していく．終わるとその子はまた自分のシートに違う囲み方で10ずつのまとまりを作っていく．

授業の最後には，全体でどのように考えたか確認する時間が取られる．10ずつにわけ，10のまとまりを21個作り「10×21」という式を立てた子，「14×10と10×7」と分けて考えた子，さらには「7×8と7×8と7×7と7×7」と考えた子が発表する．周りの子からは「なるほど～」とつぶやきがあがる．

注：子どもの名前は仮名．「C」は発話者不明で，自発的なつぶやきを示す．

このように、多様な解・解法のある課題や難易度の高い課題といった挑戦的な課題は、「聴き合う」必然性を生む。こうした課題を毎日準備するのは容易ではないだろう。しかし、日々の授業の中でも多様性を保障し、子どもが「聴き合う」参加構造を形成できる。たとえば、ペアやグループで一つに考えをまとめるのか各自が考えを出すのか（グループとしての考えを尋ねるのか個人としての考えを尋ねるのか）、物語文を読むときに全員そろって「さん、はい」と音読するのか、各自のペースで音読するのか、他の子の発言にハンドサインや話型など決まった型で応答するのか自分の言葉で応答するのか、などだ。ここにも、多様性を保障する機会はあるだろう。多様性の保障は、個々の子どもの考えの保障でもある。これらの日々の積み重ねは、教室において多様性を許容し、それに耳を傾け、大切にする談話文化を形成していくだろう。

◉「わからないこと」の共有

また、事例3では先生が「困ってる人、何に困ってる?」と問いかけることで、「困っていること」を共有する場、またそれを聴いて応答する場が作られている。

授業では、個人やペアやグループで問題に取り組んだのち、「わかったこと」や「できたこと」が問われ、発表される機会が多い。その中で多様な考えに触れ、見方を広げることができる。一方で、それらは考えた結果であり、先述した「発表的な会話」となる可能性もある。これに対し、「困っていること」や「わからないこと」は、まだ考えている過程である。ゆえに、「困っていること」や「わからないこと」を共有し、応じていくことは、それ自体が協働的で探究的な学びとなるだろう。さらには、教師が「わかったこと」「できたこと」だけではなく、事例3のように「困っていること」「わからないこと」も授業の中で問うことが、「わかる」子だけが発言できる参加構造ではなく、「わからない」子が「わからない」と言える参加構造、その「わからないこと」に耳を傾ける参加構造を形成する。

「わからないこと」を共有するうえでは、先に述べた課題の特徴も関わると考えられる。「正解」が一つしかなく、多くの子が解答可能な課題であれば「わからないこと」を語るのは容易ではないだろう。また、「正解」にもとづき評価されるやりとりにおいては「わからないこと」を語るのはためらわれるだろう。多様な考えが可能な課題や、一人では解決が難しい課題の中でこそ、「わからないこと」は語り得るのではないだろうか。

また、わからなくて困っている子どもに対し、教師やわかっている子が「正解」を教えたり、「こうすればいいんだよ」と解法を教えただけでは理解は深まらない。教室では問題を解き終わった子が「ミニ先生」として困っている子に教える場面があるが、グループでのやりとりを検討したウェッブとマスタージョージ(Webb & Mastergeorge 2003)は、わかっている子どもが問題の答えや手順だけを教えた場合、教わった子はその後に類似問題を解けなかったことを明らかにしている。そして、援助を求める側にとっては、答えや計算手順の代わりに、なぜその数字や式になるのかといった、具体的な説明の要求が重要だと明らかにしている。この知見は同時に、援助をする側が一方的に自分の考え方や答えを「伝える」のではなく、わからない子が求める説明を行うために「どこで困っているの?」「どういうふうに考えたの?」と、「困っていること」や「わからないこと」に耳を傾け、その子どもの思考に寄り添い、求めに「応じる」必要性をも意味しているだろう。さらに、ウェッブらは、援助を受けたのち、実際にその援助を問題に用いてみることがその後の理解において重要であると指摘している。事例3や事例1では各自に配付されたワークシートが、他の子の考えを見たり聴いたりするだけでなく、それらを持ち帰って自分なりに用いて問題に取り組むのを可能にしている(一柳 二〇一三)。

（3）聴き手のモデルとしての教師

以上のように、「わからないこと」も含めて子どもの考えを共有し、探究していくためには、互いの考えに耳を傾け、一緒に考えてくれる聴き手が不可欠である。聴いてくれる、応じてくれる、認めてくれる聴き手の存在が安心感を生み、「わからなさ」や不完全な考えを伝えることを可能にするだろう。

その際、教師がよい聴き手になることも不可欠である。例えば、先述した、子どもの考えをそのまま、あるいは言い換えながら繰り返す「リヴォイシング」は、教師自身の聴くという行為にもとづいており、子どもの発言内容やその背後にある子どもの考え、他の発言との関係、自身の教材理解との関係、その後の学びにつながる可能性などをいかに聴いたのかを反映している（一柳 二〇一四a）。そして、二つの学級において教師の行うリヴォイシングがいかに子どもの聴くという行為および学習内容の理解を支援しているのかを検討した一柳（二〇〇九）は、教師がリヴォイシングにより個々の発言内容を言い換えたり確認したりして明確化する学級では、多くの子どもが他の子の発言を自分の言葉で能動的に推論して聴いており、自分の言葉による学習内容の理解が促されていることを示している。また、教師がリヴォイシングにより子どもの発言を主題に即して関連づけながら整理する学級では、多くの子どもが複数の発言を関連づけて話し合いの流れを捉えて聴いており、文脈や主題に即した学習内容の体系的な理解が促されていることを示している。ここから、授業の中で教師が行うリヴォイシングを含めた応答が、子どもの聴くという行為のモデルとなり、聴くという行為を特徴づけ、促しているのに加え、学び方にも影響すると言える。

四　民主的な主体を育てる

これまで、子どもたちが互いの考えを「聴き合い」ながら教科内容を深く理解していくことを示してきた。くわえて、協働的なコミュニケーションを組織していく中で、広く多様な背景を持った子どもが互いの声を聴き合い、互いの考えのうえに自分の考えを築き、複雑な熟議の実践に生産的に参加できるようになることは、民主的な熟議への市民参加をも準備する(Michaels et al. 2008)。

事例4は小学一年生の道徳の授業である(表7)。この学級では、自他の考え方の異同を明らかにし、それをもとに自分の考えを見直すのを促す手立てとして「心の表情カード」が用いられていた。そして、事例のように、自他の表情の違いを認識しながら、その表情に伴う考えの異同や、異なる登場人物の視点からの考えを整理して聴き合う授業がデザインされていた。

こうした授業が年間にわたって行われる中、子どもたちが道徳的な価値を含んだ課題について考える際の言葉は変化していった。図4は、子どもたちが課題についての考えを書いたワークシートの記述における変化の典型例である。当初多くの子どもは先生が提示した見本の表情をそのまま使用していたが、徐々に見本をアレンジしたり、自分で創り出したオリジナルの表情を使用していった。そして、アレンジしたりオリジナルの表情を使用する子どもの多くは、資料の人物や自分といった一つあるいは複数の人物の視点から、異なる複数の考えを記述していた(傍線部分)。すなわち、自分なりの表情を用いながら、さまざまな視点から異なる複数の考えを表現するという言語を、道徳的な判断において用いる当該学級に固有な「ヴァナキュラーな道徳言語」として獲得していた(一柳 二〇一四b)。多様な立場の考えを表明し、それらを聴き合いながら行う議論が、一つの視点、一つの考えにとどまらず、異なる視点、異なる考え方を考慮しながら自分の考えを構成し、表現していくという民主的な言葉の獲得を支えていると言える。

民主主義社会の担い手を育てることは、公教育の大きな使命の一つである。しかし、たとえ民主主義について

表7　事例4「心の表情カード」を用いた話し合い

話　者	発話内容
先　生	こうきさん.
こうき	がっかり.
先　生	がっかり，はい(といって〈がっかり〉の表情を黒板に貼り，続きを促す).
こうき	前の人のやつをみて，見ちゃって，たから.
先　生	見ちゃったから，あ～見ちゃった(と言って〈がっかり〉の表情の下に「見ちゃった」と板書). ほかにがっかりの人います？
複　数	はい.
先　生	はやとさん.
はやと	自分の力じゃないのに，たまたま人のが見えちゃって，つまんない. 本当の100点じゃない.
先　生	あ～つまんない.（と言って〈がっかり〉の表情の下に「つまんない」と板書)…本当の100点じゃない.
	〈中略〉
えりこ	普通のがっかりよりもすーごくがっかりで.
先　生	すごくがっかり，はい.
えりこ	あーあ，がっかりどうしよう. あ，そうだ，言えばいいんだ. でもな～. 怒らないよ. だってわざとじゃないもん. そうしたらいいさ. で，あの～，言えばいいんだのところからにっこりマーク.
先　生	(〈がっかり〉の表情の横に「すごく」と板書してから)言えばいいからにっこりマーク？
えりこ	(うなずいて)言えばいいんだ，からにっこりマーク.
先　生	ああ～，これね～.
えりこ	言えばいいんだって＊＊＊＊
先　生	にっこりマーク(と言って〈がっかり〉の表情の横に〈にっこり〉の表情を貼り，「いえばいい」と板書して矢印で表情をつなぐ). はい，なるほどね. じゃあ言うとなんかいいことがありそうってこと？
えりこ	(うなずいて)がっかりどうしようってとこはすごく困って，涙がぼっろぼろ.
先　生	すごくがっかりしてたのが，すごくがっかりしてたのが，言えばいいんだって思って，それでにっこりになってたんだ.（えりこさんうなずく)じゃあ言うと，(全体に)ちょっとみんな顔上げて見て. えりこさん言ってくれたんだけど，言うとなんかにっこりになりそうって言ったんだけどちょっとえりこさんについてどうですか？みんなは納得ですか？…言うとなんかにっこりになりそう？…(つぶやいたゆうきさんに)じゃちょっとゆうきさんいい？
ゆうき	なんか言うと….
先　生	(ゆうきさんを制して)ちょっと待ってね，他の人お客さんになってる人いますよ.
ゆうき	心の中もやもや，心の中のもやもやが，なんか，言ったら出て行く.
先　生	お～，言うともやもやがなくなる(といって〈にっこり〉の表情の下に「もやもやなくなる」と板書する).

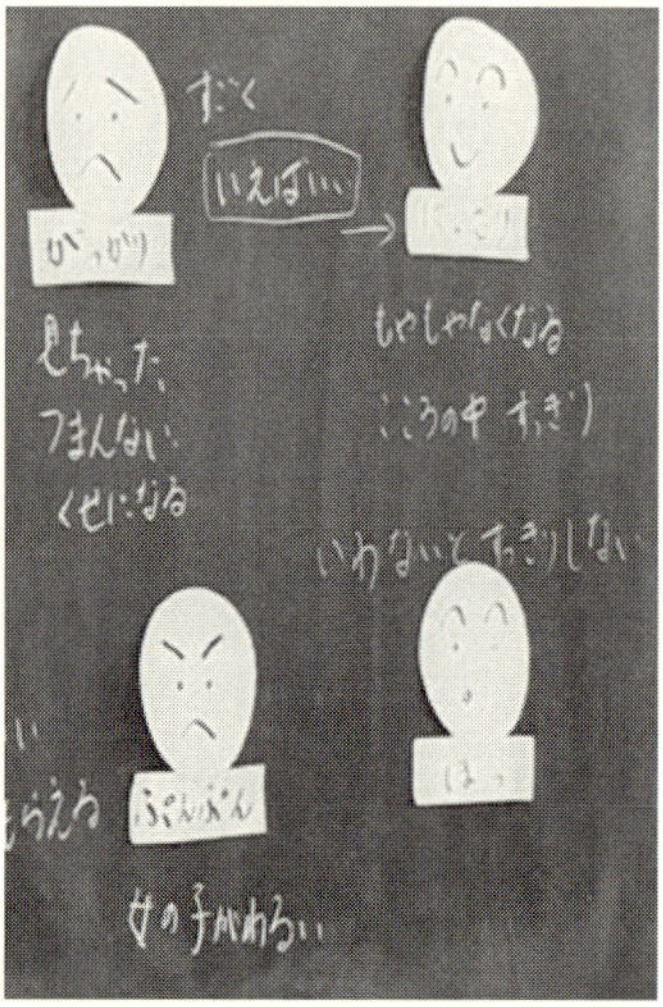

実際の板書の一部

出典：一柳 2014b より作成.

注：子どもの名前は仮名. 発話中の「…」は数秒の間，「＊」は聴取不能，〈　〉は「心の表情カード」に子どもが記述した表情を示す.

図４　道徳的思考を媒介する言語の変化

	11月	1月	3月
ともみ	 【そのまま】 あと１てんとればひきわけだったから.〈単一視点・単一思考〉	 【オリジナル】 わざとじゃないのになー．どうしようかな　おかあさんにゆおうかな．どうしよう　どうしようかなー．ちょっとかんがえようかなー．ゆうとにっこりになる．おんなのこもけしごむをおとしたのはわざとじゃない．〈単一視点・複数思考〉	 【オリジナル】 じぶんがこんなことを，しなければなー．青鬼さんもたびにでていってしまわなかったのに．〈異種視点・複数思考〉
ゆな	 【そのまま】 いっぱいぼーるをけれたから，あともうすこししたかったな．さっかーじょうずな人にばかりたよらないほうがいい．〈単一視点・複数思考〉	 【オリジナル】 おこられるからやるんではない．ほんとうのじぶんではない．100てんをとったのはおんなのこのおかげ，つまんない．〈単一視点・複数思考〉	 【オリジナル】 えーん，じぶんのせいだ．じぶんがあんなこといわなければ　じぶんのことしかかんがえないで　あおおにさんがそんなことをかんがえていたんだ．心のせんがきれちゃった．〈異種視点・複数思考〉

の「正しい知識」を覚えたとしても、それが自身の生活や振る舞いと結びついて理解されていなければ、机上の空論となるだろう。「民主主義とは何か」を学ぶと同時に、「民主的に思考し、振る舞うとはどういうことか」を学ぶことも必要である。そのためには、子どもたちが日常的に生活する学校、特に多くの時間を過ごす授業において、民主主義が実践され、民主主義が子どもたちに学ばれる必要があるだろう。すなわち、どの子も、一人残らず、自分の存在が尊重され、自分の考えや気持ちを表明でき、その場にいる人たちがそれをしっかりと聴き取る、そうした関係が、一時間一時間の授業の中で、成り立っていることが不可欠である(守屋 二〇一四)。

そのような授業の実現には、これまで述べてきたような授業におけるコミュニケーションの変革が必要であろう。日々の授業の中で、「わからないこと」も含めた互いの考えを聴き合いながら、どの子も思考し、問題を解決したり、新たな考えを創発したりしていくことが、他者から学び、他者と学ぶことを学ぶ場となるだろう。その中でこそ、知識基盤社会を担い、切り開いていく民主的な主体として子どもたちを育てていくことが可能になるのではないだろうか。

参考文献

一柳智紀 二〇〇九、「教師のリヴォイシングの相違が児童の聴くという行為と学習に与える影響」『教育心理学研究』五七(三)、三七三―三八四頁。

一柳智紀 二〇一二、「児童の話し方に着目した物語文読解授業における読みの生成過程の検討――D・バーンズの「探求的会話」に基づく授業談話とワークシートの分析」『教育方法学研究』(査読有)第三八巻、一三―二三頁。

一柳智紀 二〇一三、「ワークシートの配布方法が小グループでの問題解決過程に及ぼす影響」日本質的心理学会第一〇回大会発表論文集。

一柳智紀 二〇一四a、「教師のリヴォイシングにおける即興的思考――話し合いに対する信念に着目した授業談話とインタビューにおける語りの検討」『質的心理学研究』第一三号、一三四―一五四頁。

一柳智紀 二〇一四b、「道徳授業を通した児童の道徳性の発達過程——社会文化的アプローチに基づくワークシートの記述の縦断的検討」『発達心理学研究』二五(四)、三八七—三九八頁。

国立教育政策研究所 二〇一六、『資質・能力 理論編』東洋館出版社。

J・デューイ、松野安男訳 一九七五、『民主主義と教育』(上)、岩波文庫。

藤江康彦 二〇一〇、「民主的な対話空間づくり——参加構造と多声的対話空間」秋田喜代美編『教師の言葉とコミュニケーション——教室の言葉から授業の質を高めるために』教育開発研究所、六〇—六三頁。

松尾剛・丸野俊一 二〇〇七、「子どもが主体的に考え、学び合う授業を熟練教師はいかに実現しているか——話し合いを支えるグラウンド・ルールの共有過程の分析を通じて」『教育心理学研究』五五(一)、九三—一〇五頁。

守屋淳 二〇一四、「子どもが主体になるとはどういうことか」奈須正裕他編『シリーズ 新しい学びの潮流2 子どもを学びの主体として育てる——ともに未来の社会を切り拓く教育へ』ぎょうせい。

Barnes, D. 1992, *From Communication to Curriculum*(2nd ed.), Harmondsworth: Penguin.

Mercer, N., Dawes, L., Wegerif, R. & Sams, C. 2004, "Reasoning as a scientist: ways of helping children to use language to learn science", *British Educationl Research Journal*, 30(3), pp. 359–377.

Mercer, N. 2008, "The seeds of time: Why classroom dialogue needs a temporal analysis", *The Journal of the Learning Sciences*, 17, pp. 33–59.

Michaels, S., O'Connor, C. & Resnick, L. B. 2008, "Deliberative discourse idealized and realized: Accountable talk in the classroom and in civic life", *Studies in Philosophy and Education*, 27(4), pp. 283–297.

Resnick, L. B., Michaels, S. & O'Connor, M. 2010, "How(well-structured)talk builds the mind", In Preiss, D. D. & Sternberg, R. J.(eds.), *Innovations in Educational Psychology: Perspectives on Learning, Teaching, and Human Development*, pp.163–194, Springer: New York.

Sawyer, R. K. 2014, "Introduction: The new science of learning", In Sawyer, R. K.(ed.), *The Cambridge Handbook of the Learning Sciences*(2nd ed.), pp. 1–18, Cambridge University Press: New York.

Webb, N. M. & Mastergeorge, A. 2003, "Promoting effective helping behavior in peer-directed groups", *International Journal of Educational Research*, 39(1–2), pp. 73–97.

3 授業づくりにおける教師の学び

秋田喜代美

はじめに

（1）「学び続ける教師」という言説

「学び続ける教師像」「学びの専門家としての教師」という言葉が数多く語られる。教師は教職に就いてからも、教えるだけではなく、学ぶことが現在社会的に求められている。子どもたちの学びを深めるために、子どもの学びの過程を理解し、教科内容や教材、それにあった授業方法を探究し続けることは、教師が教師たるために必須の行為である。また現在の社会的背景として、戦後の日本の学校教育の質の高さを支えてきた団塊世代の教師の大量退職による若手教員への世代交代や、グローバル化に伴い国際的に子どもたちに将来求められる資質能力が変わることに応じて、カリキュラム改革や授業方法の変化など学校をとりまく環境が変化していることがある。

二〇一五年一二月には「これからの学校教育を担う教員の資質能力の向上について――学び合い、高め合う教員育成コミュニティの構築に向けて（答申）」が文部科学省中央教育審議会教員養成部会から出された。筆者も委員の一人として議論に参加させてもらった。養成・採用・研修の一貫した体系の構築に向けて、校内研修を中核とした教員研修の重要性やキャリアステージに応じた研修の体系がはじめて明確に書かれた答申である。この答申は、Lesson Study として国際的にも拡張している授業研究の方法が、公的文書の中で初めて紹介された文書でもある。この答申をもとにして育成指標のガイドラインが作成され、各自治体が育成指標を考え研修体系と結びつけることになる。と同時に、教師や管理職もまたそれの指標を活用しながらその人に応じたキャリアパスを見通して、専門性を高めていくことが想定されている。大事なことは、単一の経路だけが想定されているのではなく、多様なパスが大事にされていることであろう。

この答申の中では、「各教科等の指導に関する専門知識〔中略〕、教科等を越えたカリキュラムマネジメントのために必要な力、アクティブ・ラーニングの視点から学習・指導方法を改善していくために必要な力、学習評価の改善に必要な力など〔中略〕を備えること」(六頁、傍線は筆者)が、学びの専門家として大切であるとされる。そして学習・指導方法においても「新しい社会の在り方を自ら創造することができる資質能力を子供たちに育むためには、自ら指導方法等を不断に見直し、改善していくことが求められる」(七頁)としている。指導方法として特定の型を普及させることではなく、「教員一人一人が、子供たちの発達の段階や発達の特性、子供の学習スタイルの多様性や教育的ニーズと教科等の学習内容、単元の構成や学習の場面等に応じた方法について研究を重ね、ふさわしい方法を選択しながら、工夫して実践できるようにすることが重要である」(七頁)としている。そして「教員が多様な専門性を持つ人材等と連携・分担してチームとして職務を担うことにより、学校の教育力・組織力を向上させることが必要であるが、その役割の中心を担う教員一人一人がスキルアップを図り、組織の一員としてその役割に応じて活躍することができるようにすることとそのための環境整備を図ることが極めて重要である」(八頁)としている。つまり、教師個々人がこれからの時代に必要な力についてスキルアップすること、さらにチームとして学校内での役割を果たすために教師は自らの指導を見直し、研究をして工夫した実践を行うこと、その果たすことが、教師が学び続けることの成果として求められている。

教師の学びは、生徒が決まった教科内容を学ぶのと同じように、特別の講習や研修会の場に出て何かを教えられたり語り合ったりして体験し、教材から学びその知識を持っていることだけを学習としてよしとするものではない。自らが受け持つ子どもたちへの教育として、教師がその学んだ内容を取り入れた実践を試みてこそ、その内容を体得し学んで活かしたと言えるだろう。この意味で、教師の学びは実践につながる学びである。つまり、自らが学ぶことが子どもたちの学びや育ちをより豊かにすることに活かすことができるという他者志向、未来志向の学びである。また一方で、自らの授業経験を意図的に振り返ることを通して、経験から気づき、振り返りから学び、子どもたちにとって質の高い学びを保証する実践につながるように授業をデザインすることも、学びとして求められる。子どもたちに向けた希望をもって、自らの行為を変える意志を持ちつづけ、受け持つ子どもとの対話や学習状況に応じて具現化できる、経験からの学びが求められている。そこに、教師が学ぶことで子どもたちの学習からさらに手応えを得るというサイクルが生まれる。

（2）教職が内包する「学び続けること」の難しさ

だが一方で、教職という仕事は、学び続けることが本質的に難しい仕事である。教師に関する社会学研究に長年携わってきたA・ハーグリーブスは、教師の職業生活を初めて問うた本 *“School Teacher”* の著者である社会学者ダン・ローティのレガシー(遺産)として、教師には「現在をよしとする現在志向主義(presentism)」「個人主義(individualism)」「保守主義(conservatism)」の三つの心性があることを、教職が持つ本質として論じている(Hargreaves 2009; Lortie 1975)。

教師は教師になる前から、生徒としての一万時間をこえる一二年間の被教育経験の中で、既に多くの教師を観察してきている(観察による徒弟制)。おそらく多くの教師はその姿をよしとして、自らも教師の道を選択して志を持ち教師になっている。授業を行うという点では、ベテラン教師も新任教師も一人前の仕事を与えられるフラットな職場である。しかも、他の同僚の目に触れない閉じられた空間である教室で指導するがゆえに、教師同士はお互いに同僚の仕事に無関心となりがちであり、教室の中では教師は孤独である。その状況が自分の現状を良しとし、個人主義をもたらしがちとなる。しかも、教師の仕事は、不確定にさまざまな出来事が偶発的に生じ、どこまでが教師としての仕事なのかという境界がない、無際限に生徒に尽くすことが望まれる多忙な職場である。それでも給料としての安定的な経済的報酬だけではなく、子どもたちの成長や学習での達成による成功という精神的報酬を得ることにより、多くの教師は教職に従事し、教師としての成功経験を積み重ねてきている。その情動に支えられた専門家である。教師の仕事は、担当する子どもたちがその内容に接するのは一度の当該授業時間しかない。だからこそ、常にその時点で、指導が効果的、効率的でありたいと教師は願い、また求められる。そのため、冒険してみることに対して後ろ向きの力が働く。また、教師自身が自分の能力や興味に沿って教師としての自己目標、教師としてありたい自己像をもって仕事をしている。それがゆえに、外から変革を求められ協働することに対しては、共通の志向を感じれば同志として取り組めるが、他の教師との違いが自己のこれまでのありように否定的に働くことを感じ取れば防衛心が生まれ、変革への抵抗感や不安を持ちやすい。そのために、保守主義に向かいやすい。この三つの心性は国を越え時代を越え、教職に共通して構造的に通じるものであろう。

これらの点をふまえ、ジレンマを乗り越える方途の可能性を考え実践することが教師たちに求められている。つまり、「未来志向」をもって「協働的」に「学校を変革する」マインドセットと実践、組織として学校がどのようにして革新的になりえるのかが、教師の学習と深く関連する。「主体的・対話的で深い学び」やアクティブ・ラーニングという現在の変革のキーワードに象徴的に表現されるように、新たな学びへの変革が求められる時代状況である。ただし、そこにおいてもその語を声高に挙げて追随するだけではなく、教師が学ぶことに対して教師がもつ心性による根源的難しさと可能性への手がかりを見つめながら、この変革のキーワードの意味することを真に理解することが、教師の深い学びのアクチュアリティに近づくためには求められよう。困難を越え、教師が協働し、学校や学びのイノベーションに関与し学び続けようとする意志をもつために、物理的に過大な業務負担の問題とともに、何が求められるか、教師の専門性の真正な学びのプロセスとは何かを考えていく必要がある。教師の学習のために研修をこんな形にしましょう、ノウハウ、道具を工夫しましょうという表層的な方法論や、教師はこのように指導助言しましょうというトップダウンの教師教育の議論ではなく、教師の学び合う事例や事実という、現実にある根拠をもとにして、教師のマインドセットやコンピテンシー、教師の学びを深めるプロセスを考え、専門家が自律的に学び合う過程を考えていくことが、これからのアプローチとして必要である。教師が学び深める過程、そしてそのための学びの場や学び続けることを可能とする組織に何が求められるのかを順に考えていこう。

一　教師の学習過程への視座

(1)「子どもから学ぶ」教師の姿

まず教師が学ぶ過程について、ある協議会での授業者の語りをもとに考えてみたい。東京大学で約八年間継続的に行ってきている「学びを創造する会」という自主的研究会での授業協議会の事例である。授業者の勝山先生(仮名)は、五〇代の女性教師である。小学校一年の学級を担任している。国語「たぬきの糸車」(作・きしなみ)という教科書教材文を取り上げた授業ビデオを視聴しての協議会である。この単元では、教師が教材文の読み聞かせをした後、糸車の実物にふれる体験をし、その体験の感想を子どもたちは書いている。その後、何度も音読をしながら、第一場面、第二場面と子どもたち各々が文章を読んでみんなに訊いてみたいところや気になったところに赤線を引き、それらを紹介し合い語り合っていく。またその場面を音読し理解を深めていく授業展開であり、視聴したビデオは主に教材文第二場面であった。

教師：みんなに訊いてみたい所を伝えて。（多くの子どもの手が挙がる）（以下子どもの氏名は仮名）
後山：「やぶれしょうじ」のところが気になりました。
紺野：「吹き出しそうに」のところが意味がわかりませんでした。
奥原：「いたずらもんだ」っていうところがわからない。
牛場：「それからというもの」って？
青水：「月のきれいな」って？
田垣：「月のきれいな」というのが、どれぐらいきれいなのか知りたい。
後田：「まいばんまいばん」というところが気になりました。
紺野：「くるりくるり」というところが気になりました。たぬきはくるりくるりと目をまわしているから、気持ち悪くならないのかなと思いました。
教師：じゃあ、赤い線があったところで、このことをお話しできるという人？
（吹き出す、やぶれしょうじ、くるりくるりなどの言葉を手がかりに、場面の様子について子どもたちは話し合っていった）
後田：「キーカラカラ」という音が気になりました。なぜかというと糸車がそんな音が出るなんて知らなかったからです。
田口：後田さんにつなげます、「キーカラカラ　キーカラカラ」というところが、糸車体験をした時に音は出なかったのに、どうして教科書には書いてあるのかを知りたい。
教師：みんなには聞こえなかったのかもしれないね。でもこのお話の中では誰に聞こえたの？

このように始まった授業で、子どもたちは一年生だが、発話を相互につなぎながら、物語文が描出する作品世界の状況について対話をしながら理解を深めていった。勝山先生はこの授業の始まり方や音読について、協議会参加者の発言に応える中で語った。「前は「大事な所に線を引く」って言っていたんです。けれども、「自分が気になった所を皆に伝えるように読む」方がいいような気がしてきて、最近はそのようにしています。アクティブ・ラーニングということで、授業中に子どもたちをアクティブにしなければと、この次の場面で「あるばん、こやのうらで、キャーッというさけびごえがしました」の文の「キャーッ」を動作化しその心を考えるという話が同僚との議論で出ました。でもこの文章では、せりふより地の文の方が大切なのを見逃してほしくない。子どもは目ざとく、そうした所に気づく。気になった言葉を終わりの音読の時に大事に読むように言うと、子どもの音読がすごく丁寧になる。自分の気になったところに心が向くから、考えて、心を込め音読をする。そういう子どもの言葉に「ああ、そこかあ」というのが見えてくると、私もまたワクワクするというか、「この言葉、大事な言葉だったんだなあ」と子どもが教えてくれる気がするんですね」。

勝山先生は、これまでにも何回も一年生を担任してきている。それでも、この教材やこの時期にはどのような学習方法が目の前の子どもたちにはよりよいのかを常に模索しつつ、新たなやり方を試みている。子どもの言葉を聴くことを通して「子どもが教えてくれる」ことで、教師がその教材文の意味を改めて深めていくと語っている。

（本文「キーカラカラ　キーカラカラ　キークルクル　キークルクル」の箇所を数人が音読をする）
黒岩：音が急に変わるとおかしいから、「キーカラカラ」と「キークルクル」と、どっちがしたの？
赤井：「キーカラカラ」のところで、ちょっと間をあけるといいと思います。（音読）
青水：「キーカラカラ　キーカラカラ」と回っているように伝わってきた。（音読）
山口：糸車の音が「キーカラカラ」っていっているのは、昔からよく使って糸車が古いから、「キーカラカラ　キーカラカラ」っていっている。
河井：「キーカラカラ　キーカラカラ　キークルクル　キークルクル」は、どっちとも分けられて、古い糸車を回して、だからキークルクルって動いている。
教師：みんなは糸車を回していた時のことを思い出すと、ずっとぐるぐる回していただけじゃなかったんじゃない？　最初綿が糸になり始める時。山上さん、なんか思い出した？
山上：まわし始めて糸の半分できたところを押さえてた。
教師：そういうのを思い出したね。

子どもたちは、擬音語の「キー」から糸車の古さを、また「カラカラ」と「クルクル」の音の違いから、糸の半分で調整をして糸車の回転を変えていることを、前時の糸車体験とも結び付け読みとっている。そしてそれは、この話し合いの前と後でこの部分の音読のしかたが変わることから、どの子どもにも共有されたことが伝わってくる。

勝山先生は「「いつものたぬき」という言葉も「なんで、いつものたぬきって、まっ暗な中でわなをはずす時におかみさんはわかったんだろう。たぬきはいっぱいいるはずなのに、どうしていつものたぬきってわかったんだろう」と子どもが問いかけてくれる。そういう時に私も、「そうだよね」と感じます。「でも、おかみさんにはあのたぬきだってすぐわかるんだなあ。それだけ毎晩毎晩来てたんだよねえ」って。子どもの言葉って面白いなあと感じました」と子どもの推理や思考の過程をたどっている。勝山先生が文字にして起こした授業記録の個々の子どもの発言を時系列で追って読んでみると、子どもそれぞれが授業の展開とともに発言がより長くなり、文章が示す具体的な状況のイメージをより明確に描きながら理解を深めていっていることや、一人一人の子どものこだわる点やそこでの考え方の違いが見える。子どもが自由に自分の考え方を発言できている証左である。勝山先生は、「授業のビデオを今回再度見てみて、今になって田中さんの発言の意味を私が取り違え、言いたいことを拾って受け止めないで進んだことに気づいた」とも語った。その場だけではなく、繰り返し授業を振り返り、ビデオで授業を見直すことで、見えてくることがある。

「教師は日々の授業から、子どもから学ぶ」とは、よく言われることである。勝山先生の事例は、多様な子どもの思考過程を理解し、つまずきやとまどいのプロセスを子どもの視点から見直すことで教師は学んでいくこと、また教材を介した子ども同士の思考の交わりから子どもの学習がどのように進み深まるのかを捉え、教材解釈を深めていく過程が教師の学びの過程になっていることを示していると言えよう。国語の物語文教材であれば、文学表現の言葉にふれ、その言葉が描く意味世界を子どもの言葉の解釈を通してその場で学び直している。協議会の参加者の教師の一人は「先生は一年生の子に言われましたよね。「思い描く、読み描く」と。一年生の担任の先生は普通使わない言葉ですよ。普通だとこの学年では、教師と子どもの一問一答ですよ。教師が聴いているから子どもも聴いて、誰かの言葉を聴いて自分も言いたくなるという、先生が一番大事と思っておられることを、大変な中でもやっておられるんじゃないかなと思う」と語る。低学年であっても長い目で見て、子どもたちにその教科を通してどんな学び手や読み手になってほしいのか、どのような力をつけてほしいのかという点では揺るがない信念をもって、その信念を言動として子どもたちに示していく。そのことで、子どもたちは真正な学び、教科や教材の本質や核として求められる学び方を探究し、学びの対象世界に入っていくことができる。そしてその子どもの姿から教師が学ぶという、子どもと教師の対称的で互恵的な学びの関係が成立している。

しかし一方で、この授業ビデオには、学び合う姿とは全く異なる子どもの姿も隠されることなく、教室の片隅に映っていた。席にじっと座っていることが難しく、立ち歩いたりカーテンをさわり開けようとしたりしているC君の姿である。彼は特別な支援が必要とされている子であるという。高学年を担任している参加者のベテラン教師は、「これって日本全国の小学校の日常の姿ではないかなと思います。特別の授業じゃない、寝転がっていた子が自分のクラスにもいた。その日常をこうやって見せてくださったことで、このビデオを多くの先生に見てほしいという気持ちになった。その中でも、先生が子どもの言葉をじっと丁寧に聴いている。何人かの子どもは体が動いたり髪の毛を触ったりして、じっとはしていない。でもそうしながらも、子どもたちは教師の言葉を聴いて、子ども同士もまたその言葉をつなげ考えている。こういう中で授業をするのは、すごいしんどいこと。ごめんなさいね、失礼な言い方だけど、でも先生が軸がぶれずに、ふんばっていることが伝わってくる。こうやっていくと、高学年に行くと必ず花開くと思う。そうでないと、子どもは皆教師の顔を見て、答えを探すだけの子になってしまう」。また別の中堅教師は、「後ろであんなに男の子が動いていて、自分が受け持っていた一年生だったら、絶対そっちが気になって、授業が成立しないなと思っていたんです。自分だったら一生懸命に止めようとしていただろうと思ったのですが、授業の様子で先生がいつも彼にどう関わっていくのかを子どもが見ていて、先生がどの子も受け止めて大切にすることが伝わり、それを子どもたちが感じているからこそ、キーカラカラの音に対しても深めていくことができる。一年生でも、こんなにしっとりと学びを作り上げられるのだと驚きました」と自分がその状況だったらと、わが身に置きかえて授業の感想を語る。

勝山先生は、「C君とどのように関わっていいか、学年の最初は本当に困りました。ですがよく見ていると、この子は立ち歩いていたりしていて、タイムラグはあるが、その後授業に入ってくる時もけっこうあるし、周りに迷惑をかける邪魔はしていないことも次第に見えてきました。おそらく彼は何か不安を感じたり心配になると立ち歩くのだと思います。不安やつらいことが何かを、彼がまわりにどう伝えていくかを学んでほしいと願っています。この子の心の中で何が起きているのかが私にも今はわからない。でも授業中C君が教室のカーテンをいじって開け、教室がどんどんまぶしくなっていっているのに、C君のことをわかり、その動きに我慢している窓際の一列の子たちの心遣いを有難いなあと思って見ていました」と話した。勝山先生は無理に力で抑えたり教室外に出したりするのではなく、彼のペースで学びに向かうことを待ち、彼の学ぶ権利を保障しようとしている。それは、その子を見ようとして見続け、その子や周りの子との関係が少しずつ見えてきているからである。

そして「子どもたちはC君が運動で活躍すると、「Cちゃんって、すごい」と話してくれます。また保護者にも支えられています。授業参観でひやひやして授業をしている中で、あるお母さんが教具を器用に使って自分なりの使い方を考えて遊んでいるC君を見て、「Cちゃんはすごいよ。器用に遊んでいた。うちの子にないものが一杯ある」って言葉をかけてくださいました。また、「Cちゃん、列に少し入れたね」って言葉をかけてくれる同僚もいました。その言葉をいただいて、本当にうれしかった。こうやって他の保護者や同僚もC君を見てくれていると思ったら、力が抜けて本当に授業で何が大事かを考えて、ゆったりやれるようになりました。私が見えていなかったことを見てくれている人がいる。そして子どもたちもまた、私が子ども一人一人とどのように関わっているのかをよく見ていることを感じ、それぞれの存在を受け入れることの大切さに気づくようになりました。

でもまだまだ、そうは言っても子どもを受け入れられていないことも多い自分がいます。学校が落ちついていて、皆がゆったりやれている。だからこそ、この子たちにとってどうしたら一番いいのかを考え、子ども同士がつながり学び合っていくことは気持ちがいいと、皆で共有できる」と語る。子どもから学ぶだけではなく、その子どもを共に見てくれる人の言葉や態度からも、勝山先生は学び、そして支えられている。

筆者は、一〇年以上前の公開研究会で全国の多くの教師たちの前で行った彼女の授業を参観者がすばらしい授業と評し、私もあの先生のような授業をしてみたいと言われるような姿を幾度も見てきた。またその後、困難な学校に転勤となり、新たにその学校に来た先生ということで事情を知らされずに、大変な学級の担当となり、力のある教師が苦労してもこのようにならざるをえない現実があるという時期の授業も見せてもらってきた。研究指定を受けて授業研究に取り組むとされた学校でありながらも、学校で統一し決められた指導法やルールなどの規制が多い中で、勝山先生は一人一人の教師が自律的に実践を創意工夫する余地のなさを感じ、もがきながらも疲弊していった。「子どもたちが連鎖反応を起こし、もぐらたたきのように、「やめて、やめて」と言う自分がいました。常に押さえるための言葉で圧を子どもたちにかけて、何とか形に入れようとしていました。それが、その学校では「きちんと指導をしている教師」と認められるのに求められていた。そうなると、子どもは形としては静かになる。でも、授業で自分の考えを本音でのびやかに話し、つながり合って学びを深める様子は見られなくなる、そんな経験もしてきました。教師の心持ちが今の授業に表れる。こうして皆さんに授業を見て話し合ってもらって、ビデオを持ってきてよかったなと思う」と話した。

彼女の言葉からは、保護者や同僚が教師を見るまなざしや学校の組織的な風土や学校としての校内研究への向かい方が、教師の学びを促すこともあれば、妨げる大きな力として働くことも見ることができる。人事異動のある公立学校の教師にとっては、組織での学びに同僚とともに十分に取り組める時もあれば、また自分の授業観や教育への価値、指導スタイルとは全く異なる学校の体制や授業のありように戸惑う時もある。その場では辛抱強くその学校文化に適応して対処法を学び同化する。それは、担当する子どもたちのためであり、横並び意識を気にする保護者の厳しい目もあるから、教師は足並みをそろえざるをえない。しかし、その後にその時の自分のありようを振り返り、教師としての自分は何を本当にしたいのかと、授業の真髄や自分のミッション(使命)に気づく学びもある。そして、自分一人での学びだけではなく、学校内外に学びの場やネットワークをもとめ、多層的なサポートのシステムの中で自分の居場所を見出し、専門家としての希望と展望を持ち続けていくことができることが、教師が「学び続ける」ための一つのアクチュアルな日本の学校の現実と言えるのではないだろうか。

(2)「教師の学習」に関する研究の展開

前項では一例を述べたが、教師といっても学校種によってもその学習経験は一人一人異なり、学ぶ内容も学び方も多様である。ではこのような教師の学習を捉えるために、教育学での研究はいかに展開してきているのだろうか。これは教師になるために何を教えるのかという教師教育カリキュラムや教員養成とも関係し、また現職の教師の学習過程で何を重視するかということとも関係する。「教師が学ぶ」過程をどのような理論的枠組みで捉え、教師の学びの質を論じてきたかという研究の展開の概要を見てみたい。

心理学における「学習」の理論や概念は、この半世紀の間にも時代とともに変容発展してきた。行動主義心理学、認知心理学における情報処理アプローチ、そしてさらに社会文化的アプローチや活動理論と、さまざまな理論的な立場が、人が学ぶ過程について、プリズムのように異なる諸側面に光を当て、学習を論じてきた(ソーヤー 二〇一六)。①行動主義心理学や②認知心理学における情報処理アプローチでは、学習を伝達や模倣の過程を通して、学習者がスキルや知識を「獲得」することとして捉えてきた。これに対し、③社会文化的アプローチの一つである正統的周辺参加論では、コミュニティへの「参加」によって成員として一人前になっていくアイデンティティの形成過程で生じることを、学習と捉えた。またさらに、④社会歴史的なアプローチとしての活動理論では、分離していた個人から集合やネットワークへと変容「拡張」し、コミュニティが形成されていく過程から学習を捉えている(Engestrom & Sannino 2010)。

ここで大事なことは、新しい理論ほど正しかったり、より説明力があるというわけでは必ずしもない点である。ある現象やある側面の学習に焦点を当てて、各理論が説明をする。それによって学習への見方を拡張してきている。人間一般の学習を捉えるアプローチの潮流と歩調を合わせるように、教師の学習研究もその理論的枠組みを用いながら進んできた(秋田 二〇〇九)。

近年の教師の学習に関する研究のレビューを執筆しているR・S・ラスやB・L・シェリン、M・G・シェリンは、教えることの学習、教師の学習へのアプローチとして、①一連の指導行為や指導スキルを学習することとして教師の学習を捉える、プロセス—プロダクト(過程—結果)アプローチ、②指導のためのデザインや生徒への対応などの教師の思考や意思決定の過程に焦点を当て教師の学習を捉える、認知的モデリングアプローチ、そして③教えるとは、特定の状況の中でやりとりをすることであり、あるコミュニティの中でのコミュニケーションの談話様式や文化的な道具の使用を学ぶこととして捉える、状況的・社会文化的アプローチの三点を挙げ、これらの視座から、教師の学習を研究者は説明してきたとしている(Russ et al. 2016)。彼らの議論に沿ってどのように教師の学習研究が展開してきたかをみてみよう。

①プロセス—プロダクトアプローチ

教える場面で大事な教授行為ができるようなスキルを同定し、その行動のプロセスを検討することで学習を考えるあり方である。たとえば、わかりやすく指導したり説明するためのスキル、生徒の理解をアセスメントしたり、体系的に生徒の学習の仕方についてフィードバックを与える方法などが研究されてきた。そしてどのようなスキルが生徒の学習成果を挙げるのに効果的かが検討されてきた。(a)持っているスキルに加え、新たなスキルを付加し増やしていくこと、(b)すでに持っているスキルを授業で使う頻度を変えること、(c)状況にあわせてスキルを上手にチューニングできるように調整し分化させて、あわせていくようにすることなどが、スキルとして有効なこととして議論されてきた。例えば、板書スキルだけでなくIT使用スキルも身に付ける、講義形式を減らし協働学習形態をより多く使うようにする、視覚優位の生徒と聴覚優位の生徒では特性にあわせて資料の提示の仕方を変えるなどは、現在も教師が身に付けていくことが求められているスキルの一つでもあるだろう。

他の教師の行動を観察し有効な行動を模倣することは、ジェネリック薬品(先行して開発された新薬において安全性・有効性が確認された有効成分を使用して開発される薬)のようなものである。したがって、どの教室でどのような教師を観察するのか、自分の担当するクラスとの類似や相違の理解が鍵となる。そして熟練教師になると、どのように熟達するのか、そのスキルのあり方などが、実証的に研究されてきた。このアプローチでも、短期的に特定のスキルの習得過程を捉えるだけではなく、教師が長期的にどのように授業の展開に必要な一連のスキルを身に付けていくのか、そしてそれを規則正しく使えるようになるのかを長期的に捉える研究などが求められてきている。そして教師が説明するだけではなく、生徒が主体的に関わるための学習を指導支援するためのスキルが、これからさらに求められていくと言えるだろう。前述の勝山先生は、子どもがテキストを読む時にどのように読んだらよいかを指導する時のスキルを、子どもたちにあわせて変えながら、状況を見てその有効性を確認し、自分の指導スキルとして身に付けてきているということができるだろう。

②認知的モデリングアプローチ

教えることを、特定の知識を使って考える認知の過程としてモデル化して考えるアプローチである。そこでは、教師の知識と思考の過程や思考様式が問われてきた。具体的には、教師の持っている授業展開に関する知識や教科に関する知識が研究されてきた。授業展開に関するスクリプトや授業で毎回決まって行うルーチーン(お決まりの手順)を使うことで、教師は限られた時間の中で授業を効率的に行っている。つまり、熟練教師と新任教師とを比べ、経験による授業実施に関する知識の学習が明らかにされてきた。また、教える教材内容の知識だけではなく、その知識をもとにして授業を想定した教材についての知識(pedagogical content knowledge: PCK)として、その特定の教科領域や教材内容をどのように具体的に授業において提示したり分節化して教えるかという知識を、専門の教科や学年などに応じて教師は持っている。その知識のおかげで効果的に授業がなされることが実証的に明らかにされてきた。つまり、教える内容についての知識を持っているだけではなく、その内容においてどのように生徒に教えるのかに関する知識の学習が問われてきた。また、数学などの教科では、教える方法の知識だけではなく、生徒が教材を学習する時にどこでどのようにつまずきやすいのか、それをどのように指導すればよいのかという生徒の理解過程を想定した指導の知識を持つことが、生徒の理解や学業達成のためには必要であることも示されてきた。つまり、授業とは教師にとっての問題解決過程であり、個人の教師の心の中の問題として、授業に関する心的表象を状況に応じて変え解決していくことである。したがってある教科のある授業に関わる知識を持ち使えるようになっていくこととして教師の学習が理解された。そこでは、新しい知識の獲得による増大、すでに持っている知識をより抽象化・一般化したり、あるいはより領域や分野を限定しより具体的で精緻なものにする部分修正や、その知識を状況に応じて微調整することが教師の学習とされる。

また教師は授業に関する知識だけではなく、授業へのビジョン、理想的な授業のイメージや、こうありたい、こうあるべきという信念や価値観を根底に持っている。それらが授業に関わる知識をどのように使用するかを方向付けることも明らかにされてきた。

そして、それらの知識を用いた授業での判断や意思決定の過程のダイナミズムが検討されてきた。たとえば、子どもの算数の思考過程について専門家として教師が気づく(notice)とは、「(a)生徒が用いている学習の方略に注意を向けること、(b)生徒の理解を解釈すること、(c)生徒の理解状態をもとにそこにどのように応答するかを決定すること」という三つの下位過程から構成されていることなどが明らかにされてきた。教師の学びは、このような生徒の学習過程に気づくこと、そのためにどのようにして気づいたらよいかを学ぶこと、またその気づきからどのように応答していくのか、すでに持っている知識を微調整しながら、目の前にいる子どもたちの中に起きていることに気づき対応していく過程として検討されてきている。

前述の勝山先生の事例で言うならば、「たぬきの糸車」という特定の教材に関する知識をより精緻にしていく学びであり、また様々な子どもの読みに気づく過程が学習として生じている。そこでは勝山先生が大事にして、目ざしたい国語の読みの授業のあり方があり、その価値に基づいて同じ教材であっても勝山先生らしい授業の進め方が生まれ、子どもたちへの指導がなされていた。そして授業の中で、また授業後に振り返る中で、子どもの理解についてさらに気づいていっていた。

この「気づく」ことは、実践の場においても、教師の学びとして常に問われ続けている。生涯教壇に立ち、現在は授業研究指導をしている石井順治先生は、子どもの学びが見える教師になるためには、「気づくこと、そして気づきに応じるためにつなぐこと、さらにその子どもに心を寄せ、心を砕くこと」という過程を挙げる。そして「気づく」ために、自らの体験からどのように行動することがよいかという石井先生自身の実践的な知識を次のように挙げて述べている(石井 二〇一二。石井先生が書かれた文章からポイントのみを筆者が整理したものである)。ここからは熟練教師が、授業経験の積み重ねを通じて、授業の中で気づくための精緻な方略知識を有し、その知識が身体化された行為となっていることで、深い理解に至る授業ができていく、またそれをメタ化して明瞭に言語化し後輩教師に伝えることができるということが言えよう。

(A)気づく

1　子ども一人一人の顔に目を向ける

目をやり、視線を移すこと。教師は子ども一人一人を見ているつもりでも実際には見ていない。どんな場面でも子どもの顔を一人一人見ようとする。多少時間がかかっても一人一人に視線を移し、子どもの目を見る。それは、目に子どもの意志が宿っているからである。

2　立つ位置、ポジショニングを変える

見えない教師の多くは、すべての子どもを観ることが難しい位置に立っている。たとえば黒板のところで一人の子どもに説明をさせている時、説明する子の真横にいる教師は、説明を聴いている子どもの心の中にどのような学びが起きているかに注意を払っていないから、そこの場所にいる。すべての子どもの状況を捉えなければと思うと、どこに立てばよいかが判断できる。

3　心を砕く・探る

見れども見えず。目はそちらを向いていても、感じ取れていない教師がいる。発言を聞き流すと、子どもの事実はとらえられない。子どもを観る時に、子どもの言葉に耳を澄ます時に、出来る限り心を砕くこと、つまり子どもの表情、何気ない一言に何かがあると考えて、それを知りたいと思って探ること。聞き流すのをくい止めるには、「おやっ？」と思う心、「どういうこと？」と考えてみる心、「面白い！」と感心する心、「この子がこんなことを発見してくれた！」と感動する心が必要である。

4　書いているものを読む

子どもが書いている時にのんきにしないで、書いている子どもにとってうるさくならない程度にゆっくりと子どもの間を歩いて、少しでも何かを得てそれを後で生かす。一人一人のことを思いだして記録をつける。もしある子どもについて何も思い浮かばなかったら、それはその日その子どものことを観ていなかったのだと思い、次の日は意識的に見つめるようにする。

5　何事も大切なのは「間」

何人もの子どもの事実を観るためには、「間」が必要。相手の何かを受けとり受け入れるためのゆとり。饒舌さを克服しない限り、子どもの事実は見えてこない。「間」の間に、聴いてもらっている、考えてもらっていると子どもが感じ取れるのは、教師の表情であり、教師の体から発せられる雰囲気。授業のテンポを落とし、テンションを下げ、言葉数を減らして探るようにし、子どもの表情に目を凝らし、言葉に耳を澄ませる。

(B)つなぐ

「(A)気づく」だけではなく、見えたことにどのような意味があるのかを内実からわかる必要がある。何かが見えるようになる時は、そこに必ずつなぐ思考が存在する。つなげない教師は見えない教師であり、一つでも多くのつなぎを実現しようとすると、そこから子どもを観る目、学びを見る目は養われる。

(C)心を砕く・寄せる
親身になって、担当する教師としてその子どもの課題を引き受ける。心ここにあらずという子どもの様子に心が痛むという感覚がある。

③状況的・社会文化的アプローチ

教えることとは、ある特定の文化や文脈に位置づくものとして、教室を一つのコミュニティとし、そこでの相互作用に目を向けるアプローチである。授業で意味が構成される文脈の物語を文化的実践としてとらえようとし、教室の談話やそこで使用されるツール(道具)やアーティファクツ(人工物、作品)に焦点があてられる。教師の仕事は談話を介して教室をコミュニティとして時々刻々と形成していく過程である。教師もまた自ら複数のコミュニティに所属参加し、成員とやりとりをしている。勝山先生の場合であれば、学級の中で子どもたちが学び合う談話コミュニティを創ろうとし、クラスのどの子もそのコミュニティに参加できるようにしていた。勝山先生自身も校内研修や民間の研究会、地区の教科部会などにも参加しながら、そのそれぞれでの語り口や語ってよいことのルールを学び、そのコミュニティに参加していた。このアプローチの視座では、学習はコミュニティの中でどのようにそのやりとりが変化していくのか、その参加への過程として捉えられる。具体的には、コミュニケーションを介してのやりとりにおいて、(a)コミュニティのルールや規範、参加の仕方の変化、(b)コミュニティの中でのアイデンティティと役割の変化、(c)ツールやそのツールを使った実践の変化として学習が捉えられる。教師はコミュニティに参加し、役割や責任を果たし、有効な資源(リソース)を使って実践を再生産、向上、変容させていく。その過程を学習の過程として考える。そこでは「参加している教師間の意味の交渉、理解の共有や組織固有の文化、信念、ルーチンの形成」という集団内関係、つまりシステムレベルの過程と、教師個人がそのコミュニティに順応する過程の二つの水準で、学習が問われる。個人については、長期的な視点で、個人がある教師集団コミュニティに参加し、そのルールや規範にどのようにあわせていくかという文化化と、さらにその文化を変容させる過程、そのコミュニティの中での集団成員としての役割や位置取り(ポジショニング)が問われる。

教師は学校の中で、あるいは地域の教員同士の研究会等で、また前述の勝山先生のように自主的な民間の研究会等のコミュニティに参加することによって学んでいく。そこではその学びの場のあり方、学びの場に参加する教師同士の関係性、そしてその組織体制自体のあり方が問題となる。「専門家の学びの共同体(professional learning communities　以下PLCと略して表記)」という呼称で呼ばれ、同じ展望やビジョンをもって、教師が専門家として学び合う学習の組織が検討されてきている(Vescio et al. 2008)。近年では対面での学習コミュニティだけではなく、遠隔でもインターネットなどを通じたコミュニテイも形成されてきている(Vargieken et al. 2017)。

つまり、個人の学習の過程とともに、状況的・社会文化的アプローチでは、教師の学習を支える場や活動のあり方、そして組織でのやりとりのあり方を問うている。「学び続ける」という、長期的な学びを可能にする組織のあり方や、それを支えるネットワークのあり方のレベルの問題も、教師の学習研究としても問われている。「学び続ける組織になる」という持続可能性や学ぶ組織が開かれ拡張することで、より拡大しスケールアップすることは、教師個人の水準でみれば、学校を一定の期間ごとに異動する転勤のある日本の教師が、特定の学校組織の中だけではなく、学校を渡りながら生涯学び続けるために考えられねばならないことである。また組織としてみれば、閉じた組織にならず、開かれていくことで、知識基盤社会と言われる時代にいち早く有効な知識を生成し共有するシステムを創っていくことにもつながる。

二　教師の協働学習過程としての授業研究

(1)「専門家の資本」を豊かにする

日本では明治以来授業研究は、歴史的に行われてきた(稲垣　一九九五)。その授業研究が二〇〇〇年以降、Lesson Study として国際的に知られるようになった(秋田・ルイス　二〇〇八)。そして、すでに現在四〇カ国を超える海外の国々において紹介され、その実践は広がっている。このように拡大しているのは、おそらく教師という職業での学習において、他者の授業を見て共に語り合うことは、どの国においても個人主義を越え、保守主義を砕き、教育を変革していく突破口として有効な一つの方途だからと言えよう。と同時に、それだけ教師の学習は、専門家として社会的責務を果たすことがどこでも期待されているという点も見逃せない。

またそこには世界授業研究学会(World Association of Lesson Studies: WALS)という研究者と実践者の国際ネットワークが創られ急激に広がったこと、またＪＩＣＡなどの途上国への日本型教育支援としての貢献も大きい。個人のニーズ、社会のニーズ、国際的なネットワーク形成がこの拡大を後押ししている。

教師が社会的責務を果たすことへの期待や使命感、ミッションと説明責任の必要性に迫られている点は、心理学の学習理論研究等では、一切議論されてきていない点である。一般の学習理論の考えでは、学習者の理解が深まったか、知識を身に付けたかが問われる。これに対し、教師の学習では、教師個人の資質の向上のためだけではなく、学校という組織が社会に対して公教育の責任を果たし、未来を担う人材を育成する責務を果たしているかという説明責任を負っている側面がある。

ハーグリーブスとＭ・フランは「専門家の資本」という概念を提唱し、図1のように、人的資本、社会関係資本、意思決定資本の三つの資本を挙げている(Hargreaves & Fullan 2012)。これまで学校教育の質的向上のためには

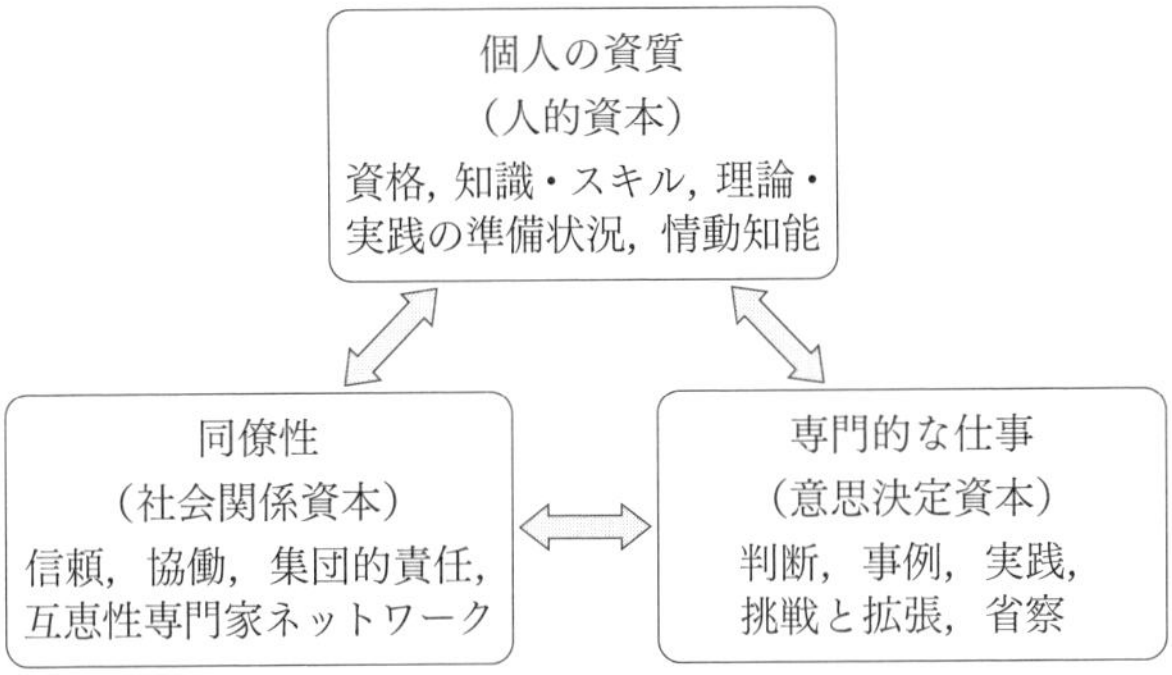

図1　専門家の資本

出典：Hargreaves & Fullan 2012 をもとに筆者が作成.

教師個人の資質が強調され、個人の学習として捉えられがちであった。これに対し、同僚性という社会関係資本と専門家の判断や仕事という意思決定資本の概念を加えた三つの資本のモデルを提唱している。三者のなかでも特に意思決定資本に目を向けることによって、それが専門家の本質であり、知識基盤社会において豊かな専門性を培うことを提示するために、この三つの資本の循環を述べている。たとえば、個人が資金を豊かにもっていたとしても箪笥に貯金したままであれば貨幣が流通せず、社会経済が有効に活性化しないのと同様である。意思決定資本を豊かにしていくことが、教師の資質という人的資本と関係性という社会関係資本の二つの資本を向上させていき活性化し発展していくことにつながる。

そして、これらの専門家の資本を学校の場が発展、循環させることが、社会に対して専門家としての「内的説明責任(internal accountability)」を果たすことにもなるとする。その場の一つが、授業研究といえるだろう。生徒の学習過程の成果としての学力テスト得点の達成度で問われる、教師や学校の説明責任を「外的説明責任」とハーグリーブスとフランは呼ぶ。そして「内的説明責任」と対比的に論じている。専門家による新たな説明責任のモデルとして、フランとS・リンコン・ガラード、ハーグリーブスは、「①ビジョンと焦点、②集団としての能力と責任、③リーダーシップの発達、④成長志向のアセスメント、⑤システムの一貫性と凝集性」というシステムレベルでの資質と責任のあり方を提案している(Fullan et al. 2015)。三つの資本を活性化し支えていくためには、これら五点がそのための駆動因となる。

以下は、福井大学教育学部附属中学校の牧田秀昭副校長先生が教師向けに書いた通信の一文である。

今の授業はいくらですか。教員に採用されて四年目のこと、普通に授業を行ってきていたし、説明のわかりやすさには自信があった。いわゆる「点数」も残していた。そこでかけられたのがこの言葉。確かに教員にはたくさんの仕事があるが、主に授業をして給料をもらっている。当たり前のことだが、そんなことを考えたこともない私には、ショッキングな一言であった。〔中略〕授業に二度目三度目はない。その教室の子どもと教員で考え抜かれた教材といろいろな環境とが化学反応してできあがる。二度と再生されることのないダイナミックな営みだと言える。〔中略〕

「自分が前の授業でよくわかっている展開、こなしてしまった教材、それをやるときには、自分の心の中に小さな慢心が生まれます。謙虚さが減ります。そして自分だけにわかっているだけかもしれませんが、一生懸命になる、その程度がちょっと違うのです。子どもは新鮮さに感動します。私自身が新しいものへの小さな不安と期待を持ちつつ、子どもに向けてその教材を提供している、それが子どもを動かすのです」(大村はま『灯し続ける言葉』(二〇〇四)より)

子どもや保護者が納得するような授業を提供することは、我々の最大の義務。こなしている授業には値段は付かない。私はあえて問いたい。今の授業はいくらですか。(牧田秀昭「福井大学教育学部附属中学校　副校長通信」二〇一六年一一月二九日)

常に自らを新しくする学習と授業に取り組むことが、教師の仕事に問われる説明責任と学習の関係だろう。大村はまは、一人でそれに取り組み戦ってきた。それに対し、この副校長先生は、それを先輩教師に問われて、改めて説明責任という公的な使命に気づき、しかしそこで単純な得点などの結果議論に走ることなく、若手教師に内的説明責任を教師のモデルを示しながら問い、共に学び合うことを語りかけようとしている(牧田・秋田 二〇一二)。

(2) 授業研究と学習過程

専門家の学びの共同体PLCの発想においては、授業者としては日頃丁寧に観ることのできない、授業における生徒の学習過程を観ること、その観察からの省察を語り合うことを通して学ぶという経験、協働し合い学び合う過程が、大事にされてきている。つまり、子どもの声を聴くこと、声を聴いた教師の声を聴くこと、教師自らが自分の経験と自己内対話をし、それをさらに語り合うことが大事と言える。授業研究では、「授業の計画・指導案作成―研究授業の実施・参観―検討会での振り返り協議―記録作成などによる振り返り―次への探究」というサイクルが生まれる。以前は、授業研究は授業者の力量形成のためであり、それを皆が指導助言するという言説で授業研究が語られることも少なくなかった。しかし近年では、授業参観者側の学びとして、授業後の協議会で語り合うこと、そのためのさまざまな形や工夫が言われるようになっている。

だが、振り返り授業を語るためには、「授業が見える」ことが前提条件として、鍵になる。観ていないことには、事実に基づく議論はできない。つまり、参観者が何をどのように見るか、そして何が見えるかが問われている。指導案に書かれた計画時点では見えなかった、現実の出来事と指導案で想定したことの間のずれに気づくことや、参観者の予想と実際のずれが見えること、そしてそこにいる子どもたちの学びが出来事として一つの意味あるまとまりをもって見えることが、教師の学習の出発点となる。その見えた考察をたとえたどたどしかったとしても探索的に言葉で表現し、その言葉を相互におぎない合いながら物語り合うことで、相互の見方、授業における多様な見方を学ぶことが、授業研究の起点である。

R・K・マートンによる多様性理論を香港での授業研究に活用したM・L・ローは、①子どもが学習対象をどのように理解しているか、どのような概念や意味を習得したかの多様性を知ること、②他の教師がどのように学習対象を理解しているかを知り、自己の教材理解との相違としての多様性(実践的知識、PCK)を知ること、③学習展開上のどこに焦点をあてどのような側面の多様性が学習の中では重要かに気づくことの三つの多様性に基づく学びが、授業者や参観者が授業から学ぶときに大事であることを指摘している(Lo 2012)。授業研究は、教室の学習システムの中での子どものありようの多様性としての散らばりと子ども同士や一人の子どもの中での過去と現在の学びのつながりを学ぶことであり、その分岐点の内容や授業の展開点を知り、そこで生じる出来事の中に子どもの実存がどのように関わるかを授業から観ることとも言えよう。

観ることに関して、保育の場や養護学校での子どもたちを長年見てきた津守真らは「外部にあらわれる行動の裏側に、子どもの体験の世界がある。逆に言えば体験の世界が、行動となって、外部にあらわれる。客観的に記述される行動は体験の世界に対応するものであるから、ある感動を持った体験をした瞬間、それは他の部分とは異質なものとなる。その異質な部分に気が付いて、取り出すことが観察の課題となる」と述べている(津守他 一九七四)。つまり行動の内奥にある子どもの体験を、見えるものから見えないものを見ようという意識をもって捉えることが観察で問われることになる。

先に「気づく」ことの実践知について紹介した石井先生は、「「見える」ということは、ただ目に見えることのできることに内在している重要なことが感じ取れるということです。目で捉えられることのできない物事であっても、そこから意味の深いものを感じ取れるということです。教師が見えなければいけないこととして、①子どもの事実が見えるということ、子どもは何人いても一人一人を見ようとするもの。そして②題材や課題の奥深さがからだに沁み込んでいるように「見えている」こと、③つながりが見えるということ。このつながりとは、子どもと子どものつながり、考えと考えのつながり、子どもの考えと題材とのつながり、過去の学び、これからの学びとのつながり」であると述べている(石井 二〇一六)。

では実際の学校では、授業研究において、授業が見えるためにどのような工夫がなされているのだろうか。全国の小学校から一三〇校に回答の協力を得て、どのように授業研究を実施運営しているのかを筆者らが調査した中で、授業を見る時にどのようなツールを用いて見ているかを調べた結果が**表1**である(秋田・椋田 二〇一四)。前述のように状況的・社会文化的アプローチで協働的な学びを見るためには、ツールを見ることも一つのポイントである。表の中の少群、中群、多群と記してあるのは、年間の校内研修での研究授業頻度が五回以下、六―一〇回、一一回以上と便宜上分けて集計した結果である。

ここから見えてくるのは、デジタルカメラで写真を撮っている学校は多く、またビデオ撮影も多くの学校がされていることがわかる。さらに担当を決めての速記録などもある。少群と中群や多群の学校群間の違いを見ると、全体の比率としては多いものではないが、参観するグループを決めてみたり、座席表シートなどを活用して記録をしてみたりと、学習者の学びの多様性を捉えようという工夫をしている学校は、授業研究頻度が高い学校によ り多いことがわかる。学習形態として小グループやペアの活動が増えてくると、子どもたちの中で話し合ったりする機会も多くなる。学校によっては、担当を決めて各グループの子どもたちの傍らにいて記録をして、事後に学びのあり方を語る学校もある。またその担当を一人ではなく、複数ずつ決めておくことで、その同じ子どもたちの学びをどのように見取ったかの意見を交流し合うことを大事にしている学校もある。このような参観時の観

表1　授業におけるツールの使用

	少群(46校)	中群(39校)	多群(45校)	合計(130校)
A　ビデオ	32(70%)	25(64%)	33(73%)	90(69%)
B　デジタルカメラ等写真	42(91%)	37(95%)	39(87%)	118(91%)
C　学校統一した参観記録シート	16(35%)	18(46%)	24(53%)	58(45%)
D　付箋等	16(35%)	20(51%)	9(20%)	45(35%)
E　評価の観点をあらかじめ決め記録	22(48%)	28(72%)	20(44%)	70(54%)
F　チェックシート	4(9%)	0(0%)	6(13%)	10(8%)
G　速記録	12(26%)	18(46%)	15(33%)	45(35%)
H　抽出児記録	12(26%)	12(31%)	14(31%)	38(29%)
I　参観するグループや場所を決め分担	13(28%)	14(36%)	17(38%)	44(34%)
J　座席表シート	13(28%)	18(46%)	20(44%)	51(39%)
K　当該時間の中での出来事の事例記述	6(13%)	4(10%)	8(18%)	18(14%)
L　その他	3(7%)	1(3%)	1(2%)	5(4%)

出典：秋田・椋田 2014.

る時の道具の手立てが、PLCとして、子どもたち一人一人の差異と指導の手立てをより細やかに、子どもの学びの視点に立って観ることを可能にする。そして参加者がそこに能動的に参加して、自ら見えてきた子どもの姿とその内奥にある子どもの心の動きのさまざまなつながりを物語ることで、学び合う協働学習の過程が教師たちの中に生じてくる。それは学ばなければならないから参加するのではなく、見えてくることで授業の世界の見え方が変わるというおもしろさを教師が実感する瞬間でもある。

では、教師間のやりとりの場である協議会はどうだろうか。授業研究を教師の学習につなげる、質の良い学びにつなげるには何が必要だろうか。姫野完治は小中学校三五四校の教師に、学びの多かった授業研究について自由記述をしてもらい、その観点を整理している(姫野 二〇一一)。それが表2である。ここからは、授業研究の成果として、全学校種を通じて研究性を最も重視し、小学校では相互性、中学校では即時性、高校では研修性を重視していることを示している。そして、授業研究を活性化するためには、「立場を越えて建設的に意見しやすい雰囲気を作る」「実施した授業協議会の成果を検討にいかす」ことを肯定する意見が、学校種を越えて高かったと報告している。

協議会においてのツールの使用は、授業を捉えなおすのに重要な役割を果たしている。デジタル化時代には、さまざまなツールが学びを支えている。中村駿と浅田匡はスライド法として、授業の写真が振り返り時にあることで、特定の対象、特に児童の情動を読み取るのに有用であること、また以前の場面と関連をつけて授業を捉える傾向があること、さらに指導案から予想される児童の反応にもとづいて授業を捉える傾向が増えることを示している(中村・浅田 二〇一六)。写真やビデ

表2　学びの多かった授業研究の特性(%，カッコ内は回答者数)

	中カテゴリ	小	中	高
相互性	少人数，ワークショップ，体験的，事後検討会の意見が活発	19.6 (294)	14.8 (147)	14.9 (98)
研究性	協議のテーマが明確，郡市の研究会，県内外の研究会，学術学会，校内授業研究	27.0 (404)	21.6 (214)	23.1 (152)
新規性	提案がある，多角的な教材研究，知識・方法の獲得，専門外の教科・領域・他校種	7.9 (118)	13.5 (134)	14.9 (98)
即時性	すぐに活かせる，同教科，同学年部，実践例・失敗例を持ち寄る	8.6 (129)	15.2 (151)	9.7 (64)
実践性	授業参観がある，良い授業，ベテラン・若手の授業，子どもについて語る，ビデオ記録	6.5 (97)	5.6 (56)	7.3 (48)
切迫性	自分が授業者，自分・自校の課題と関連，研究指定，自ら進んで参加	9.6 (144)	9.4 (93)	5.0 (33)
研修性	行政研修，的確な指導助言，具体的な改善点，建設的，外部指導者	11.9 (178)	11.3 (112)	16.7 (110)
継続性	指導案の事前検討，2,3年の積み重ね，日頃からの授業参観	3.4 (51)	3.1 (31)	3.0 (20)
他	全てに学びがある，ない，経験がない，不明	5.5 (82)	5.4 (54)	5.2 (34)
計(N=3146)		1497	992	657

出典：姫野 2011.

表3　協議会のむずかしさ

	少群(46校)	中群(39校)	多群(45校)
A　協議会の時間を十分にとることが，むずかしい	28(61%)	27(69%)	26(58%)
B　協議会で意見が出にくく，活性化しにくい	11(24%)	4(10%)	6(13%)
C　声の大きな一部の人の意見等に，流れやすい	6(13%)	2(5%)	4(9%)
D　遠慮があり，本音で話すのがむずかしい	8(17%)	9(23%)	4(9%)
E　協力的でない人もいて，意欲を高めるのがむずかしい	3(7%)	2(5%)	3(7%)
F　教育観が異なる人とは，相いれにくい	4(9%)	2(5%)	5(11%)
G　授業を公開しても実践者の意図とは関係のない協議になる	1(2%)	2(5%)	1(2%)
H　話し合いはしても，議論が深まらない	5(11%)	11(28%)	7(16%)
I　協議した内容が，次からの実践に具体的につながりにくい	8(17%)	15(38%)	5(11%)
J　研究協議を続けても，年間を通して積み重ね深めるのが，むずかしい	7(15%)	13(33%)	12(27%)

出典：秋田・椋田 2014.

オなどのデジタル機器が切り取るのは、授業のある一部分ではある。だが、あらためて振り返ることで、何を授業の中で見ればよいかという見方を、写真の撮り手は写真を見た他者の語りから学ぶ機会になっていると言うことができよう。また見えると言っても、一斉の授業と協働学習の授業では見方も変わる。習得の学習と探究の学習でも異なる。何を見るのかへの挑戦が今求められると言える。

しかし必ずしも協議会はどこの学校でも、いつもうまくいっているわけではない。筆者と椋田善之の調査(表3)からは学校が行う授業研究の頻度による協議会のむずかしさの相違点と共通点が見えてくる。共通するのは、いかに時間を捻出するかのむずかしさである。相違は、頻度が少ない少群の学校では声の大きな人のモノローグ(独白)になりやすいといったむずかしさであるのに対して、頻度が高い多群の学校では、参加に関することよりも、そこで語られる語りの質についての、より奥の深い悩みが生まれてくることである。語り合ったことを実践に具体的に生かしたいという自分事としての思いが強くなってくると読み取ることができよう。

授業を深めるためには、より年長者の主任や管理職が助言をするとともに、学校でのミドル層が若手をはげましたり、自分の経験を話す兄貴や姉御のような親しみのある相談相手となることで若い人の意欲を高める役回りを果たすというような、組織内の様々な役割が協議の活性化や深化の機能を果たしていることが大切である。また一方では、指導主事や外部助言者が重要な機能を果たしている。これは、「知識のある外部者(knowledgeable others)」と近年呼ばれている(Takahashi 2013; Watanabe & Wang-Iverson 2005)。彼らは、その学校にある知と、外部の新たな情報や求めている知のインターフェース(接面)としての機能を果たしている。学校全体の取り組みや授業を意味づけたり、また教育の動向とつなぎこれからの方向性を示すことで、実践をより構造的に価値付けたりする役割を担っている。しかも、学校文化による語りや着眼点に、新たな視点を導入する役割を担っているともいえる。その一方で、教科や教材のエキスパートとしての立場から、教材と生徒との関係についての見識を提供する役割も担っている。日本の授業研究において、教師の学びのネットワークは重要な機能を担っている。キャサリン・ルイスが日本の授業研究の卓越性の特徴の一つとして挙げるのが、このような指導主事や開発学校、公開研究会などの制度を歴史的に持っており、学校の知を外に開きつないでいる点である。それが授業や学校組織を活性化する役割を学校内でも、地域内でも担っている。

(3) 学校の変革の主体

協議会での授業の振り返りで終わりであれば、学び続ける教師は単なるスローガンで終わる。真に学び続ける

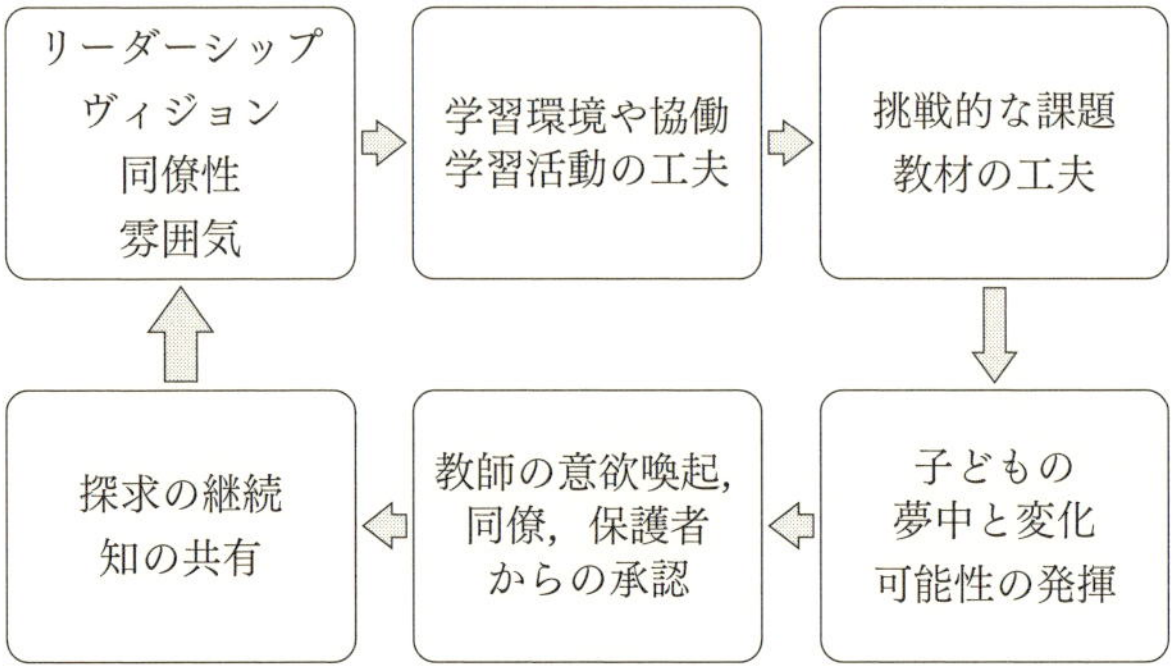

図2　授業の質が高まるプロセス
出典：Akita 2016.

教師であるためには、実践を変えることに取り組む、学び変え続けるという実践化がセットになることが大事である。筆者は同じ学校の授業研究に五年、一〇年、一五年と立ち会う経験の中で、教師たちが必ず成長し変わっていく学校やそこでの教師たちのゆっくりと確実に変化する姿に数多く出会ってきた。そこには共通性がある。大規模校もあれば小規模校もあるし、学校種も多様である。しかし必ずそこには、**図2**に示すようなサイクルが生まれているということである。矢印は一方向に描いているが、現実には行きつ戻りつしつつである。

　教師の学習の議論では、教師が学ぶと授業が変わると考えられているが、そのように単線的ではない。教師が課題を工夫し学習活動のあり方を変えて試みてみる。それに応えてくれるのは子どもたちである。子どもたちが夢中になって応じてくれる中で、子どもの更なる可能性や自分が子どもを見ていた時に見えていなかったことが変わって見えてくることで、手ごたえを感じる。それを周りが自分事のように共感し認めてくれる。それによって、教師の学習への探究はさらに続く。そして学校組織は変わっていく。このサイクルが出来るかである。と同時に授業変革の主体は教師だけではなく、応える子どもたちでもある。そして子どもが主体的に関与する授業になれば、教師の変容、学校の変革もまた起こる。教師の学習の議論では、これまでこのサイクルは十分には語られず、子どもの存在は不在のまま、教師の言動と努力のみが語られがちであった。しかし、教師の日々のなかでの小さな挑戦も見のがさず日々応えてくれるのは、子どもたちである。子どもたちが真に主体的に取り組んでいる様子があることで、教師の学習は、現在主義や保守主義を越え、未来志向で変わることができる。それが真正なアクティブ・ラーニングと言えるだろう。学び合いが続くには、開かれた出会いの連鎖とこの互恵的関係のサイクルがいつも準備されていなければならないだろう。

参考文献

秋田喜代美 二〇〇九、「教師教育から教師の学習過程研究への転回――ミクロ教育実践研究への変貌」矢野智司・今井康雄・秋田喜代美・佐藤学・広田照幸編『変貌する教育学』世織書房、四五―七六頁。

秋田喜代美、キャサリン・ルイス編著 二〇〇八、『授業の研究 教師の学習――レッスンスタディへのいざない』明石書店。

秋田喜代美・椋田善之 二〇一四、「小学校授業研究協議会実施の工夫と困難に関する調査検討」日本教育方法学会第五〇回大会、自由研究一二―③(二〇一四年一〇月一二日、広島大学)。

石井順治 二〇一二、「「学びの共同体」の立ち上げと持続」「子ども、そして学びがみえるために」『学びのたより』二〇一二年一二月八日号。http://www.ne.jp/asahi/manabukai/tokai-kokugo/tayori/2012.12.pdf

石井順治 二〇一六、「見えるということ」『子ども・言葉・授業』第二四号。

稲垣忠彦 一九九五、『授業研究の歩み 一九六〇―一九九五年』評論社。

R・K・ソーヤー編、大島純・森敏昭・秋田喜代美・白水始監訳、望月俊男・益川弘如編訳 二〇一六、『学習科学ハンドブック第二版 効果的な学びを促進する実践/共に学ぶ』北大路書房。

津守真・本田和子・松井とし 一九七四、『人間現象としての保育研究』光生館。

中村駿・浅田匡 二〇一六、「スライド法による教師の授業認知に関する研究」『日本教育工学会論文誌』。DOI:10.15077/jjet.40051

牧田秀昭・秋田喜代美 二〇一二、『教える空間から学び合う場へ――数学教師の授業づくり』東洋館出版社。

姫野完治 二〇一一、「校内授業研究及び事後検討会に対する現職教師の意識」『日本教育工学会論文誌』第三五巻、一七―二九頁。

Akita, K. 2016, *Characteristics of Innovative Professional Learning Communities: Inquiries for Deep Learning*, Invited Keynote Speech at WALS 10th conference, Exeter University.

Engestrom, Y. & Sannino, A. 2010, "Studies of expansive learning: Foundations, findings and future challenges", *Educational Research Review*, DOI:10.1016/j.edurev.2009.12.002

Fullan, M. Rincon-Gallardo, S. & Hargreaves, A. 2015, "Professional capital as accountability", *Educational Policy Analysis*, 23(15), pp. 1–17.

Hargreaves, A. 2009, "Presentism, Individualism, and Conservatism: The legacy of Dan Lortie's Schoolteacher: A Sociological Study", *Curriculum Inquiry*, 40(1), DOI:10.1111/j.1467–875X.2009.00472.X

Hargreaves, A. & Fullan, M. 2012, *Professional; Capital: Transforming teaching in every school*, Teachers College Press.

Lo, M. L. 2012, *Variation theory and the improvement of teaching and learning*, ACTA Gothebergs University Press.

Lortie, D. C. 1975, *School Teacher: A Sociological Study*, University of Chicago Press.

Russ, R. S., Sherin, B. L. & Sherin, M. G. 2016, "What constitutes teacher learning?", Gitomer, Drew H. & Bell, Courtney A.(eds.), *Handbook of Research on Teaching*, 5th edition, American Educational Research Association; NY, pp. 391–439.

Takahashi, A. 2013, The role of knowledgeable other in lesson study Examining the final comments of experienced lesson study practitioners.

Taylor, L. A. 2017, "How teachers become teacher researchers: Narrative as a tool for teacher identity construction", *Teaching and Teacher Education*, no.61, pp. 16–25.

Vargieken, K., Meredith, C., Packer, T. & Kyndt, E. 2017, "Teacher communities as a context for professional development: A systematic review", *Teaching and Teacher Education*, no.61, pp. 47–59.

Vescio, V., Ross, D. & Adams, A. 2008, "A review of research on impact of professional learning communities on teaching practice and student learning", *Teaching and Teacher Education*, no.24, pp. 80–91.

Watanabe, T. & Wang-Iverson, P. 2005, "The role of knowledgeable others", Wang-Iverson, P. & Yoshida, M.(eds.), *Building our understanding of lesson study*, PA Research for Better Schools, pp. 85–91.

4 知識基盤社会における学力の構造と理数科リテラシー

藤村宣之

一　知識基盤社会における学力

（1）知識基盤社会において必要な力とは

知識基盤社会の進展とともに、初等・中等教育修了時に求められる学力の質が変容してきていると考えられる。そこで求められるのは、解決方法の定まった定型問題(routine problem)に対応し、解決するための個々のスキルや知識だけではない。多様な要因が複雑に関連しながら恒常的に変化する社会的状況の中で、解決方法が一つに定まらない非定型問題(non-routine problem)に対して、既有の知識やスキルを柔軟に関連づけながら問題の本質を理解して解決をはかっていく力や、そのプロセスにおいて他者と協同しながら、相互理解にもとづく解決を導いていく力が必要になってきていると考えられる。

そのような、多様な知識を関連づけて非定型問題を解決する力に関連して、日本の学校教育では、「自ら考える力」や「思考力・判断力・表現力」の育成がめざされてきているが、その内容と評価方法、育成方法が十分に明らかにされているとは言えない。また、近年の国際的な教育改革の動向として、「キー・コンピテンシー」や「二一世紀型スキル」といった名称で、思考力、問題解決力、協調性、自律性といった、領域一般的な汎用スキル(generic skills)の育成がめざされている。一方で、将来の社会生活において生きて働く力や自分自身を支える力を育てるという点では、そのような汎用スキルを要素分解的に個々に獲得させるのではなく、先述の非定型問題解決力のような統合的な力として育成することや、そのような統合的な力を、後述する各領域の「深い理解」(deep understanding)と一体として育成することが重要であると考えられる。

(2) 学校教育における質の向上と平等性の追求

最近の各国の教育政策では、学力水準の向上など「教育の質の向上」とともに、学力格差などの個人差をいかに縮小するかという「平等性の追求」が課題となっている。教育社会学の研究では、親の経済力が子どもの学業成績と関連するなど、経済格差と学力格差の関係が指摘されており(志水他 二〇一四など)、全般的な学力の水準や質の向上とともに、子どもの学力等の格差の縮小、すなわち、結果としての平等(equity)の達成が学校教育の重要なテーマとなっている。

OECDが各国・地域の一五歳(高校一年生)を対象に、学校教育を通じて獲得された知識やスキルを日常場面で活用する力としてのリテラシーを二〇〇〇年から三年おきに測っている国際比較調査に、生徒の学習到達度調査(PISA)がある。その二〇一二年調査における数学的リテラシーの平均得点を縦軸に、分布の広がり(各国内の順位が上位一〇%に位置する者の得点と下位一〇%に位置する者の得点の差)を横軸に、調査参加国・地域を布置すると、日本は平均得点では上位に位置し、個人差(分布の広がり)の大きさは参加国・地域の平均程度である(OECD 2014)(図1)。日本より平均得点が高いアジアの五つの国・地域は、台湾やシンガポールに顕著なように、平均得点も高いが個人差(分布の広がり)も大きいのが特徴である。一方で、フィンランド、エストニア、カナダなどのように、日本よりも平均得点はやや低いが国際平均よりは高く、国内の個人差の小さい国もいくつかみられる。たと

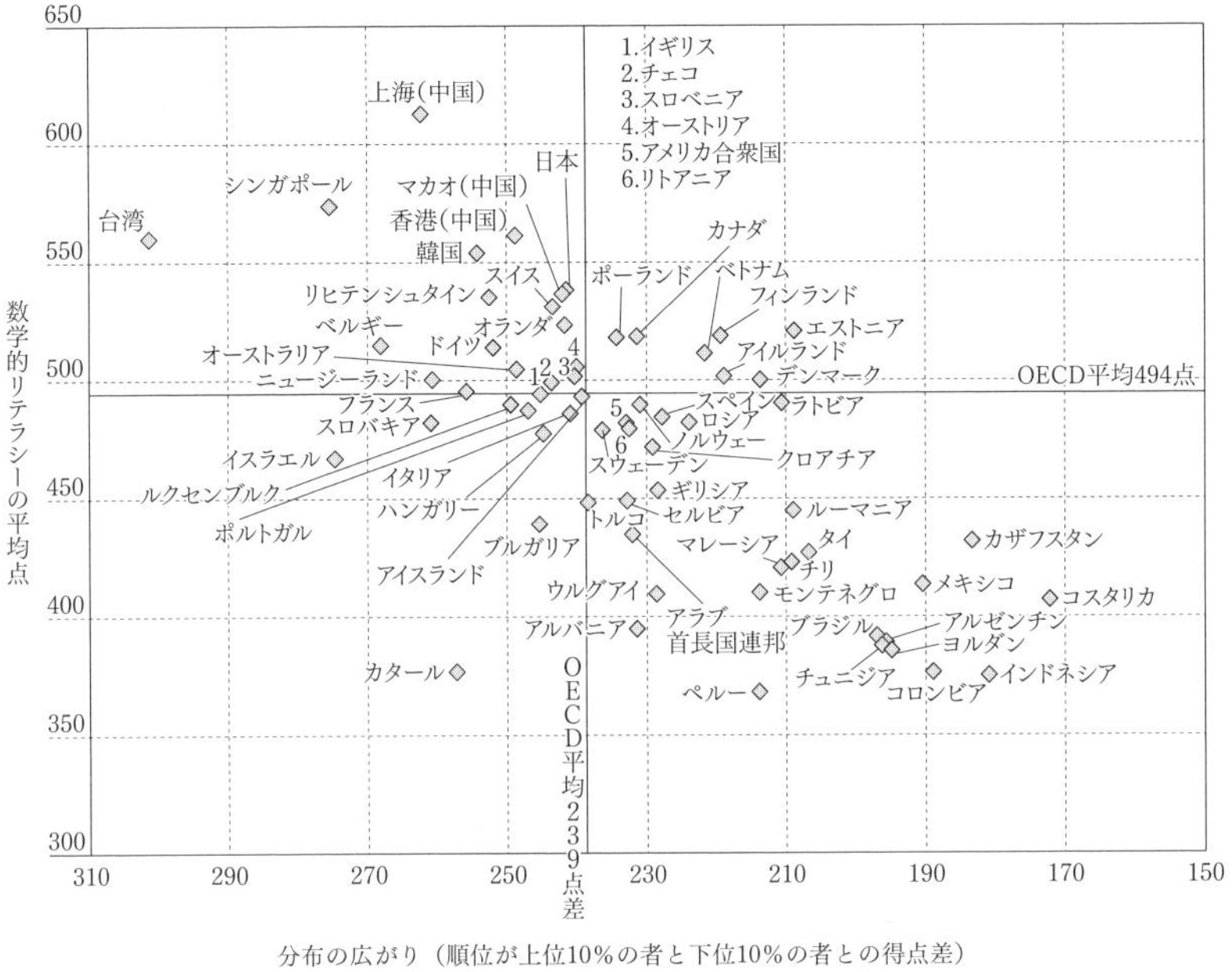

図１　数学的リテラシー(PISA2012年調査)に関する平均得点と個人差
出典：OECD 2014.

えば、カナダでは、自国の平均得点が低下傾向にあることを認めながらも、国内の分布の広がり(個人差)が小さいことが評価されており、今後、個人差(学力格差)をさらに縮小していく方向性が示唆されている。日本が、今後、どのような教育の方向をめざすのか、分岐点に立っているとも考えられる。

(3) 教育の質の向上としての「深い学習」の重視

現在の学校教育では、先述の「教育の質の向上」という目標に関して、各国において、先述の汎用的スキルの育成に加えて、深い概念的理解や思考プロセスの表現といった「深い学習」が目標とされている。日本では、現行の学習指導要領(二〇〇八年改訂)において、基本的知識・技能の獲得に加えて、知識・技能の活用による思考力・判断力・表現力の育成が目標とされている。また、次期の学習指

表1　深い学習と伝統的な教室の実践との対比

知識の深い学習（認知科学の知見から）	伝統的な教室の実践（教授主義）
深い学習に必要なのは，学習者が新しい考えや概念を既有の知識や経験と関連づけることである．	学習者は，教材を自分たちが既に知っていることと無関係なものとして扱う．
深い学習に必要なのは，学習者が自らの知識を，相互に関係する概念システムに統合することである．	学習者は，教材を相互に切り離された断片的な知識として扱う．
深い学習に必要なのは，学習者がパターンや基本的な原理を探すことである．	学習者は，過程や理由を理解することなく，事実を記憶し，手続きを実行する．
深い学習に必要なのは，学習者が新しい考えを評価し，それらを結論に関連づけることである．	学習者は，教科書で出会ったものとは異なる新しい考えを理解することが難しい．
深い学習に必要なのは，学習者が知識が創造される対話の過程を理解し，議論の論理を批判的に吟味することである．	学習者は事実と手続きを，全てを知る権威的存在から伝えられた静的な知識として扱う．
深い学習に必要なのは，学習者が自身の理解と学習過程を省察することである．	学習者は，目的や自身の学習方略を省察することなく，記憶を行う．

出典：Sawyer 2014.

導要領改訂に向けての中央教育審議会の答申（二〇一六年一二月）においても「どのように学ぶか」という学びの質の向上が重視されている。アジアでは、二〇〇〇年頃から、中国において入試に対応する「応試教育」から人間性を重視する「素質教育」への転換が図られ、またシンガポールでは教育の方針として、学ぶ学校（learning schools）や考える国家（thinking nation）が提唱され、国の方針として思考力の育成に力が注がれている。また学力の国際比較調査で上位を保ってきたフィンランドでも二〇一六年のナショナル・コア・カリキュラム改訂において、日常的現象をベースとして教科を越えて多様な知識を関連づける、統合的な学習がさらに推進されるなど、欧米においても知識を関連づけることによる深い思考や学習が重視されてきている。

以上のような「深い学習」が各国の最近の教育で重視されている背景には、認知心理学の研究成果が各国の教育、特に欧米の教育に取り入れられてきたことがある。表1には、現在、多くの国で教育目標とされているような「深い学習(deep learning)」の特徴が、(行動主義心理学を背景とするような)伝統的な教室の実践との対比でまとめられている(Sawyer 2014)。そこでは、新しい情報と既有知識との関連づけ、因果関係や根拠の探究、対話による知識の構成、学習者自身による学習過程の省察といった、「深い学習」あるいは「概念的理解の深まり(deeper conceptual understanding)」に必要なプロセスが指摘されている。また、深い学習を達成するための学習方法として、協同(collaboration)や探究(inquiry)などのプロセスを重視した様々な学習方法が、教授・学習過程に関する認知心理学を長期的な授業研究などの方法も取り入れて発展させた学習科学(learning sciences)の領域で提案されてきている(Sawyer 2014)。

二　心理学の観点からみた学力の構造

(1)認知心理学の視点からの学力モデル——「できる学力」と「わかる学力」

表1では、「伝統的な教室の実践」の特徴として、理由や過程を理解せずに事実を記憶したり手続きを実行したりすることが挙げられているが、理由や過程の理解を求めないという学習プロセスは別として、知識獲得の研究において手続き的知識の獲得過程と宣言的知識や概念的知識の獲得過程とが区別されてきたように、獲得される知識等の内容とその獲得過程によって教育目標とそれを達成するための学習方法を区分できると考えられる。

図2では、そのような心理学的視点から教育目標としての学力が、手続き的知識・スキルの獲得と概念的理解の深まりに区分され、両者の形成過程と、その形成に有効と考えられる学習方法が対比的に示されている(藤村二〇一二)。解決方法が一つに定まる定型的問題に対する手続き的知識・スキルの中心的な獲得メカニズムは、

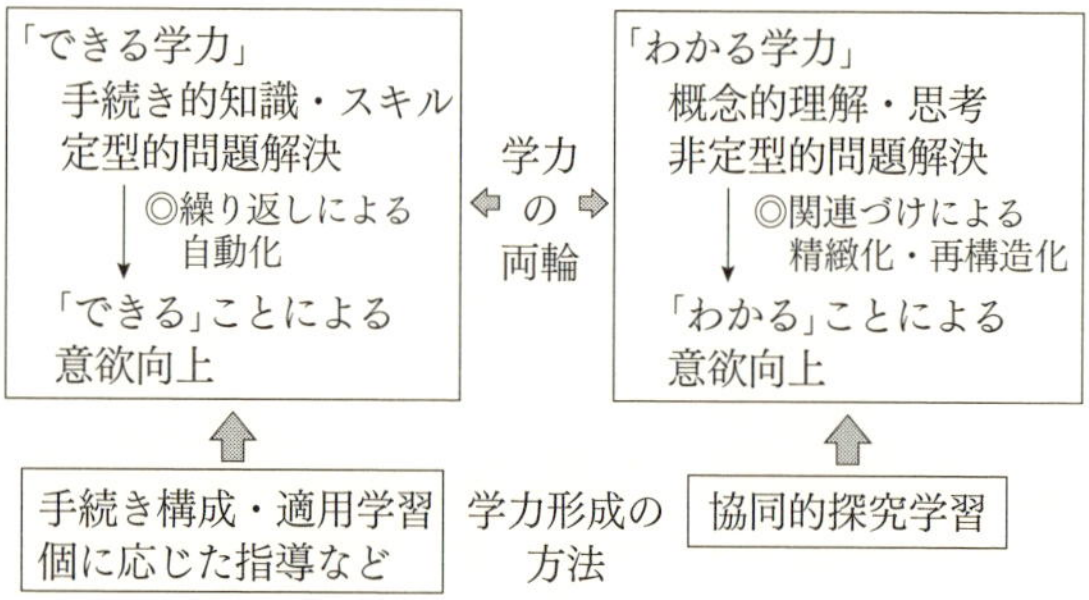

図2　学力の心理学的モデル
出典：藤村 2012.

繰り返し(反復)による自動化(automatization)である。そのような手続き的知識・スキルや、問いとその答えとしての知識との対応が一対一に決まる事実的知識を「できる学力」と表現する。「できる学力」については、ある手続きが適用可能な同種の問題に繰り返し取り組むことにより、手続きの適用がより正確で速くなり、十分な注意を向けなくてもできるようになっていく。

一方で、概念的理解やそれに関連する思考プロセスの表現、それらを通じた非定型的問題(多様な解・解法・解釈などが可能な問題)の解決、すなわち先述の「深い学習」に対応する内容が「わかる学力」である。概念的理解の深化メカニズムは、多様な知識の関連づけによる知識構造の精緻化(elaboration)や再構造化(restructuralization)である。既有知識と新たな知識を結びつけ、また既有知識どうしに新たな結びつきを見いだすことで、物事をとらえる枠組み(知識構造)を変化させていくことが「わかる学力」の形成(概念的理解の深化)の本質であると考えられる。

以上のような二種類の学力の形成が、学校教育の中心的な目標となると考えられる。「できる学力」は、日本における現行(二〇〇八年改訂)の学習指導要領における基本的知識・技能に対応すると考えられる。一方、「わかる学力」は、学習指導要領における思考力・判断力・表現力に対応すると同時に、第一節(3)で述べた、認知心理学研究が提案してきた「深い学習」(深い概念的理解)も含むものである。さらに「わかる学力」は、第一節(1)で述べた、今後の知識基盤社会において重要な力となる「多様な知識を関連づけて非定型問題を解決する力」にも対応する。

(2) 学習意欲や学習観の位置づけ

学習に関する側面の一つに学習意欲がある。これに関連する内容は、日本の現行(二〇〇八年改訂)の学習指導要領では「主体的に学習に取り組む態度」のように表現され、次期の学習指導要領では、さらに多様な他者と協同で取り組む態度なども含めた「学びに向かう力」として構想されている。学習意欲を一時的に高めることだけであれば、たとえばゲームや競争を含む活動を導入することも有効かもしれないが、持続的な学習意欲は、(1)で述べた「できる学力」や「わかる学力」が高まっていくことと並行して向上していくと考えられる。心理学的には、「できる学力」と「わかる学力」では、その形成を通じて高まる意欲の種類も異なると考えられる(図2)。「できた」という経験は、手続き的知識・スキルが自動化することで、より速く、より正しく答えようという意欲(定型的熟達化に対する志向性)を高めるであろう。そこには、他者との競争や以前の自分との比較が動機づけとしてはたらくかもしれない。一方で、知識を関連づけて「わかった」という経験は、知識が再構造化されることで知的好奇心や内発的動機づけが喚起され、もっと深くわかりたいという意欲を高めるであろう。そこでは、知識の提供者として、自分が説明する相手として、あるいは探究のパートナーとして、ともに学ぶという意味での協同する他者が重要な役割を果たすであろう。

先述の「できる学力」や「わかる学力」の形成過程において、学習に対する個人の信念としての学習観(views of learning)も形成される(藤村 二〇〇八、二〇一七)。学習観は、問題解決や理解、記憶などの認知プロセスをモニターし、制御するメタ認知(metacognition)の一側面であり、学習観の種類によって問題解決等の認知プロセスが影響を受けるという関係にある。学校や学校外で、手続き的知識の獲得とその適用(「できる学力」)が過度に重視されると、「正しい解法と答えはただ一つであり、それを暗記し、思い出して書かなければならない」といった

「暗記・再生」型の学習観が強まると考えられる（藤村 二〇〇八）。そして、この「暗記・再生」型の学習観を強く持っていた場合には、以前に学習した手続きを適用して解決できない問題に対しては、解法を新たに考案しようとせず、全く解答を書かないこと（無答）にもつながると考えられる。一方、この「暗記・再生」型の学習観に対立するものとして想定される学習観が、概念的理解や思考のプロセスを重視する「理解・思考」型学習観である（藤村 二〇〇八）。「理解・思考」型学習観とは、「解や解法、またそれらの表現方法は多様である。自分自身の知識や他者が示した新たな情報を活用しながら自由に考えを構成し、そのプロセスを自分のことばや図式で表現して他者と共有することが学習である。そして、そうした知識の構成プロセスを通じて物事の本質を理解することが重要である」と考えるような個人の信念である。個々の児童・生徒において、「わかる学力」が形成されると、その形成に寄与した学習の有効性についての意識が高まり、「理解・思考」型学習観というメタ認知も高められることが想定される。

(3)「できる学力」と「わかる学力」をいかに高めるか

(1)で述べたように「できる学力」と「わかる学力」では、学力形成の心理学的プロセスが異なるため、それぞれの形成のために有効な学習方法も異なってくると考えられる（図2参照）。

「できる学力」の形成に関しては、反復による自動化が一定程度、必要であるため、一連の定型的手続きを、例題等についての教師と子どもたちとの対話を通じてクラス全体で確認した後に、個々の子どもがその手続きの適用練習を行う学習（手続き構成・適用学習）や、それぞれの子どもの手続き的スキルの獲得を確実にするための少人数指導などの「個に応じた指導」など、従来、日本の学校で行われてきている学習方法が有効性を持つと考えられる。実際に、手続き構成・適用学習に「個に応じた指導」の一形態であるティーム・ティーチングを組み合わせた学習方法による小学校算数の継続的授業が、小学三・四年生の計算や定型的な文章題解決などの「できる学力」の向上に有効であることが示されている(藤村・大田 一九九六)。

一方で、「わかる学力」の形成には、先述のように多様な知識を関連づけることによる知識構造の精緻化や再構造化が重要となる。そこで、子ども自身が非定型的問題に対して探究を通じて多様な知識を関連づけること(個別探究)や、クラス内の他者との協同を通じて自分や他者のもつ多様な既有知識を活用して関連づけること(協同探究)を組み込んだ学習方法が有効性を持つと考えられる。そのような学習方法の詳細について、本稿では特に理数科リテラシーに焦点をあてて、第四節で展開する。

三　日本の子どもの理数科リテラシーの特質

日本の子どもの理数科リテラシーの特質について、最初に本節の概要を述べる。

理数科リテラシーに関して、日本の児童・生徒には、読解力など他の領域のリテラシーと同様に、第二節で述べた「できる学力」の水準が高いが「わかる学力」の水準が相対的に低く、非定型的記述問題に対する無答率が高いという特徴が、PISAやTIMSSなどの国際比較調査の心理学的分析から見えてくる。さらに理数科に関しては、「理数離れ」と言われるような数理的事象に関する関心の低さ、生徒の意識における学校での学習と日常経験との乖離、数学や理科の学習に対する不安の高さなども、日本の子どもの課題である。それらの克服には、「わかる学力」の向上とあわせて、児童・生徒の「暗記・再生」型学習観を「理解・思考」型学習観(藤村 二〇〇八)に変容させていくことも必要になると考えられる。

以降、(1)全般的傾向、(2)数学的リテラシー、(3)科学的リテラシー、(4)分析のまとめ、(5)理数科リテ

表2　PISAにおける日本の生徒の平均得点の経年変化

	2000年	2003年	2006年	2009年	2012年	2015年
数学的リテラシー	557	534	523	529	536	532
科学的リテラシー	550	548	531	539	547	538
読解力	522	498	498	520	538	516

出典：国立教育政策研究所 2016などから作成.

ラシーの評価の順に詳述する。

（1）理数科リテラシーの全般的傾向

算数・数学科や理科において、子ども一人一人の「深い理解」は達成できているのであろうか。学校教育を通じて獲得された知識や技能を日常場面で活用する力としてのリテラシーを測ってきている国際比較調査ＰＩＳＡについて、ＯＥＣＤ加盟国の平均を五〇〇点として、日本の生徒（高校一年生）の平均得点の経年変化を示したのが**表2**である。日本の生徒の数学、科学、読解に関するリテラシーの得点は二〇〇六年まで低下傾向を示してきた。特に二〇〇〇年から二〇〇三年にかけて日本の読解力の得点は低下しており、これが「ＰＩＳＡショック」と言われ、以降の教育改革に結び付いてきた。二〇〇九年以降は上昇傾向もみられた。なお、二〇一六年一二月に公表された二〇一五年の平均得点については、数学的リテラシーや科学的リテラシーについての変動は小さいが、読解力については二〇一二年からの有意な低下が報告されている（国立教育政策研究所 二〇一六）。

また、日本の高校生の数学や理科への関心はＯＥＣＤ加盟国の平均よりも低く、学習する内容を日常生活と関連するものとは考えていないという特徴や、数学の学習に対する不安が強いといった特徴もみられてきている（国立教育政策研究所 二〇一三ｂなど）。

ＰＩＳＡやＴＩＭＳＳ（ＩＥＡ（国際教育到達度評価学会）によって各国の小中学生を対象に

四年おきに実施されてきている算数・数学、理科の学力調査)のような国際比較調査の結果や、小中学生を対象として国内で実施されている全国学力・学習状況調査(A問題、B問題)などの結果を、認知心理学の視点から問題解決プロセスに着目して分析すると、年齢段階や教科を越えて共通した、次のような日本の子どもの学力やリテラシーの特質が見えてくる(藤村 二〇一二)。

日本の子どもは、解法が一つに決まるような定型的な問題に対して、一定の手続きを適用して正解を導いたり(手続き的知識・スキルの適用)、定義や性質などを暗記して、覚えたとおりに再生したり(事実的知識の再生)、選択肢から正答を選んだりする問題に対しては、高い正答率を示す。このように定型的問題に対して手続き的知識やスキルを適用したり、事実的知識を再生したりして解決する力は、第二節で述べたように「できる学力」と表現される。

一方で、解法や解釈が多様であり、多様な知識を関連づけて考えることが必要な記述形式の問題、言い換えれば概念的理解の深さが問われる非定型的な問題に対して、判断の理由などを自分のことばや図式で説明したりすることに関して、日本の子どもは国際的にみても得意とはしていない。このように知識を関連づけることによって事象をとらえる本質的枠組みを形成する概念的理解やそれに関わる思考プロセスを表現する力は、第二節で述べたように「わかる学力」と表現される。またそのような非定型的な記述問題に対して無答率が高いのも日本の子どもの特徴である。日本の子どもの無答率の高さは、同じアジアに位置する中国やシンガポールなどと比較した場合にも顕著である(藤村 二〇〇四、恒吉他 二〇一七)。

(2) 数学的リテラシーの特徴

PISA二〇一二年調査(国立教育政策研究所 二〇一三b)の数学的リテラシーのなかの定型的問題、つまり「できる学力」が問われる問題と、非定型的問題、すなわち「わかる学力」が問われる問題、それぞれに対する日本の子どもたちの取り組み方をみてみよう。

まず、定型的な「できる学力」型の問題の例として「点滴の滴下速度に関する問題」(問2)をみてみよう。点滴の滴下速度(D)に「$D=dv/60n$」という計算式があり、三つの変数(D, d, n)の数値が与えられたときに、点滴量(v)を計算して答える問題がある。この問題に対する日本の高校一年生の正答率は四三%でOECD平均(二六%)を二〇%近く上回っていた一方、この問題に全く解答を記述しない生徒の割合、すなわち無答率は一九%でOECD平均(二六%)よりも低かった。このように与えられた計算式や公式に直接、数値を代入して解決するような定型的問題の解決を、日本をはじめとするアジア諸国は得意としており、例えばシンガポールの正答率は六四%となっている。

次に、「わかる学力」を問う、非定型的問題の例をみてみよう。

PISA二〇一二年調査の公開問題(数学的リテラシー)では、日常的文脈を用いているが、選択肢や短答で答えたり、記述型問題でも解法が一つに定まったりする定型的な問題が多くを占めている。そのなかで、やや例外的な「帆船に関する問題」をみてみよう。これは、貨物船がディーゼル燃料を用いると一リットルあたり〇・四二ゼット(ゼットは仮想の単位)という高い費用がかかるが、貨物船に帆をつけることで燃料の消費を全体で約二〇%削減することが見込めるという、燃料消費削減の文脈の問題である。帆を使用しない場合のディーゼル燃料の年間消費量が約三五〇万リットル、帆をつけるための費用が二五〇万ゼットのとき、帆をつけるための費用をディーゼル燃料の削減量で取り戻すにはおよそ何年かかるか、計算式を示して答えを書くことが求められる。この問題の解決には、①x年かかるとして、不等式を立式して解く(350万×0.42×0.20×x>250万)、②年間削減量(350万×0.20(L))または年間燃料費(350万×0.42(ゼット))から年間削減費用(350万×0.42×0.20(ゼット))を算出して、それで帆をつける費用（二五〇万ゼット）を割る、③②で求めた年間削減費用に自然数を一から順にかけていき、二五〇万ゼットを越える乗数を答える、といった複数の問題解決方略が考えられる。問題解決方略に多様性はあるが、その幅は比較的小さく、定型的問題に近い問題でもあるが、過剰情報（船長一一七メートル、船幅一八メートル、積載量一万二〇〇〇トン、最高速度一九ノット）を含む多くの情報のなかから前記の必要な情報を抽出し、思考プロセスを表現するという点で「わかる学力」の一部を測っている問題であるとも考えられる。

この問題に対する日本の高校一年生の正答率は一九％（OECD平均は一五％）であったのに対して、無答率は三八％とOECD平均（三二％）をやや上回っていた。他のOECD加盟国、たとえば、オランダ（正答率二五％、無答率九％）、韓国（正答率二一％、無答率一六％）、カナダ（正答率二一％、無答率二一％）と比較しても、またOECD非加盟のアジア諸国・地域、たとえば、シンガポール（正答率三八％、無答率一三％）、香港（正答率三七％、無答率一六％）、台湾（正答率三六％、無答率二二％）と比較しても、正答率が全般的に四割以下の難しい問題ではあるが、日本の生徒の無答率の高さが際立っている。日本の高校生の概念的理解（乗除法や割合の理解）や思考表現の不十分さがうかがえる。

この二つの問題の結果は、日本の生徒は、解法が一つに定まる定型的問題に対して手続き的知識を正確に適用して解決する「できる学力」に優れているが、思考のプロセスを多様に表現して、概念的理解を必要とする非定型的問題を解決する「わかる学力」の水準は相対的に低く、また後者の問題に対する無答者の割合が高いことを示している。以上の特徴は、PISAの科学的リテラシーや読解力においても、また先述の算数・数学、理科の国際学力比較調査（TIMSS）や、日本国内で実施されている全国学力・学習状況調査（基本的知識・技能を問うA問題と、知識や技能の活用を測るB問題）でも、問題ごとの分析を行うと一貫してみえてくる傾向である（藤村 二〇一二）。

（3）科学的リテラシーの特徴

小中学生を対象とした算数・数学、理科の学力を測る国際比較調査(ＴＩＭＳＳ)のなかにも「わかる学力」を測る非定型的問題が少数ながら含まれている。小学四年生を対象としたＴＩＭＳＳ二〇一一年調査の理科の問題をみてみよう。「体積と重さ」の問題では、かさ(体積)の大きいものから小さいものの順に並べられた発泡スチロール、レンガ、リンゴの絵が示され、「かさが大きいものほど重い」という考えに対して同意するかどうかを選択し、その理由を説明することが求められる。この問題の正答例としては、「いいえ」を選択し「大玉ころがしでつかう大玉よりも鉄球がおもいように、小さくても中がつまったり、金ぞくであればおもいから」という解答例が示されている(国立教育政策研究所 二〇一三ａ)。この問題に対する日本の児童の正答率は四五％であり、国際平均(四二％)と同程度であった。他の参加国・地域では、台湾(七四％)、オーストリア(七四％)、フィンランド(七一％)、韓国(六八％)のように、正答率が七割前後の国・地域もいくつかみられた。この問題では複雑な計算スキルなどは求められていない。体積、質量、密度を区別して判断し、日常的事象などに関連づけて説明するという概念的理解が日本の児童の場合には不十分であることが、前記の正答率に関する結果から示唆される。たとえば、先述のように、フィンランドの正答率は七割台であり、特に定量的な計算が求められず、日常的事象に関連づけられた定性的な判断が求められる場合の概念的理解の深さがうかがえるという点が、日本と対照的である。

同様の傾向が示されている、ＴＩＭＳＳ二〇一一年調査のなかの理科の問題に、中学二年生を対象とした「地形図と等高線」の問題がある。この問題では、二つの峰と一つの湾口がある島について等高線を示した地形図が示され、「川がどこから流れ出し、どのように流れるか」を考えて、川の経路や文章で示すことが求められる。この問題の解答例としては、「山から流れて、しゃめんにそって流れる」といった言葉による説明も示されている(国立教育政策研究所 二〇一三ａ)。この問題に対する日本の生徒の正答率は五二％であり、国際平均(三八％)を有意に上回っているが、たとえば、フィンランドの生徒の正答率はさらに高い八四％であった。この問題も定量的な計算は求められず、多様な解答が可能な非定型的記述問題であり、日本の生徒は、日常的・具体的事象に関して地理学的内容と地学的内容を関連づける統合的な概念的理解が不十分であることがうかがえる。

（4）日本の子どもの理数科リテラシー——分析のまとめ

以上のように、認知心理学の視点から国際比較調査にみられる日本の子どものリテラシーを分析すると、①手続き的知識・スキルの適用や事実的知識の再生による定型的問題の解決という「できる学力」の水準は高いが、②多様な知識を関連づけて思考プロセスを構成し、概念や事象の本質を理解して非定型的問題を解決するという「わかる学力」の水準は相対的に低く、③さらに概念的理解の深さを求められる非定型的記述問題に対する無答率が高いという特徴が、教科や学年の違いを越えた全般的傾向としてうかがえる。「わかる学力」は、自分を取り巻く世界の本質を深く理解し、また他者と協同して問題解決にあたっていく際の重要な力である。国際的には、今後の教育の方向性として、認知心理学の知見を背景として「深い学習」が志向され(Sawyer 2014)、たとえば、フィンランドでは二〇一六年改訂のナショナル・コア・カリキュラムの特徴の一つとして多様な知識を統合した学習が重視されている。日本においても、次期の学習指導要領改訂に向けた中央教育審議会答申(二〇一六年一二月)において、主体的・対話的で深い学びを特徴とする、「アクティブ・ラーニング」の視点からの授業改善が提案され、その目標として、「学習内容を人生や社会の在り方と結び付けて深く理解」することなどが示されている。以上のような日本の子どもの現状と今後の教育の方向性を考慮すると、多様な知識を関連づけて思考し、諸事象を深く理解する「わかる学力」の向上は、日本の教育において達成すべき大きな課題であると考えられる。

（5）理数科リテラシーをいかに評価するか

本稿では、①現在の学校教育に関する世界的な動向として、「教育の質の向上」と「平等性の追求」の両者が目標とされていること、②教育の質の向上に関しては、認知心理学の成果を生かして「深い学習」が提案されてきたが、③一人一人の子どもが「深い学習」を達成する(「わかる学力」を高める)には至っておらず、平等性の達成(学力等の個人差の縮小)とあわせて、解決が必要な課題となっていることが明らかになった。その課題の解決については第四節で検討するが、その前提として、児童・生徒の理数科リテラシーをどのように評価するかについて、ここでは考えてみたい。

ＰＩＳＡでは、知識・技能を日常場面に活用して問題を解決する能力がリテラシーとされているが、心理学的には、その内容が大きく二つに区分されると考えられる。それが先述したような「できる学力」と「わかる学力」である。

定型的問題とは、先にみたような「点滴の滴下速度に関する問題」のように、解き方が一つに定まっており、計算式や公式などを直接適用して解決する日常に関わる問題である(「できる学力」型の問題)。それに対して非定型的問題とは、日常に関わる事柄について、多様な知識やスキルを関連づけて思考プロセスを構成し、事象や概念の本質を理解して解決できる問題である(「わかる学力」型の問題)。たとえば、先の「帆船に関する問題」では、帆をつけるための費用をディーゼル燃料の削減量で「取り戻す」という現実的問題について、「新規の固定資産の購入費用を経年費用の削減分の累積によって償却する」といったメカニズムが本質であることを理解したうえで、単位あたり量(一リットルあたり〇・四二ゼット)や割合(二〇％)に関する知識を関連づけて「経年費用の削減分」を算出し、さらに除法(包含除)や不等式に関する知識を関連づけて「償却に要する年数」を求めることで解決が可能になると考えられる(なお、社会に関わる、より現実的な問題としては、新規資産(貨物船の帆)の購入に際しての借入金の利息の償還などの要因も考慮することが必要になるかもしれない）。

本来ＰＩＳＡが「生徒がそれぞれ持っている知識や経験を基に、自らの将来の生活に関係する課題を積極的に考え、知識や技能を活用する能力」（国立教育政策研究所 二〇一三b）としてのリテラシーを評価することを目的とするのであれば、そのリテラシーを測る問題としては非定型タイプの問題が望ましいと考えられるが、実際はＰＩＳＡで公開されている問題の多くが（日常的文脈を付与された）定型的問題で占められている（小問ごとの分析結果の詳細については、藤村（二〇一四）、藤村・鈴木（二〇一五）なども参照）。自由記述形式の問題であっても、結局、解き方が一つに定まってしまうと、定型的な「できる学力」型の問題になる。こうした定型タイプの問題が最近のＰＩＳＡの調査問題に一定程度、含まれていると推測されることが、ＰＩＳＡにおける国別の得点に関してアジアの国が上位に位置する一因となっているのではないか、またフィンランドやカナダの順位や得点が緩やかに低下傾向にあることの背景の一つの可能性として推測される。

リテラシーを考えるにあたってＰＩＳＡによる分析に不十分さがみられると考えられることとしては、第一に、前記のように非定型タイプの問題が少ないことと、第二に、知識を関連づけることで深く理解することが可能な問題でも、その深い理解が目標として考慮されていないことが挙げられる。ＰＩＳＡにはどのような考えでも何らかの形で問題に関連して考えが記述されていれば正答と判断するといった緩やかな基準を設定している問題も多くみられると考えられる。リテラシーの向上を考えるうえでは、今後はその基準に、近年の学習科学（Sawyer 2014など）においても重視されている「深い概念的理解」を加えることを考えていく必要があるだろう。

子どもの理数科リテラシーを育成していくうえでは、現行のＰＩＳＡやＴＩＭＳＳに含まれる調査問題や分析基準に範囲を限定するのではなく、質の深まりと幅の広がりの両側面から、子どもの理数科リテラシーに関する目標を設定し、それを達成することをめざした授業を組織し、その達成状況を評価していくことが必要であると考えられる。

「わかる学力」に際して、「思考プロセスの表現」にとどまらず、「概念的理解の深まり」やそれを必要とする「非定型的問題の解決」を達成していくためには、子ども自身が多様な知識を関連づけて知識構造を(より本質的な目標に向けて)再構造化していく必要があり、そのためには、多様な考えが可能で教科・単元の本質に関わる非定型的問題を設定して、まず個人が探究し、次に他者との間の協同過程(特にクラス全体の協同過程)で多様な知識を関連づけ、さらにそれを生かして個人が探究を深めることを重視した学習が有効であると考えられる。そのような探究と協同を重視した学習の理念やプロセス、効果について第四節で検討を行う。

四　理数科リテラシーを高める教育

(1)探究過程を通じた理解の深まり

二〇〇〇年代以降、特に学校教育において「深い学習」(深い概念的理解)に関する目標が設定されるようになったことと関連して、認知心理学や教科教育の領域で、概念変化や方略変化を生起させるメカニズムに関する研究が盛んになってきた。

科学的にみて誤った素朴概念を修正する方法として、従来主張されてきたのが、素朴概念による予測と異なる結果を実験や観察を通じて示すことで、認知的葛藤(既有知識の不整合な状態)を喚起し、それを解消できるような科学的概念を獲得させるという方法であった(Posner et al. 1982)。たとえば、仮説実験授業(板倉・上廻 一九六五など)は、実験や観察の前に予測に関する討論を行う点では異なるプロセスを含んでいるが、実験や観察によって事前の予測とは異なる結果を示す点では、認知的葛藤を生じさせる方法の一つと考えられる。

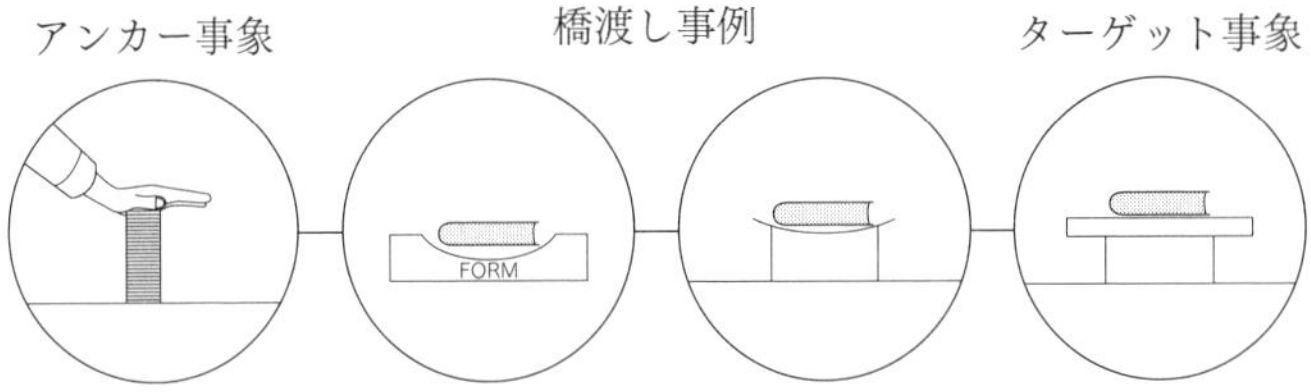

図3　力学を理解するための橋渡し方略
出典：Clement 2013.

一方で、認知的葛藤を生じさせるだけでは概念変化には至らないことも指摘されている(Smith et al. 1993; Siegler 1996)。予測と異なる結果を提示され認知的葛藤が喚起されたとしても、その結果を無視したり、概念の部分的修正にとどまる場合も多い。素朴概念が誤りを導く理由と同時に科学的概念が妥当である理由を自身の既有知識を用いて理解できることが必要であろう。

そこで考えられてきたのが、子どもの既有知識のうちで適切性をもつ知識も利用して、当該事象を説明するモデルを徐々に修正していくアプローチである。その背景にあるのが、力学領域で提案された橋渡し方略(図3)である。机の上に置かれた本に対する垂直抗力(ターゲット事象)を理解するのは難しいが、人がバネを押し下げた時に手に力が働くこと(アンカー事象)について学習者は適切な既有知識を有しており、スポンジの上や薄い板の上に重い本が置かれているという橋渡し事象について推理させることを通じて垂直抗力を理解させることが可能となる。さらに説明モデルについての進化的アプローチ(Clement 2013)では、素朴概念と矛盾する事象等を経験させて不一致(dissonance)を経験させると同時に、適切な既有知識(prior knowledge)を関連づけさせたり、適切なアナロジーを機能させたりすることで、モデルを漸進的に修正し、その根拠を与えていくことで目標となるモデルに到達させる(図4)。このように、子どもの部分的に適切性をもつ既有知識を利用しながら概念や方略を変化させていくアプローチが、特に二〇〇〇年代以降にみられるようになっている(Fujimura 2001; Rittle-Johnson & Star 2007 など)。

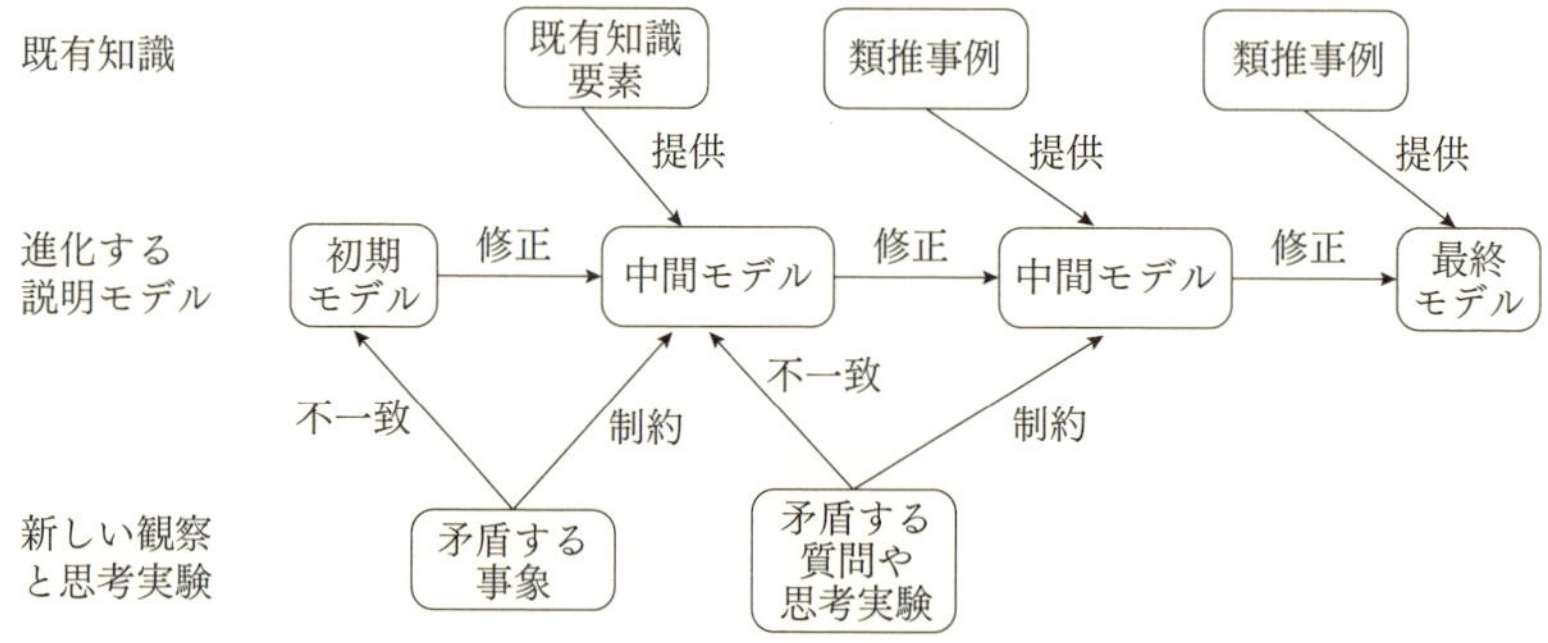

図4　説明モデルに関する進化的アプローチ
出典：Clement 2013.

(2)協同過程を通じた個人の理解の深まり

子どもの既有知識を利用して漸進的に概念や方略を変化させるアプローチに加えて、他者との協同過程において多様な知識を関連づけることで、概念的理解の深まりをもたらそうとするアプローチも二〇〇〇年代からみられるようになっている。

科学に関する授業で生徒が熱と温度の仕組みを協同で考える場面において、生徒が他の生徒の意見を利用して明確な説明を行い、それが別の生徒の科学的な説明を促すという可能性が発話事例をもとに示されている(Linn & Hsi 2000)。またそれらを含む長期的な実践を通じて既有知識と他者の考えが関連づけられていくプロセスが知識統合(knowledge integration)として指摘されている。このような協同過程を重視した学習方法が、二〇〇〇年代以降、教授・学習に関わる心理学を長期的授業研究等の方法も導入して発展させた学習科学の領域で提案されている(Sawyer 2014)。他者との協同が重視されるようになった背景には、学習科学が教室場面の学習を対象とするようになったことに加えて、他者との関わりを通じた発達や社会的関係のなかでの学習を重視する、社会的構成主義や社会文化的アプローチによる心理学研究の進展がある。

教育心理学領域の諸研究の知見を総合すると、個の学びに対する他者の意義は、①聞き手としての他者(他者がいることで自分の説明が精緻化する)、②話し手としての他者(他者から自分の有していない情報を得る)、③知識の協同構築の相手としての他者(自分と他者が知識を提供し、互いに関連づけることで新たな知識の枠組みが創出される)の三点にまとめられると考えられる。教室場面での協同過程(他者とともに学ぶこと)は、以上のようなメカニズムで、個人の概念的理解の促進、すなわち日本の子どもが相対的に弱さを示している「わかる学力」の向上につながると考えられる。

(1)(2)でみてきたように、認知心理学や教育心理学の研究の展開のなかで、知識構造の変化といった「深い学習」(概念的理解の深まり)のプロセスやメカニズムの解明が進み、それを実現するための探究過程や協同過程を含む教授・学習モデルが提案されてきた。その知見は大きく二つにまとめられるであろう。第一は、非定型的問題の解決や説明に継続的に取り組む探究(inquiry)の過程や長期的な発達過程を通じて学習者の知識構造が漸進的に変化することである。第二は、他者との協同(collaboration)は、多様な知識の関連づけの促進を通じて、学習者の知識構造の変化(精緻化や再構造化)に寄与しうることである。

(3)探究と協同を重視した授業のデザイン

(1)(2)に示したような認知心理学・教育心理学領域の研究の展開を背景として、個別探究過程と協同探究過程を統合した学習方法が「協同的探究学習(collaborative inquiry learning)」と名づけられ、小学校、中学校、高校の教員と共同で学習方法・学習内容の開発と検証が進められてきている(藤村 二〇一二、名古屋大学教育学部附属中・高等学校 二〇一三など)。協同的探究学習の理念は、思考プロセス、意味理解、社会的相互作用を重視することにあり、それを通じて一人一人の子どもの「わかる学力」(思考プロセスの表現と深い概念的理解)を向上させることを目標としている。

協同的探究学習の学習方法としての特質は、以下の四点にまとめられる。第一に、日常的知識や他教科・他単元に関する知識も含む多様な既有知識を利用して多数の生徒が解決可能な問題、すなわち、多様な解法や表現が可能な非定型的問題を導入問題として実施すること(①多様な既有知識を活性化する非定型的問題の構成)である。第二に、その問題に対して各個人が自身の思考プロセス、特に判断の理由づけなどを記述(自己説明)するための個別探究の時間を設定すること(②個別探究場面の組織)である。ここでは説明の相手を想定することで、先述の「聞き手としての他者」を意識することになる。第三に、個別探究で考案された多様な考えをクラス全員で比較検討し、自分の考えと他者の考え、あるいは他者の考えどうしを関連づけること(③クラス全体の協同探究における関連づけの重視)である。ここでは、先述の「話し手としての他者」や「知識の協同構築の相手としての他者」の役割が重視されている。そして、第四に、それらの協同探究場面で関連づけられた多様な考えを活用して教材の本質に迫る、別の非定型的問題(展開問題)に各個人が取り組むこと(④再度の個別探究場面の組織)である。日本の算数・数学教育などで行われてきた問題解決型の学習との共通点もみられるが、特に前記の第一、三、四点で重視している内容に「協同的探究学習」の独自性があると考えられる。

(4) 探究と協同を重視した学習による理数科リテラシーの向上

小学校算数における協同的探究学習による授業から、探究と協同を重視した学習のプロセスとそれを通じた個の学びの深まりをみてみよう(藤村・太田 二〇〇二)。小学校高学年の単位あたり量の導入に際して、一般に教科書では公園などの混み具合を比較する場面を用いて、①面積が共通、②人数が共通、③面積も人数も異なる、の三段階で問題が実施され、人数÷面積で混み具合が判断できることが説明される。①②と比べて③が急に難しくなり、多くの子どもが日常経験などを通じて獲得してきている倍数操作方略（倍や半分などにもとづく考え方）などを反映しにくい展開となっている点に課題がある。

そこで、協同的探究学習による授業では、多くの子どもに既有の倍数操作方略でも、新たに獲得していく単位あたり方略（一人あたりや一平方メートルあたりに着目した考え方）でも解決可能な非定型的問題（二〇〇平方メートルに一五人いるプールと四〇〇平方メートルに四五人いるプールの混み具合の比較）を導入問題として提示した（多様な既有知識を活性化する非定型的問題）。その問題に対して各児童が個別探究を通じて考えた多様な方略が授業場面で発表され、その方略間の関係（倍数操作方略と単位あたり方略の差異と共通性（特に一方の次元を「そろえる」ことなど））についてクラス全体で話し合いが行われた（関連づけを重視した協同探究）。さらに、単位あたり方略（一平方メートルあたりや一人あたりの比較）で解決可能な非定型的問題（展開問題）に各児童が取り組んだ（教材の本質に迫る再度の個別探究）。

協同的探究学習による授業と通常の問題解決型学習による授業との間で子どもの発話を分析した結果、発言数、発言者数ともに、協同的探究学習による授業の方が多く、ふだんの授業ではあまり発言しないような多数派の児童が盛んに発言するという特徴がみられた。また、授業の翌日に概念的理解の深化を測る応用課題を実施した結果、その正答率は、協同的探究学習による授業の方が通常の問題解決型学習による授業に比べて高いことが明らかになった。

さらに、授業時の討論場面での発言の有無と事後テストの関係を分析すると、授業後の混み具合問題に正答した者の割合は発言者が非発言者に比べてやや高かったものの、他領域（速度や濃度）の問題については非発言者も発言者と同様に理解を深化させていた。このことは、授業で発言しない者の中にも自己内対話を通じて主体的に概念的理解を深めている者が多くいることを示している。

学習のプロセスとしては、授業場面において多様な問題解決方略が関連づけられることによって個人の方略に

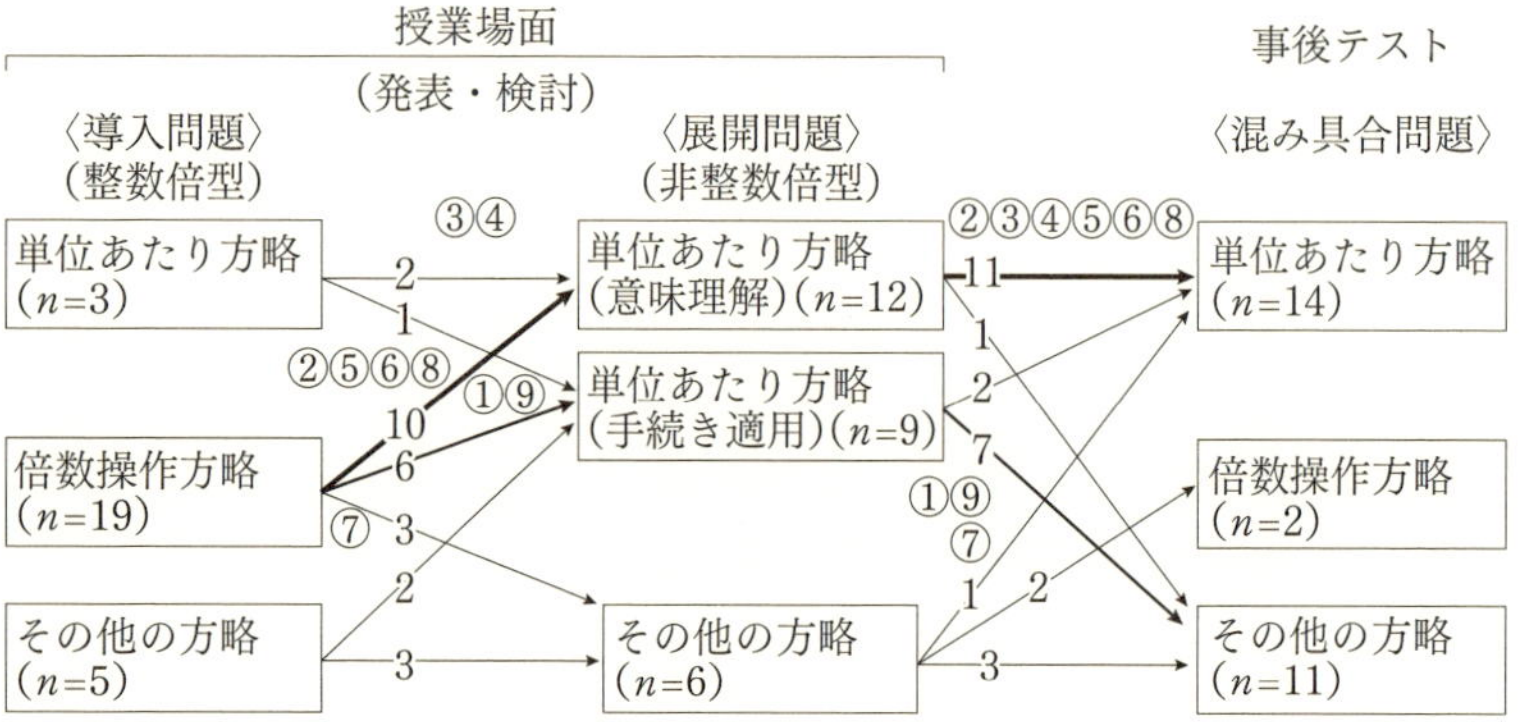

・矢印上の数字は人数を示す。

・発言者　①②③④　：解法の発表を行った児童
　　　　　⑤⑥⑦⑧⑨　：意見の表明を行った児童

図5　協同的探究学習を通じた概念的理解の深化プロセス
出典：藤村・太田 2002 を一部改変.

変化がもたらされることが示されている（藤村・太田 二〇〇二）。図5では、多様な方略で解決可能な問題を個人が解決し（導入問題の個別探究）、各方略の意味と方略間の関連性（共通点・類似点や差異）についてクラス単位で話し合い（協同探究）、より発展的な問題を個人が解決する（展開問題の個別探究）という「協同的探究学習」の学習方法によって、個人の概念的理解が深化するプロセスが、限定的に利用可能な問題解決方略（倍数操作方略）の利用から一般的に利用可能な問題解決方略（単位あたり方略）の般化（応用的な問題における利用）に至る方略変化の過程として示されている。また、子どもの多様な既有知識を活性化して関連づける授業は概念的理解の深まりに有効であるが、それは子どもが自身の既有知識と他者が示した方略を関連づけて意味づけた場合（意味理解群）に特に効果が高く、他者が示した方略の手続きのみを模倣した場合（手続き適用群）では般化に限界があることも示されている。

この結果は、既有知識と他者の多様な考えを関連づける協同過程が各個人の概念的理解の深まりという「深い学習」の実現に有効であるが、その有効性はそれらの関連づけ方にも関係しており、「暗記・再生」を重視するか「理解・思考」を重視するかといった学習観(藤村 二〇〇八)やそれを含むメタ認知がその関連づけ方に影響する可能性もうかがえる。

以上に示したのは、小学校算数の単元導入時の協同的探究学習の例であるが、単元や学年を通じて協同的探究学習を実施することが、小学校から高校における各児童・生徒の算数・数学、理科、国語、社会科などに関する概念的理解の深まり(「わかる学力」の形成)や、「理解・思考」型学習観(思考のプロセスや意味の理解、他者との協同を重視する学習観)の形成につながることが、各学校段階の教員との共同研究の結果としても示されている(Fujimura 2007、藤村 二〇一二など)。

(5) 教育の質の向上と平等性を実現していくために——「わかる学力」形成と「自己肯定感」向上の同時追求

以上の研究から、探究的・協同的に学ぶことの意義について次のようにまとめられるだろう。まず、子ども一人一人が、自分なりのアプローチで多様に解決できる非定型的問題に取り組むことが出発点になる。その問題について個別に探究する時間を保障した後で、クラスの仲間との協同場面を組織し、個別探究を通じて一人一人が考案したアイディアを発表し、関連づけることで、クラス集団としての思考や理解が高まる。先の個別探究が十分に機能していれば、協同場面で発言しない子どもにも討論過程を通じて自己内対話が成立する。そして、再度、教材の本質に迫る非定型的問題(展開問題)を個別に探究することにより、協同場面でのクラス全体としての理解の深まり(協同的な学び)が、一人一人の概念的理解の深まり(個の学びとしての「わかる学力」の形成)、すなわち各児童・生徒の「深い理解」につながると考えられる。さらに、対人関係やパーソナリティの形成の点においても、協同場面で他者との間で考えを認め合い、多様な考えを関連づけて深め合うことは、他者に認められることを通じて一人一人の子どもの自己肯定感の育成にも役立つと考えられる。そのような自己肯定感が個々の児童・生徒に形成されることが次の主体的な学びの基盤となり、各児童・生徒の「わかる学力」の向上とあわせて、教育の高い質と平等性を同時に実現することにつながるであろう。

参考文献

板倉聖宣・上廻昭編著 一九六五、『仮説実験授業入門』明治図書出版。
国立教育政策研究所編 二〇一三a、『TIMSS二〇一一 理科教育の国際比較——国際数学・理科教育動向調査の二〇一一年調査報告書』明石書店。
国立教育政策研究所編 二〇一三b、『生きるための知識と技能5 OECD生徒の学習到達度調査(PISA)——二〇一二年調査国際結果報告書』明石書店。
国立教育政策研究所編 二〇一六、『生きるための知識と技能6 OECD生徒の学習到達度調査(PISA)——二〇一五年調査国際結果報告書』明石書店。
志水宏吉・伊佐夏実・知念渉・芝野淳一 二〇一四、『調査報告「学力格差」の実態』岩波書店。
恒吉僚子・秋田喜代美・藤村宣之 二〇一七、『国際比較からさぐる日本の学校改革の方向性——二一世紀型教育の実現に向けて』勁草書房(近刊)。
名古屋大学教育学部附属中・高等学校編著 二〇一三、『協同と探究で「学び」が変わる——個別的・ドリル的学習だけでは育たない力』学事出版。
藤村宣之 二〇〇四、「児童の数学的思考に関する日中比較研究」『教育心理学研究』第五二巻、三七〇—三八一頁。
藤村宣之 二〇〇八、「知識の獲得・利用とメタ認知」三宮真智子編『メタ認知——学習力を支える高次認知機能』北大路書房、三九—五四頁。
藤村宣之 二〇一二、『数学的・科学的リテラシーの心理学——子どもの学力はどう高まるか』有斐閣。
藤村宣之 二〇一四、「フィンランドの児童の思考の特質とそれに関連する環境要因——小学校における算数授業過程の分析から」『東京大学大学院教育学研究科紀要』第五三巻、二七三—二八三頁。
藤村宣之 二〇一七、「フィンランドの児童の数学的思考と学習観に関する発達的研究」『東京大学大学院教育学研究科紀要』第五六巻(近刊)。

藤村宣之・太田慶司　二〇〇二、「算数授業は児童の方略をどのように変化させるか――数学的概念に関する方略変化のプロセス」『教育心理学研究』第五〇巻、三三―四二頁。

藤村宣之・大田正義　一九九六、「ティーム・ティーチングが児童の算数理解に及ぼす効果」『教育方法学研究』第二一巻、一二七―一三七頁。

藤村宣之・鈴木豪　二〇一五、「フィンランドの児童の思考に影響を及ぼす環境要因の検討――フィンランドの教師の授業観の分析」『東京大学大学院教育学研究科紀要』第五四巻、四五九―四七六頁。

Clement, J. J. 2013, "Roles for explanatory models and analogies in conceptual change", S. Vosniadou (ed.), *International handbook of research on conceptual change (2nd edition)*, Routledge, pp. 412–446.

Fujimura, N. 2001, "Facilitating children's proportional reasoning: A model of reasoning processes and effects of intervention on strategy change", *Journal of Educational Psychology*, vol.93, pp. 589–603.

Fujimura, N. 2007, "How concept-based instruction facilitates students' mathematical development: A psychological approach toward improvement of Japanese mathematics education", *Nagoya Journal of Education and Human Development*, vol.3, pp. 17–23.

Linn, M. C. & Hsi, S. 2000, *Computers, teachers, peers: Science learning partners*, Mahwah, NJ: Lawrence Erlbaum Associates.

OECD 2014, *PISA 2012 results: What students know and can do: Student performance in mathematics, reading, and science (vol.1) (revised edition)*, OECD Publishing.

Posner, G. J., Strike, K. A., Hewson, P. W. & Gertzog, W. A. 1982, "Accommodation of a scientific conception: Towards a theory of conceptual change", *Science Education*, vol.66, pp. 211–227.

Rittle-Johnson, B. & Star, J. R. 2007, "Does comparing solution methods facilitate conceptual and procedural knowledge? An experimental study on learning to solve equations", *Journal of Educational Psychology*, vol.99, pp. 561–574.

Sawyer, R. K. (ed.) 2014, *The Cambridge handbook of the learning sciences (2nd edition)*, Cambridge University Press.

Siegler, R. S. 1996, *Emerging minds: The process of change in children's thinking*, Oxford University Press.

Smith, J. P., diSessa, A. A. & Roschelle, J. 1993, "Misconceptions reconceived: A constructivist analysis of knowledge in transition", *The Journal of the Learning Sciences*, vol.3, pp. 115–163.

II

カリキュラムの系譜と展開

5 学校改革とカリキュラム変革の歴史と現在

石井英真

はじめに

近年、社会の変化に伴う学校への能力要求の変化を背景に、先進諸国の教育目標において、教科の知識・技能に加えて、教科固有、あるいは教科横断的な汎用的スキルを明確化する動きが見られる。そこでは、批判的思考、意思決定、問題解決、自己調整といった認知的スキルに加え、非認知的な要素、すなわち、コミュニケーションと協働等の社会的スキル、自律性、協調性、責任感等の人格特性・態度も挙げられている。しかもそれは、初等・中等教育から高等教育、職業教育にわたって、共通に見られる傾向である。

OECDのDeSeCoプロジェクトが示した「キー・コンピテンシー(key competency)」は、①相互作用的に道具を用いる力、②社会的に異質な集団で交流する力、③自律的に活動する力の三つで構成されている。また、米国で提起された「二一世紀型スキル(21st century skills)」では、各教科の内容知識に加えて、学習とイノベーションのスキル(創造性とイノベーション、批判的思考と問題解決、コミュニケーションと協働)、情報・メディア・テクノロジースキル、生活とキャリアのスキルが挙げられている(Trilling and Fadel 2009)。

二〇〇〇年代に入り、日本でも、初等・中等教育においては、PISAリテラシーを意識して、知識・技能を活用して課題を解決する思考力・判断力・表現力等の育成に重点が置かれるようになった。また、高等教育においても、「学士力」や「社会人基礎力」といったかたちで、汎用的スキルの重要性が提起された。そして現在、学習指導要領で内容のみならず教科横断的な資質・能力も明確化するなど、教育課程編成とその評価において、内容ベースからコンピテンシー・ベースへとシフトする動きが本格的に進もうとしている(石井 二〇一五a)。

このように、今や書字文化と結びついた「リテラシー」概念に代わり、社会の能力(実力)要求をストレートに表明する「コンピテンシー」概念がキーワードとなり、より包括的かつ汎用的な資質・能力の育成に注目が集まっている。価値観やライフスタイルの多様化、社会の流動化・不確実性の高まりを前にすると、どのような社会になっても対応できる一般的な「〇〇力」の育成という目標を立てたくなる。だが、「〇〇力」自体を直接的に教育・訓練しようとする傾向は、学習活動の形式化・空洞化を呼び込む危険性をはらみ、教育に無限責任を負わせることにもなりかねない。さらに、資質・能力の重視が、アクティブで社交的であること等、特定の性向を強制したり、日々の振る舞いすべてを評価・評定の対象にしたりすることにつながるなら、学校生活に不自由さや息苦しさをもたらしかねない。

他方、コンピテンシー・ベースへのカリキュラム改革は、内容項目を列挙するかたちでの教育課程の枠組み、および、各学問分野・文化領域の論理が過度に重視され、生きることとの関連性や総合性を欠いて分立している各教科の内容や形式を、現代社会をよりよく生きていくうえで何を学ぶ必要があるのか(市民的教養)という観点から問い直していく機会とも取れる。そこで前述のような危険性を回避し、コンピテンシー・ベースのカリキュラムの可能性の側面を追求するうえで、公教育としての学校でできること・すべきこと(「学力」)という観点から、社会からの能力要求にふるいをかけ、学校カリキュラム全体をどうデザインするかがポイントとなる。まさに、カリキュラム研究、特に教育課程(教育計画としてのカリキュラム)に関する研究が問われているのである。

ところが、日本では「何を教えるのか」という教育内容レベルが学習指導要領で規定されていることもあり、研究者や教師によるカリキュラム研究がもともと未成熟である。そして、一九八〇年代の「教育技術の法則化運動」(1)や一九九〇年代の「新しい学力観」や「学び」論を経由することで、教育実践研究は技術主義的・心理主義的傾向を強め、むしろカリキュラム研究の空洞化が進んでいる。しかも、二〇〇〇年代の学力論争においては、学力低下にしても、学力格差にしても、学力テストのスコアをもとに、学力が上がった下がった、差が縮まった広がったといった具合に、相対的な量的差異や程度の問題として学力問題が語られる（学力向上のレトリック）一方で、子どもの貧困問題とも連動した、内容の未習得や低学力（落ちこぼし）に対して、すべての子どもたちに保障されるべき人権事項としての普遍的内容・基準（学力や教育課程の中身）を問う視点（学力保障のレトリック）は後景に退いている。内容（実体）ではなく、能力（機能）から教育課程を編成しようとする動きは、学力向上のレトリックとそれによる終わりのない学力向上競争を強化しかねない。そして、教育内容レベルでの問い直しがなされないままに、「いかに教えるのか」という授業方法レベルで形式的に対応がなされることが危惧される。

そこで本章では、授業研究とは相対的に独自な、教育計画論としてのカリキュラム研究の歴史的展開を素描し、その基本的な論点と到達点を明らかにする。その際、学校の機能と役割を問う学校論という視野の下で、カリキュラム論を捉え検討する。

一　教育計画論としてのカリキュラム研究の論点と理論的諸系譜

カリキュラム研究においては、カリキュラムの設計と再構成の過程の枠付けの程度、および、カリキュラムの中身の選択と組織化をめぐって、いくつかの基本的な論点が時代を超えて繰り返し問われてきた。そして、その論点に対してどのようなスタンスを取るかによって、理論的系譜が形成され、国・地域レベルや学校レベルのカリキュラムの具体が形づくられてきた。以下、カリキュラム研究における論点と理論的系譜を確認しておこう。

(1) 教育という営為の目的意識性をめぐって

カリキュラムの設計と再構成の過程の枠付けの程度をめぐっては、「工学的アプローチ(technological approach)」(目標の特殊性、教材や教授・学習過程の合理的・計画的組織化、目標に準拠した評価を志向)と「羅生門的アプローチ(rashomon approach)」(目標の一般性、教授・学習過程の創造性と教師の即興性、多面的視点からの目標にとらわれない評価を志向)(アトキン J. M. Atkin)、あるいは、目標・達成・評価(プログラム型)と主題・探究・表現(プロジェクト型)(佐藤学)といったかたちで、立場の違いが概念化されてきた(文部省 一九七五、佐藤 一九九九)。それは、子どもの学習・成長の成立自体を目的として意図的に介入する(「教える」)という、近代以降の教育の作為的性格(「制作(ポイエーシス)」としての教育)と、無意図的な人間形成や学習の原初的形態に見られる、「学び」の自発的性格(「実践(プラクシス)」としての教育)との相克という、近代教育の歴史的な課題に根ざしている(木村他 二〇〇九)。

① 科学的・合理的なカリキュラム設計の方法論

この教育という営為の目的意識性や技術性をめぐる論点は、米国において一九四〇年代にタイラー(R. W. Tyler)が定式化した、科学的・合理的なカリキュラム設計の方法論(教育目標・評価論)に対する批判とオルタナティブの模索の中で深められてきた(タイラー 一九四九/一九七八)。タイラーは、「教育目標(educational objectives)」の設定がカリキュラムの計画の最初になされ、教材や学習経験の選択と組織化の規準として、また実践されたカリキュラムの評価の規準として機能するものと位置づけた。このタイラーの定式化した方法論は、「タイラー原理

(Tyler rationale)」と呼ばれ、のちにカリキュラム研究における支配的パラダイムを形成することになった。

カリキュラム設計における科学性・合理性の追求は、一九一〇年代から一九三〇年代において、ボビット(F. J. Bobbitt)やチャーターズ(W. W. Charters)らによりすでに行われていた。たとえば、ボビットは、近代的労務管理の方法を定式化したテイラー(F. W. Taylor)に学び、技術者である教師が子どもという素材を加工し製品にしていくという具合に、工場での生産工程とのアナロジーで教育過程を捉える。そして、成人の社会的活動の実証的調査と客観的分析によって教育目標を設定し、それに基づいてカリキュラムの作成を進めていくことの重要性を提起した(活動分析法)。ソーンダイク(E. L. Thorndike)の行動主義(behaviorism)の心理学などを背景として、カリキュラム開発における科学性・合理性の追求は、何百もの断片的な目標群を生み出すとともに、科学的・客観的なテストの開発を加速させた(教育測定運動)。

これに対し、「八年研究(The Eight-Year Study)」(一九三三―四一年)において指導的役割を担った際、タイラーは、教育測定運動が、測定目的と測定対象についての問いを欠落させて、測定の自己目的化に陥っている点に批判意識を持っていた。つまり、教育測定運動においては、評価の信頼性や客観性が優先され、測定可能なもののみに測定対象を限定する傾向が見られたのである。そして、測定の対象と基準を教育目標と結び付けて問うことで、実践改善へのフィードバック情報を得るための重要な契機として教育測定を位置づけ直すことを提案した。こうしてタイラーは、「教育測定(measurement)」に代わって「教育評価(evaluation)」という概念を導入し、目標と評価との不可分な関係を提起したのである。

またタイラーは、カリキュラムの計画・実施・評価の規準として役立つような効果的な目標の叙述形式として、「行動目標(behavioral objectives)」という方法を提起した。たとえば、「三平方の定理(内容的局面)を現実場面に応用することができる(行動的局面)」という具合に、何を教えるのかを示す内容的局面と、教えた内容を子どもがどう学んだかを示す行動的局面を含むかたちで教育目標を叙述するわけである。タイラーの行動目標論は、一九五六年、彼の教え子のブルーム(B. S. Bloom)らの「教育目標の分類学(taxonomy of educational objectives)」(「ブルーム・タキソノミー(Bloom's Taxonomy)」)の開発に結実し、一九五〇―六〇年代の科学的・合理的なカリキュラム開発の展開を支えた(ブルーム他 一九七一/一九七三)。

②タイラー原理と行動目標論への批判

このタイラー原理や行動目標論に対して、たとえば、アイスナー(Eisner, E. W. 1979)は、自動車を組み立てるかのように、人間の行動の要素(下位目標)を効率的に訓練して画一的な最終目標を達成する工場モデルだと批判した。授業過程での相互作用は複雑で偶然性に富むため、学習者に生じる変化のすべてをあらかじめ行動目標のかたちで明確にすることはできない。行動目標は特定の操作や行動の獲得に限定して用いられるべきで、むしろ行動目標では捉えきれない学習の質こそ教育的に意味がある。それゆえ、行動目標の使用は、その形式になじむ学習成果のみを重視する傾向を生み出し、結果、より創造的で価値ある学習経験を生み出す道を閉ざしてしまうというのである。

特に芸術教育では、目標は活動する中で立ち現れてくるものであって、教育実践の出発点となるべきは、教育目標の明確化ではなく、学習者が自由や感動や好奇心をもって創造的に活動できる学習の機会(「表現活動(expressive activity)」)を創出することである。表現活動において、教師には、子どもの微妙な変化に瞬間的に敏感に対応する質的な判断力が求められる。そして、表現活動の結果として生み出される学習経験の価値(「表現成果(expressive outcome)」)を、事後的に質的に解釈・判断する方法論として、アイスナーは、「教育的鑑識眼(educational connoisseurship)」(芸術作品を鑑賞するように、対象の本質に関する理論的知識・実践的知識などに照らして、対象の特質を知覚する能力)と「教育批評(educational criticism)」(鑑識眼によって捉えた内容を、個人的体験に終わらせずに、言葉で表現し他者に伝達する営み)を提起した。

さらに、ジャクソン(Jackson, P. 1968)による「隠れたカリキュラム(hidden curriculum)」の発見などにより、教師の意図と子どもが実際に学んでいることとのずれ、特に学校カリキュラムの政治的・社会的機能が明らかになった。このジャクソンの研究を嚆矢に、カリキュラム研究において、教育活動の計画よりも学習経験(学びの履歴としてのカリキュラム)の記述・解釈に重点が置かれるようになった(Pinar, W. F. 1995)。

以上のような、目標・計画を重視するカリキュラム論や行動目標論に対する批判は、それらを全面的に批判するというよりは、補完するもの、あるいは鍛え直す視点を提起するものと受け止めるべきであろう。教育目標を明確化することは、行動目標のかたちで目標を特殊化・細分化することと必ずしもイコールではない。行動目標論批判へのブルーム(一九八一／一九八六)の反論にあるように、「私たちを手引きしてくれるある一連の目標をもたないで、一定期間教育行為にたずさわることは、実質的には不可能」(二六〇頁)であって、創造的な教育実践においても何らかのかたちで目標は明確化されている。また、目標に準拠して評価することが、必ずしも目標のみにとらわれた評価になるとは限らない。目標を実践上の仮説と捉えるなら、目標自体が再検討の対象となり、目標に準拠しつつ、「目標にとらわれない評価(goal-free evaluation)」も併用して、学習の成果や意味を包括的に把握することが重要である。教育実践の個性的で創造的な展開を導きうる教育目標叙述のあり方や、教育目標と授業過程との関係性、および、目標の明確化と判断力の錬磨との内在的な関係を明らかにしていくことが必要なのである。

（2）教育的コミュニケーションにおける文化伝達の契機をめぐって

カリキュラムの中身の選択と組織化をめぐっては、系統主義(科学的知識をはじめとする文化遺産の系統的な教授を重視する、教科カリキュラム志向)と経験主義(子どもの興味・関心や生活経験から出発しその再構成を重視する、経験カリキュラム志向)、「科学と教育の結合」と「生活と教育の結合」、「学問中心カリキュラム(discipline-centered curriculum)」と「子ども中心カリキュラム(child-centered curriculum)」といったかたちで、立場の違いが概念化されてきた。印刷技術の進展、書字文化の普及、近代科学の発展を背景に成立した近代教育は、文化伝達(教材を介した教師と子どものコミュニケーション)を通して、学習者を勘やコツの世界から解放し、現実のより深い認識へと導きうる一方で、現実からの遊離や生活実感を伴わない言葉主義に陥る危険性をはらむというわけである。

①デューイとブルーナーにみる論争点

こうした教育的コミュニケーションに内在するジレンマは、デューイ(J. Dewey)とブルーナー(J. S. Bruner)の教育思想において典型的に表れている。二〇世紀初頭の世界的な進歩主義教育運動の展開に理論的基盤を与えたデューイは、「教育は生活過程であって、将来の生活に対する準備ではない。学校は、現在の生活――子どもが家庭において、近隣において、あるいは運動場において営んでいるものと同じように、彼にとって現実的で生き生きした生活――を表現しなければならない」(デューイ　一九四七／一九七七、一三頁)と述べ、学校を萌芽的な社会とすべく、社会や生活との連続性において学校の学習を問い直すことを主張した(デューイ　一八九九／一九五七)。

デューイは、学校のカリキュラムにおいて、現実社会の典型的な仕事や活動(「オキュペーション(occupation)」)を導入し、カリキュラムの統合・総合を促すとともに、目的意識的活動としてのオキュペーションへの取り組みを通して、経験の絶えざる再構成としての学習が生起すること(「なすことによって学ぶ(learning by doing)」)を重視した。

そして、生活経験の中で生起する問題解決を、反省的思考を伴った実験的な「探究(inquiry)」過程として遂行することを通して、実験的知性の成長と生きて働く知識の獲得をめざした。

他方、ブルーナーは、デューイを批判するかたちで、「学校はただ外部の広い社会との連続性、あるいは日常経験との連続性を準備するだけをもって足れりとしてはならない。学校というところは、人間が知性を駆使して新たなものを発見したり、想像だにしなかった新たな経験の世界へと飛躍するための、特殊な社会なのだ」(ブルーナー 一九六六/一九六九、一八三頁)と述べ、社会と非連続であるからこそなしうる学校教育の固有の役割を強調した。一九五〇年代末、スプートニク・ショックをきっかけに、米国では、科学技術革新と知識爆発に対応した教科内容の精選と再編成をめざした、学問中心主義のカリキュラム改革(新カリキュラム運動)が展開した。ブルーナーはそれに理論的根拠を与えた。

ブルーナーは、各学問分野の基本的な観念である「構造(structure)」(例:方程式の計算における交換性、配分性、結合性の原理など)を軸にカリキュラムを精選することを提起するとともに、それらは、発達段階に適した論理形式に翻案し、教材提示の方法を工夫すれば教授可能だと述べた(「螺旋型カリキュラム(spiral curriculum)」)。さらにブルーナーは、教科の構造を教師主導で教え込むのではなく、学者や専門家が行うのと同じプロセスで発見的、探究的に学ぶ必要があるとした(発見学習)。こうして、教科の構造を発見的に学ぶことは、基本的であるがゆえに一般性・汎用性の高い原理を把握するのみならず、発見を促す興奮の感覚を伴って研究や学習のための態度(学び方)も発達させることで、知識の構造化、転移の成立、内発的動機の喚起につながりうるとされたのである。

このように、学問や教科の構造を重視したブルーナーであったが、一九六〇年代から一九七〇年代の社会運動(ベトナム反戦運動、黒人解放・女性解放運動、環境保全運動など)を背景に「人間化カリキュラム(humanistic curriculum)」が展開する中で、教育内容の関連性(「レリバンス(relevance)」)を強調するようになった(ブルーナー 一九七一/一九七二)。教育内容が、世界が直面する諸問題と関連性があるか(社会的必要)、子どもたちの興奮・感動を呼び起こしたり意味が感じられたりするものであるか(個人的必要)を問うたのである。ブルーナー自身の歩みの中に、系統主義と経験主義のジレンマを見て取ることができる。

②日本における系統主義と経験主義の相克の歴史

前記のような子ども中心カリキュラム、学問中心カリキュラム、人間化カリキュラムといった米国のカリキュラム改革の展開の影響も受けながら、日本でも、学習指導要領改訂や草の根のカリキュラム改革は、系統主義と経験主義の間を揺れ動いてきた(田中 二〇一七)。

戦後新教育の時代、米国の進歩主義教育の影響を受けて、全国の教室では生活単元学習が実践された。また、無着成恭の『山びこ学校』の刊行を嚆矢に、戦前の生活綴方実践の遺産を継承し「生活と教育の結合」をめざす実践も広がりを見せた。しかし、一九五〇年代はじめには、学力低下をはじめ経験主義教育への批判が起こり、また、ブルーナー理論をはじめ諸外国のカリキュラム改造運動が紹介されたりする中で、一九六〇年代には系統主義の教育が台頭した。学習指導要領自体が系統主義の傾向を強め、内容が高度化していく一方で、数学教育協議会(数教協)の水道方式の計算体系、仮説実験授業研究会(仮実研)の授業書など、民間教育研究団体によって、「科学と教育の結合」をめざして、学習指導要領に代わる教科内容の系統案や自主教材の開発も進められた(「教科内容の現代化」)。

一九七〇年代になり、落ちこぼれ問題が顕在化すると、数教協や仮実研も「楽しい授業」を追求するようになるなど、教材・教科内容の価値を子どもの主体性や生活の論理から問い直す動きが生まれた(「科学と生活の結合」)。こうした民間教育研究団体の草の根のカリキュラム改革の成果は、「教育課程改革試案」(一九七五年)として結実する。

その後、一九八〇年代以降は、教室での授業レベルの取り組みは進んだが、教育課程レベルの取り組みは低調となった。そんな中でも、一九九〇年代、学校で学ぶ意味が揺らぎ「学びからの逃走」が進行する中で、子どもを真に学びの主人公とすべく、参加と共同を重視する授業、および「学びの共同体」をはじめ、授業改革を軸にした学校改革も展開した。そして、一九九八年改訂の学習指導要領では「総合的な学習の時間」が導入されたものの、その直後に学力低下論争が起こり、学力向上へと教育課程政策はシフトしていった。

タイラー原理や行動目標論をめぐる論争と同様に、系統主義と経験主義の相克は、それぞれの立場が、他の立場との対話を通じて、その理論と実践を鍛え直していく過程として捉えることができる。たとえば、系統主義の立場に即して言えば、学問の論理や教える側の視点から内容の系統を構想し、それを一方的に教え込むものであったものが、授業方法レベルで生活の論理や学習者の主体性を考慮するようになり、さらにはそうした視点から教育内容自体やその系統性が問い直されるベクトルも生まれたのである。

特に、計画としてのカリキュラムの研究に関して、一九八〇年代末以降の米国では、プロジェクト型の高次で創造的な学習と矛盾しない目標と評価のかたちが提案されてきており、それは学問的・系統的知識と生活経験との組織化の新たな視点も提起している。

二　スタンダードに基づく教育改革の中でのカリキュラム設計論の展開

(1) スタンダード運動とパフォーマンス評価の誕生

一九八〇年代以降、米国では、州レベルで共通教育目標(「スタンダード(standards)」)を設定する動きが広まった

(スタンダード運動)(石井 二〇一五b)。その際、州のスタンダード開発を支援すべく、民間の各教科の専門団体からもスタンダードが提案された。スタンダード運動は、標準テストの使用とセットになって展開し、各学区、学校の子どもたちの学業達成や教師たちの実践が、標準テストの結果で点検されるようにもなった。

連邦、州政府主導のスタンダード運動に対しては、各地域、各教師の実践の自律性と創造性を阻害するものとの批判もなされた。一方で、共通カリキュラムの必要性というスタンダード運動の提起は、七〇年代の人間化カリキュラムの下で極度に多様化の進んだ米国の学校カリキュラムの現状や、そうした状況下で学問的教科の学習が軽視されがちであったことへのアンチテーゼとしての意味を持っていた。また、アウトカム(学習成果)において教育の成功を捉えようとする視点は、結果の平等の追求と学力保障につながりうる視点を持っていた。しかし実際には、特に二〇〇二年の「どの子も置き去りにしない法(No Child Left Behind: NCLB)」以降、標準テストに基づく厳格な結果責任を求め、学校や教師への制裁を伴う競争的なアカウンタビリティ・システムと結びつく中で、スタンダード運動は、「テスト(結果の出やすいもの・評価しやすいもの)のための教育」に矮小化されていった。

こうしたスタンダード運動の展開の中で、一九八〇年代末に標準テストの使用に対する批判が起こり、それは多肢選択式をはじめとする伝統的な評価のあり方を問い直す議論へと発展した。一般に各教科の専門団体や州が開発したスタンダードには、知識・技能のみならず思考力などの高次の学力の中身も明示されている。だが、標準テストが測っている内容は、断片的な知識の有無という、評価しやすい部分に限定されがちであった。そこで、創造的な教育実践が生み出す価値ある成果の内実をより広く捉えるべく、「パフォーマンス評価(performance assessment)」をはじめとする新しい評価の考え方や技術が誕生した。

パフォーマンス評価は、思考する必然性のある現実的な文脈で生み出される学習者の振る舞いや作品(パフォーマンス)を手がかりに、概念理解の深さや知識・技能の総合的な活用力を質的に評価する方法である。パフォーマンス評価は「真正の評価(authentic assessment)」とも呼ばれる。そこには、学校学習の文脈を現実生活のリアルな文脈に近づけ、「真正の学習(authentic learning)」(学校外や将来の生活で遭遇する本物の、あるいは本物のエッセンスを保持した活動)をめざしていく志向性、および、そうした真正の学習の質を評価するうえで、専門職としての教師の判断とそれを軸にした「教室での評価(classroom assessment)」を信頼していく志向性が込められている。

パフォーマンス評価においては、子どもの反応に多様性と幅が生じるため、客観テストのように、目標の達成・未達成の二分法で評価することは困難である。そこで、パフォーマンス評価では、「ルーブリック(rubric)」と呼ばれる評価指標が用いられる。ルーブリックとは、パフォーマンスの熟達レベルを質的に判断する指標であり、熟達レベルを示す段階的な尺度と、それぞれの段階に対応する認識や行為の特徴を記した記述語から成る。また一般的に、ルーブリックには各レベルの特徴を典型的に示す「アンカー作品」も添付される。

ルーブリックは、実際の子どもの作品群をもとに、複数の採点者の点数とその根拠のすり合わせを通して作成される。また、完成したルーブリックは、実践の中でより多くの子どもの作品が集まるにつれて再検討され、改訂されていく。その際、学級間、学校間で同じ課題を用い、それぞれの実践から生まれてきたルーブリックと子どもの作品を持ち寄って互いに検討するコミュニケーション過程(「モデレーション(moderation)」)は、ルーブリックの意味内容を採点者間で共有し評価の信頼性(比較可能性)を高めるうえで必須である。

(2) スタンダードに基づく教育とパフォーマンス評価論との架橋

パフォーマンス評価論の提唱者の中には、標準テストへの批判意識ゆえに、子どもの学習経験の質を目標にとらわれずに多面的・全体的に評価する点を重視し、スタンダード設定や目標の明確化に対して否定的なスタンスをとる者も多い。たとえば、ベルラック(Berlak, H. 1992)は、標準テストの背後にある旧来の評価の考え方を「精神測定パラダイム(psychometric paradigm)」と一括し、新しい評価の考え方として、「文脈的パラダイム(contextual paradigm)」を提唱する。精神測定パラダイムは、意味の普遍性、評価実践の価値中立性、認知と情意の分離、中央からの統制によって特徴づけられる。それに対し、文脈的パラダイムは、意味の複数性や論争的性格、評価実践の価値的・倫理的性格、認知的・情意的・能動的学習の不可分性、民主的経営と分散的統制によって特徴づけられる。また、ガードナー(Gardner, H. 1993)は、知能検査で測られる論理性や言語に関する能力以外にも、音楽、身体運動、対人関係等に関わる能力も知能と捉え(「多重知能」(multiple intelligences)理論)、学習過程の質的で多面的な評価により学習者の個性を発見し、それを伸長することを重視する。

これに対し、「真正の評価」の提唱者であるウィギンズ(Wiggins, G. 1993)は、共通教育目標としてのスタンダードの設定は「標準化(standardization)」を必ずしも意味しないと主張する。そして、スタンダードの設定とパフォーマンス評価とを内在的に結びつけながら、パフォーマンス評価を軸としたスタンダードに基づく単元設計の方法論を提示している。パフォーマンス評価による価値ある学習成果の新たな可視化により、教育研究や実践の関心は、そうした学習成果のカリキュラムにおける明示的な位置づけや、そうした学習成果の計画的な実現に向けた働きかけの方法論の確立へと向かっていったのである。

パフォーマンス評価においては、栄養学の知識を用いてバランスの取れた食事を計画させる課題など、真正のパフォーマンスを引き出す課題(パフォーマンス課題)が設計される。パフォーマンス課題は、知識が実生活で生かされている場面や、その領域の専門家が知を探究する過程を学習者が追体験するものであり、いわば、「教科について学ぶ(learn about a subject)」ことではなく、「教科する(do a subject)」ことを促す課題といえる。

パフォーマンス課題は、単元開始時にしばしばルーブリックと一緒に提示され、長い時間をかけて継続的に取り組まれる。ウィギンズは、パフォーマンス課題に取り組む際の学習の道筋を、「単純な論理上の要素から複雑な全体へ」ではなく、「粗い全体の把握から洗練された全体の把握へ」と表現している。まさに、パフォーマンスは、子どもの学習成果を示す証拠であると同時に、それ自体が学習活動の中心であり、また単元の最終的な目標を示すものでもある。こうして、真正の評価を導入することにより、単元全体がパフォーマンスの遂行を軸に、プロジェクト型の学習として展開することになる。

三 教育計画論の現段階――文化的実践への参加を単位としたカリキュラム設計の方法論

(1)目標・評価関係をめぐって

①行動目標に基づく評価とパフォーマンス評価の差異

パフォーマンス評価は行動目標に基づく評価を想起させるが、それを問い直す視点と目標・評価関係の新たなかたちの提案を含んでいる(石井 二〇一五b)。真正のパフォーマンスは、「実践」、すなわち「各々の実践に内在するそれぞれ固有の善さ(内的善)の達成をめざして行われる、あるいはその内的善に照らして判定される「卓越性」(よりよき・よりすぐれた達成)をめざして行われる、目的的・意図的活動」(松下 二〇〇〇、二四〇頁)と見ることができる。そして、パフォーマンス評価論は、高次の認知過程の発達を伴う文化的実践を軸に教育目標・評価論を構想する点で、行動目標に基づく評価とは異なる。

行動主義心理学の影響もあり、行動目標論、特に教授工学の立場からのそれは、最終的なゴール(思考を伴う実践としての真正のパフォーマンス)を、機械的に訓練できる要素(機械的な作業としての断片的な行動)に分解しがちであった(教育目標の細分化)。たとえば、「テニスの試合で上手にプレイできる」という目標を設定したなら、その最終的なゴールは、「サーブが打てる」「フォアハンドで打てる」などの要素に、さらには「サーブが打てる」という要素は、「トスが上げられる」「トスしたボールを打てる」といったより細かな要素へと分解される。そして、到達・未到達が点検可能なレベルにまで、目標を単純な下位目標(断片的な行動)に分析したうえで、一つ一つの下位目標を順に訓練していくことで、より複雑で統合的な最終目標も達成できるとされた(プログラム学習)。

しかし、こうやって目標を細分化しても、要素の総和に解消されない最終的なゴール自体の成功イメージは必ずしも明らかにならない。サーブ、フォアハンドのストロークといった一つ一つの要素が上手だからといって、「テニスの試合で上手にプレイできる」とは限らない。「テニスの試合で上手にプレイできる」という最終的なゴールを検討する際に重要なのは、個別的な技能の何をどう組み合わせるのかに関する実践的思考の過程(プロ(熟達者)らしい目の付け所や判断や配慮)である。

他方、ブルームらは、「オームの法則を理解する」など、より一般的で内面的な心理過程に着目して目標を叙述しようとして「タキソノミー(目標の分類学)」を開発した。そもそも行動目標論の提唱者であるタイラーにおいて、「行動」概念は、観察可能な外的行動のみならず、思考や感情といった内面的なものを含む広い意味で用いられていた。タイラー、ブルームらは、高次の認知過程という内面的で一般的な変化そのものの中身を、分析的で抽象的な理論的言語により明確化し、目標として追求する学習者の内的過程の概念的理解を図ろうとした(教育目標の概念化)。それは、目標、学習活動、評価の類型化により単元を論理的に構造化する手助けにはなるものの、一方で、具体的な学習活動を抽象化された目標の手段としてしか見ないことで、目の前の個別具体的な子どもたちの学びの姿に即して授業の展開(物語)をイメージする、教師の実践的思考と想像力を閉ざすおそれがある。

パフォーマンス評価論においては、真正の文脈において知識・技能を総合的に活用することを求めるパフォーマンス課題と、課題に対するパフォーマンスの質を判断する指標であるルーブリックによって、目標の意味内容は明確化される。そして、ルーブリックは、子どもの作品や振る舞いなど、実際のパフォーマンスの事例と、事例分析から導き出されたパフォーマンスの質的水準、いわば熟達度についての言語的記述で構成されている。それは、全体的な学習活動についてその具体の姿において目標内容の間主観的な理解と合意を図るというかたちで、目標を明確化する方法論を提起している(教育目標の具体化)。

②教育的想像力と教育的鑑識眼の錬磨につながる目標・評価実践へ

以上のようなパフォーマンス評価論は、行動目標論の課題を克服する視点を含んでいる。まず、パフォーマンス評価は、より高次の学習成果を教育目標として設定する際、学習者の振る舞いのレベルにおいてその思慮深さを問うという方法を提起することで、外的行動(細分化された低次目標)か内的能力(一般的に記述された高次目標)かといった二元論を乗り越える視点を提示している。こうして、具体的な子どもの姿で教育目標を問う方法は、教師の想像力を喚起することで、授業過程での応答性につながる指導の見通しを提供しうると考えられる。さらに、目標としてのパフォーマンスは、実践に内在する善さを体現するものとして明確化されるなら、学習者の自己学習・自己評価のモデルとしても機能しうる。特に、ルーブリックのアンカー作品は、文化的実践の善さに関わって、教師の意図や指導可能性の観点から記述語として言語化しきれず、暗黙的にしか知覚できない質を保持している。それゆえ、それらの事例をめぐって善さに関わる対話を組織することで、学習者自身が文化的実践に直接的にアクセスし、教師の意識的・系統的指導の枠を超えて学び深めていく可能性も期待できるだろう。

また、子どもの学びの事実をもとにルーブリックを作成し再構成する過程は、教師による「教育批評」の一種と見ることができる。行動目標論批判において、教師の質的判断の重要性が指摘されるとき、結果に対して過程が、そして、共通性に対して個性・多様性が一面的に強調されがちであった。これに対して、ルーブリック作成は、文化的実践を通して発達した子どものパフォーマンスの熟達度(水準)を質的に記述する作業である。それは結果に関わる質的判断であり、意味の多様性よりも、その実践の文化領域の専門性に根ざした評価基準の間主観的理解と合意形成が重視される。こうした各文化領域の専門性に即した教育的鑑識眼や教育批評は、教師の教科内容理解や教材解釈の深化と対立するものではない。その一方で、ルーブリック(垂直軸)を手がかりに学びの質を判断することと、子どもたち一人一人の個別具体的な文脈(水平軸)に即して学びの意味を解釈することを結合する視点を忘れてはならない。ここまでで述べてきたように、文化的実践の水準に対する教師の鑑識眼に根差す評価という点を認識することで、基準表づくりとその当てはめや目標つぶしといった、パフォーマンス評価の形骸化を防ぐこともできるだろう。

(2) カリキュラムの構造化をめぐって

パフォーマンス評価、特に「真正の評価」については、「厳密性(rigor)」(学問的・科学的・文化的に厳密で、認知的に挑戦的であること)と「関連性(relevance)」(生活経験に根ざしていて、学習者にとって個人的に、あるいは社会的に有意味であること)といったかたちで、系統主義と経験主義をめぐる論点が問われた。

一九八〇年代末のパフォーマンス評価論誕生時においては、「真正性」概念を用いることで、評価課題として生活や社会の文脈を模写したシミュレーション的なものを設定するなど、学校学習の文脈を現実世界の文脈に近づけることが強調された。一九八〇年代、学問性・共通性・卓越性を志向した総合制ハイスクールの改革が展開する一方で、民主主義を担う市民形成への機運の高まり(社会参加を通じた学習の展開)、および、ポスト産業主義的状況における職業教育の問い直し(特定職種の技能訓練による職業準備ではなく、中等教育後専門技術教育への準備や生涯にわたって新しい技能を学んでいく力を育成することへの転換)も進展したことがその背景にはある。

だが、こうした学習の文脈の真正性や関連性を重視する傾向に対しては、知識軽視や活動主義に陥るとの批判も寄せられた(Cumming and Maxwell 1999)。そして、スタンダードに基づく教育が進展する中で、「真正の評価」や「真正の学習」の重要性を提起していた論者も、厳密性と関連性を統合するカリキュラムの枠組みや、カリキュラム設計の方法論を提起していくこととなる。たとえば、社会参加を通じて公的論争問題に挑戦することを強調するかたちで真正の学習の必要性を提起していたニューマン(F. Newmann)らも、「真正の知的仕事(authentic intellectual work)」という言葉で、真正性を知性の働きと不可分のものとして捉える傾向を強めてきた(Newmann et al. 2007)。ニューマンらは、学習活動の真正性の程度を判断する規準として、①「知識の構成(construction of knowledge)」(新規の複雑な問題を解決するのに、組織化、解釈、評価、総合といった高次の思考スキルを伴って、基礎的な知識・技能を応用すること)、②「修練された探究(disciplined inquiry)」(構成された知識の適切性や妥当性を保証するために、先行する知識基礎を使うこと、表面的に知るのではなく深く理解しようとすること、洗練されたコミュニケーションによって考えや発見を生み出したり表現したりすること)、③「学校を超えた価値(value beyond school)」(有意味で知的な学習の成果物が、学校外の他者にも影響があるような実用的、審美的、個人的な価値を持つこと)の三つを挙げる。そして、真正の学習を教育内容の関連性や子ども中心カリキュラムと結びつける傾向に対して、それが真正性の規準の③のみに注目する見方であり、真正の学習は三つの規準すべてを満たすものであることを強調する。しかも、規準③についても、子どもの興味を引く活動を提供する点ではなく、生徒にとって有意味な知的挑戦を提供する点を重視している。

①認知過程の高次化を軸にしたカリキュラムの構造化

また、マルザーノ(R. J. Marzano)らは、学力保障をめざしたマスタリー・ラーニング(mastery learning)や「アウトカムに基づく教育(Outcome-based Education)」(以下、ＯＢＥ)の延長線上に、パフォーマンス評価とスタンダードに基づく教育とを結びつけようとした(Marzano and Kendall 1996)。一九六〇年代にブルームによって提唱されたマスタリー・ラーニングは、相対評価を批判し、目標準拠評価を生かした授業改善を通して結果の平等の実現をめざした。これに対して、一九八〇年代にスパディ(Spady, G. W. 1994)らによって提唱されたＯＢＥは、授業レベルの取り組みであったマスタリー・ラーニング論を、カリキュラム開発や学校改善のレベルへと飛躍させるものであった。スパディは、マスタリー・ラーニングが、基礎的な知識・技能の教え込みに陥りがちであったことへの反省から、「アウトカム(outcome)」を、真正の文脈における能力の実演として、あるいは、「意義ある学習(significant learning)」の表現として捉えた。そして、教科内容の上位に、市民としての責任ある行為能力や他者と協働する能力などの包括的価値を志向する目標を位置づけ、それらを重視した。

マルザーノらによるスタンダードに基づく教育は、ＯＢＥと取り組みのレベルを同じくしながら、各教科団体が開発したスタンダードの内容に依拠することで、科学や学問の成果の教育を重視する。さらに、マスタリー・ラーニングとＯＢＥの双方において十分な取り組みがなされてこなかった思考力についても、カリキュラムレベルで明示的に位置づけていこうとした。マルザーノらが開発した「学習の次元(Dimensions of Learning)」の枠組みでは、パフォーマンス評価だからこそ対象化できる認知レベル(「知識の獲得と統合」にも「知識の拡張と洗練」にも解消されない「知識の有意味な使用」)が明らかにされている。マルザーノらは、パフォーマンス課題を、課題の文脈自体が真正かどうか以上に、学習者にとって「有意味な課題(meaningful task)」であるかどうかという内的過程の観点からその特徴を規定する。さらに、「知識の有意味な使用」という認知レベルに対応する思考スキルとして、有意味な課題を遂行する前提であり、かつそれを通して育むべき応用志向的な思考スキル(例：意思決定、実験に基づく探究、システム分析など)が挙げられている(Marzano et al. 1993)。

これらの思考スキルは、教科横断的かつ継続的に育てるべき知的・社会的能力として、情報処理能力、コミュニケーション能力などとともに、教科内容とは別立てで州や学区のスタンダードの中身に盛り込まれるべきだとされる。そして、スタンダードは、教科内容(認識内容)と知的・社会的能力(認識方法)の両方に関する螺旋的な発達の記述として明確化される。有意味な課題としてのパフォーマンス課題は、教科内容(概念)と知的・社会的能力(思考や活動の形式)とを結合させるかたちで設計され、教科内容と知的・社会的能力それぞれについてルーブリックが作成される。

②理解の深さを軸にしたカリキュラムの構造化

マルザーノらが、思考スキルや認知過程といった能力概念の明確化により厳密性を追求したのに対して、ウィギンズらは、「知識の構造(structure of knowledge)」という知識を類型化した枠組みを軸に、教科内容の「理解(understanding)」の深化に即した厳密性の追求の方法論を提起している(ウィギンズ・マクタイ 二〇〇五／二〇一二)。ウィギンズらは、パフォーマンス課題への取り組みを通して育つものを、「永続的な理解(enduring understanding)」(「重大な観念」についてパフォーマンス課題を通じて深く学び、転移がもたらされた状態)として概念化し、重要概念の理解を自然と深めるような文脈や課題の設計を重視している。すなわち、「知識の構造」の枠組みをもとに、教室を超えて価値が認められる一般的で永続的なものであり、学問の中核に位置するような「重大な観念」を精選する。それに焦点づけられた「本質的な問い」を問い続け、表面的な知識や教材の裏にある立場性や先達の経験などを「看破する(uncover)」ことで「永続的な理解」に至る探究的な活動として、パフォーマンス課題を設計するわけである。

またウィギンズらは、本質的な問いの入れ子構造によりカリキュラムを構想することを提案する。たとえば、第二次世界大戦(強制収容)を扱う単元における、「戦争中は「すべて公正」か?」という問い、あるいは、一九八〇年代を扱う単元における、「誰がグリーン・カードを得るべきか?」という問いなど、歴史科の各トピックに固有の問いから、「アメリカ人とは誰か? 誰が言っているのか?」という、歴史科において繰り返し問われる包括的な問いが導き出される。さらにそこから、「誰の「物語」か?」といった、英語科などの他教科でも問われる、教科横断的でより包括的な問いも導き出される。

ウィギンズらの「知識の構造」による知識の精選、「本質的な問い」の入れ子構造、「看破」による探究的な学習の提起は、ブルーナーの「教科の構造」「螺旋型カリキュラム」「発見学習」の提起を発展的に継承するものと言える。しかしそこでは、精選された知識を発見的に学ぶこと(内容と活動の一対一の目的―手段関係)に止まらず、個人的、社会的関連性のある真正の活動において内容知識やスキルを統合し、学習活動の質を、知性や理解の裏付けのあるものへと高度化していくことが志向されているのである(活動それ自体の質的高度化に伴って、複数の目標が並行して達成される)。

高次の認知過程と深い理解のどちらを軸にするかという違いはあるが、ニューマン、マルザーノ、ウィギンズらの所論からは、文化遺産の「伝達」と文化的実践への「参加」とを媒介すべく、内容知識(content)と認知過程(cognition)を総合することを自ずと求めるような、有意味かつ知的に挑戦的な文脈(context)を設計することが主題化されている。そこでは、内容知識(認識内容)については、学習の実体的な終着点としてよりも構成的で通過点的な性格のものとして捉え、一方で、認知過程(認識方法)についてその本質性や学問的厳密性を追求することで、学習の質を担保していく方向性を見て取ることができる。実際、一九九〇年代から二〇〇〇年代にかけて、米国の各教科の専門団体が開発したスタンダードも、教科内容の理解(認識内容)と教科固有の知的・社会的能力(認識方法)とを別立てとし、それぞれについて螺旋的発達の様態を記述する方法が一般的である。

③社会からの能力要求を教育課程化するにあたっての条件

本章冒頭でも述べたように、二〇〇〇年代以降、内容知識と相対的に独自なものとして設定される知的・社会的能力のカリキュラムレベルでの位置づけはさらに拡大している。しかも教科横断的で汎用的なものがより強調されるようになり、カリキュラム全体を覆うアンブレラ、あるいは教科をクロスする要素として、機能するようになってきている。たとえば、米国で二〇一〇年に発表された「州共通コアスタンダード(Common Core State Standards)」も、まさに教科のスタンダードの上位に置かれた「大学とキャリアへのレディネス(college and career readiness)」という学校教育の包括的なゴール(出口)に向けて、K－16(幼稚園から大学まで)の教育の内容・方法・システムを一貫させようとしている。

こうした知的・社会的能力のカリキュラムレベルでの位置づけの肥大化は、社会システムや子どもたちの学習・生活環境の変化の中で、学校教育と人間形成一般、学校での学びと学校外の生活での学びの境界がゆらいでいることを背景にしている。「教えること」による知育の場、という制度としての学校の役割規定が、「学び」の場一般という観点から、さらには、存在の承認とケアの場という観点から問い直されているのである。特に、コンピテンシー・ベースのカリキュラム改革は、知識経済下における産業界から学校への能力要求の高まりを背景にしており、人間の能力の無限の開発可能性という想定の下で、学力(学校でこそ育成すべきで育成可能な特殊な能力)を実力・能力一般へ解消する傾向にある。

こうした傾向に対して、戦後日本の学力論の蓄積、特に中内敏夫の学力論の知見は示唆的である。中内(一九七六)は、人間形成一般とは異なる学校教育の特殊性と歴史的制約をふまえて、「学力はモノゴトに処する能力のうちだれにでも分かち伝えうる部分である」(五四頁)と、文化遺産の伝達の延長線上に形成される能力として学力を規定する。中内によると、教育とは、むき出しの社会の中では崩壊し、変形しかねない人間性の自己保存作用である。しかも、近代学校教育は、それを文化遺産(世界の法則的理解によってその変革を可能にするもの)の伝達という形式で成し遂げようとする。よって、近代学校教育で形成される特殊な能力としての学力は、「思考のなかにまえもって描きとられた実力のうちの、カテゴリーと形象にのせて伝達し、測定されうる、その、社会化された部分」(五八頁)という性格を持つ。

このように中内は、①共同体の維持のために子どもを社会化すること(教化)ではなく、社会で人間的に自由に幸福に生きていけるために、いわば学習権保障の観点から、子どもが社会的に自立するうえで必要な能力や人間性の基盤を形成していくこと、②文化を介したコミュニケーションと切り離さずに能力形成を考えていくことという、社会の要求を教育課程化する際の教育的フィルターを提示している。社会から子どもを保護するだけでなく、そうした保護された場において、既存の社会にとらわれず時間をかけて自由に文化的価値と格闘しそれを内面化することによって、社会に規定されつつそれを創り変えうる個人や共同体が形成されていくのである(勝田守一(一九七〇)の言う創造的社会統制)。

中内の学力論は、学校教育の機能と役割に関する客観的把握をふまえ、主に教科学習を想定しながらであるが、教育の限界規定を含んだ教育的価値論を提起するものと言える。これを継承発展させるかたちで、現代社会における学校教育の客観的な役割と境界線のゆらぎを念頭に置いて考えるなら、社会の要求を教育課程に組み入れるさいの二つ目の条件、すなわち、教育課程の基本単位については、教科内容の習得と認識の深化(文化遺産の伝達)を超えて、「教科する(do a subject)」学習における知とスキルの洗練(文化的実践への参加)へと拡張される必要があるだろう(石井 二〇一〇)。実際、ここまで紹介してきた米国における「真正の評価」をめぐる議論は、そうした学校教育の境界線と基本単位の変更に対応する、目標・評価関係、およびカリキュラム構造を提起するものと見ることができる。客観的な真理として実体的な客体として捉えられがちな、科学・学問・文化を、歴史的に蓄積・洗練されてきた人間の知的な活動という点から、まさに文化的「実践」として捉え直し、実体的な内容でも形式的な能力でもなく、文化的実践という行為論の地平において、学問性と職業性、知性と民主主義、科学と生活とを統合すること(石井 二〇一七)、そして、文化的実践そのものの知的洗練を通して、学びの文脈の具体性や豊かさを追求しつつもその文脈に閉じない、汎用性のある学びを展望していくことが必要だろう。

おわりに

世界的に展開するコンピテンシー・ベースの改革は、社会機能法や活動分析法の現代的形態と見ることができる。そこでは、経済界の要求を市民形成という観点で相対化するといった、社会の要求の内部で議論はなされても、その価値対立は抽象的な能力概念を持ち出すことで形式的合意へと導かれ、大人社会で求められるとされる形式化された能力が無媒介に学校教育に持ち込まれることになっている。大学とキャリアへのレディネスにおいては、大学へのレディネス(学問的教育)とキャリアへのレディネス(職業教育)が、キー・コンピテンシーにおいては、雇用可能性(employability)と市民性(citizenship)が、抽象的な能力概念の導入により、汎用性の下に融合されるようになってきている。そこでは、レディネスやスキルやコンピテンシーといった能力概念によって価値対立を回避し、客観的に共通カリキュラムを構築していくことが可能であるかのように見える。しかし、そうした能力概念は、目指す経済人や市民の具体的な姿から、大まかな骨格だけを抽象したレントゲン写真のようなものであって、そこでは、社会像や人間像に関わる立場の違いが捨象され、最大公約数的な特徴が中性的で心理学的な言葉で整理されている点に留意が必要である。

文化的実践という地平において、すべての子どもたちに必要な共通教養の成立可能性を追求していくこと、そこで顕在化する公定された共通文化と多文化主義との相克などの価値対立を、教育的価値に関する民主的な熟議へとつなげていくことが重要であろう。この点に関わって、鈴木聡（二〇〇二）は、「標準語と方言」（人造語としての標準語により中央集権的に言語の統合を図る）という問題の立て方を、「全土語と地域語」（あい並ぶ複数の地域語の出会いを通じて全国に普遍的に通用することばとしての全土語（共通語）が生まれ出でる）として立て直すべきとの上原専禄の問題提起や、ウィリアムズ（R. Williams）の平等《イコール》文化と共通《コモン》文化の区別をもとに、「それぞれの集団文化の豊かな多様性・多元性を追求しつつ、同時に、「存在の平等」という対等な関係に基づくコミュニケーションの創出を不断に追求することをとおして、共通文化の育成がはかられる」と述べ、「共通文化＝教養は、コミュニケーションのいとなみに先だって人為的に用意されるものではなく、本来的には矛盾を絶えず顕在化させつつ手探りで探索されるコミュニケーションをとおして形成されるもの」（一二八―一二九頁）と主張する（共通教養の保障論から共通文化＝教養の育成論への転換）。

米国での議論でも問われた、スタンダードの設定が標準化を必ずしも意味しないというテーゼをどう具体化しうるのか、カリキュラムに関わる教育的決定の手続きとシステムとロジックが問われている（石井 二〇一六）。

注

（1）一九八五年、現場教師の向山洋一が、教育技術の法則化・共有化をめざして始めた運動。日常の実践において必要とされる教育技術を紹介する投稿論文を募り、そこで発掘され共有された技術を他の教師が追試し、一般化を図った。

参考文献

石井英真 二〇一〇、「学力論議の現在――ポスト近代社会における学力の論じ方」松下佳代編著『〈新しい能力〉は教育を変えるか

――学力・リテラシー・コンピテンシー』ミネルヴァ書房。
石井英真 二〇一五a、『今求められる学力と学びとは――コンピテンシー・ベースのカリキュラムの光と影』日本標準。
石井英真 二〇一五b、『現代アメリカにおける学力形成論の展開――スタンダードに基づくカリキュラムの設計　増補版』東信堂。
石井英真 二〇一六、「資質・能力ベースのカリキュラムの危険性と可能性」『カリキュラム研究』第二五号。
石井英真 二〇一七、「「科学と教育の結合」論と系統学習論――反知性主義への挑戦と真の知育の追求」田中耕治編著『戦後日本教育方法論史』(上)、ミネルヴァ書房。
G・ウィギンズ、J・マクタイ、西岡加名恵訳 二〇一二、『理解をもたらすカリキュラム設計――「逆向き設計」の理論と方法』日本標準(原著二〇〇五年)。
勝田守一 一九七〇、『教育と教育学』岩波書店。
木村元・小玉重夫・船橋一男 二〇〇九、『教育学をつかむ』有斐閣。
佐藤学 一九九九、『学びの快楽――ダイアローグへ』世織書房。
鈴木聡 二〇〇二、『世代サイクルと学校文化――大人と子どもの出会いのために』日本エディタースクール出版部。
R・W・タイラー、金子孫市監訳 一九七八、『現代カリキュラム研究の基礎』日本教育経営協会(原著一九四九年)。
田中耕治 二〇一七、『戦後日本教育方法論史』(上)(下)、ミネルヴァ書房。
J・デューイ、宮原誠一訳 一九五七、『学校と社会』岩波文庫(原著一八九九年)。
J・デューイ、大浦猛編、遠藤昭彦・佐藤三郎訳 一九七七、『実験学校の理論』明治図書(原著一九四七年)。
中内敏夫 一九七六、『増補 学力と評価の理論』国土社。
J・S・ブルーナー、鈴木祥蔵・佐藤三郎訳 一九六三、『教育の過程』岩波書店(原著一九六〇年)。
J・S・ブルーナー、橋爪貞雄訳 一九六九、『直観・創造・学習』黎明書房(原著一九六六年)。
J・S・ブルーナー、平光昭久訳 一九七二、『教育の適切性』明治図書出版(原著一九七一年)。
B・S・ブルーム、稲葉宏雄・大西匡哉監訳 一九八六、『すべての子どもにたしかな学力を』明治図書出版(原著一九八一年)。
B・S・ブルーム他、梶田叡一他訳 一九七三、『教育評価法ハンドブック――教科学習の形成的評価と総括的評価』第一法規出版(原著一九七一年)。
松下佳代編著 二〇一〇、『〈新しい能力〉は教育を変えるか――学力・リテラシー・コンピテンシー』ミネルヴァ書房。
松下良平 二〇〇〇、「自生する学び――動機づけを必要としないカリキュラム」グループ・ディダクティカ編『学びのためのカリキュラム論』勁草書房。
文部省 一九七五、『カリキュラム開発の課題――カリキュラム開発に関する国際セミナー報告書』文部省大臣官房調査統計課。

Berlak, H. 1992, "The Need for a New Science of Assessment", in Berlak, H. et al., *Toward a New Science of Educational Testing and Assessment*, State University of New York.

Cumming, J. J. and Maxwell, G. C. 1999, "Contextualising Authentic Assessment", *Assessment in Education*, Vol. 6, No. 2.

Eisner, E. W. 1979, *The Educational Imagination: On the Design and Evaluation of School Programs*, New York: Macmillan.

Gardner, H. 1993, *Frames of Mind: The Theory of Multiple Intelligences*, New York: Basic Books.

Jackson, P. 1968, *Life in Classrooms*, New York: Holt, Rinehart and Winston.

Marzano, R. J. and Kendall, J. S. 1996, *A Comprehensive Guide to Designing Standards-Based Districts, Schools, and Classrooms*, Alexandria, VA: ASCD and McREL.

Marzano, R. J., Pickering, D. J. and McTighe, J. 1993, *Assessing Student Outcomes: Performance Assessment Using the Dimensions of Learning Model*, Alexandria, VA: ASCD.

Newmann, F. M., King, M. B. and Carmichael, D. L. 2007, *Authentic Instruction and Assessment: Common Standards for Rigor and Relevance in Teaching Academic Subjects*, the Iowa Department of Education.

Pinar, W. F.(ed.) 1995, *Understanding Curriculum: An Introduction to the Study of Historical and Contemporary Curriculum Discourses*, New York: Peter Lang.

Spady, G. W. 1994, *Outcome-Based Education: Critical Issues and Answers*, Arlington, VA: American Association of School Administrators.

Trilling, B. and Fadel, C. 2009, *21st Century Skills: Learning for Life in Our Times*, San Francisco, CA: Jossey-Bass.

Wiggins, G. 1993, *Assessing Student Performance: Exploring the Purpose and Limits of Testing*, San Francisco, CA: Jossey-Bass.

6 「グローバル化」と英語教育カリキュラム

斎藤兆史

はじめに

私たちは何のために自分の母語以外の言語を学ぶのか。まずは、この本質的な問題にまで立ち戻って考えてみたい。おそらくここには幾多の答えがあり得る。その言語で書かれた文書を解読するため。その言語を使用する人(たち)と商売上・政治上・学問上の何らかのやり取りをする必要があるため。その言語が使われている国や地域で居住するため。その言語自体に興味があり、その構造や機能を学術的に解明するため。あるいは、語学による知的訓練のため。あとでまた見るとおり、日本史を紐解いてみても、その時々の政治・社会・文化的状況に応じ、またさまざまな理由により、日本人は中国語、朝鮮語、ポルトガル語、オランダ語、英語、その他の外国語を学んできた。そして、その状況や理由、あるいは学習の主体によって学習の成否に程度の違いこそあるものの、それらの外国語がそれぞれの時代にあって重要な役割を果たしてきたことは疑いのないところであろう。そして、日本人がそれらの外国語を習得するにあたって、教育という営みが重要な役割を果たしてきた。

明治時代以降、日本人にとってもっとも重要な外国語は英語であった。とはいえ、その機能は時代に応じて異なっている。先に述べた個々人の学習目的の多様性を別にしてきわめて大雑把な言い方をすれば、英語は、明治初期には海外の文物を輸入するための実学的な媒体として、明治中期から昭和中期までは学校教育において授けられる知識、教養および学力の判定基準として、そして昭和後期から平成初期、平成初期から現在までは、少なくとも理念においては、それぞれ異文化理解の、(国際)コミュニケーションの、そしてグローバル化のための「ツール」として機能してきた、あるいは機能するべきものと認識されてきた。しかしながら、明治中期に実学としての英学の機能が急速に衰えて以来、総じて日本人の英語力が目覚ましい向上を見せたことはない。世界的に見ても日本人の平均的な英語力が低いレベルに留まっていることは、よく指摘されるとおりである。

日本人の英語力が低いことについては、さまざまな解釈がなされてきた。もっとも説得力があると思われるのは、鈴木孝夫らが指摘する日本語と英語との言語構造的な差異である(鈴木 一九九九)。日本語と英語がまったく違う系統の言語であるために、英語母語話者にとって日本語習得が困難であるのと同様、日本人にとって英語習得は難しいというのである。また、日本人がそもそも言語コミュニケーション下手であることもくり返し指摘されてきた。あるいは、間違いを極端に恐れる「恥の文化」もその要因と考えられている。しかしながら、もっとも頻繁になされてきた解釈は、学校における英語教育が失敗であった、というものである。筆者はこれを日本の英語教育に関する「失敗仮説」と呼ぶ。中学・高校で六年間も英語を学ぶのにさっぱり英語が使えるようにならない、学校と英語教師はいったい何をしているのか、というのは学校英語教育を責めるときの決まり文句だが、逆に言えば、ここには、六年間学校で習った言語はもっと流暢に使いこなせるようにならなければいけない、との前提がある。そうならなかったとすれば、何かが間違っている。明治以来の文法・訳読中心の授業をやっていたから失敗したのであり、したがって会話中心の授業にすればうまくいくはずだ、といって大正時代には音声中心主義の教育理念が、そして昭和後期にはオーラル・コミュニケーションに重点を置いた教授法が導入された。しかしながら、日本人の英語力はさっぱり向上しない。そうか、英語学習を中学校から始めていたのが間違いだったのだ、といって平成に入ってから小学校高学年における外国語活動(実質的には英語活動)が必修化された。それでもうまくいかない。すると高学年では遅過ぎるということで、今度は中学年にまで英語活動が引き下げられる。さらに英語の授業が主として日本語でなされていたのも間違いで、英語は英語で教えなくてはならない。いやいや、そもそも外国語科、あるいは英語科という教科の枠のなかだけで英語を学んできたのが失敗の原因に違いない。国際的に活躍できる人材の育成のためには、英語の授業はもちろん、他の教科もできるだけ英語で教えるような態勢を、国を挙げて整えていかなくてはならない、との議論が巻き起こった。そして二〇一〇年代から急速に「英語教育」と共起するようになったキーワードが「グローバル」である。

二〇一三年四月、自民党の教育再生実行本部は「成長戦略に資するグローバル人材育成部会提言」を発表し、TOEFL等の外部試験の導入による大学入試改革、同外部試験を用いた英語教員採用条件の設定、英語教育の「抜本的」改革、授業の半数以上を英語で行う重点的財政支援大学の指定などを提言した。これを受ける形で同年末に文部科学省が発表した「グローバル化に対応した英語教育改革実施計画」は、小学校の英語教育の早期実施や教科化、中学・高校の英語教育への外部検定試験の導入、一貫した到達目標の設定をはじめ、教育現場へのさまざまな行政的介入を検討している。また、二〇一四年に同省は「スーパーグローバルハイスクール(SGH)」事業を開始し、年度末の三月にはSGH指定校が決定した。さらに高等教育レベルにおいても「スーパーグローバル大学創成支援」事業を開始し、「トップ型」と「グローバル化牽引型」の二つのタイプの大学を指定した。日本学術振興会のホームページに掲載されたそれぞれの大学の申請書を見るかぎり、大学のグローバル化はその英語化と認識されているようである。

このような国を挙げての「グローバル化(=英語化)」政策の問題点は何か。学校英語教育の失敗仮説は英語教育改革の妥当な前提なのか。そのような政策と学校教育との折り合いはどのようにつけるべきなのか。また、そのような政策がなされている中で、学校における英語教育は、いかなるカリキュラムの下でいかに実施すべきものなのか。本章ではこのような問題について議論をしてみたい。

一　日本における英語教育・学習の歴史

日本人の英語学習の起点をフェートン号事件(一八〇八年)翌年の幕命に置くことは、いまや日本の英語教育史研究の慣例となっている(高梨他 一九七九、斎藤 二〇〇一、伊村 二〇〇三)。イギリスの軍艦フェートン号の長崎港闖入事件に危機感を覚えた江戸幕府は和蘭通詞たちに英語の修学を命じ、ここに日本人による英語学習が始まったのである。通詞たちによる試行錯誤の末に蘭学を引き継ぐ形で英学が誕生し、黒船来航、日米和親条約締結(一八五三、五四年)ののちは、その裾野が広がった。明治維新においては、西洋の文物を急いで輸入することが課題となり、とくにエリート層を中心として実学としての英学が盛んに行われたが、一方で西南戦争時の政府の財政難のためにお雇い外国人教師が雇いきれなくなったこと、他方で日本の国力が充実してきたこともあって教育の国語化が進み、明治一〇年代以降、英学は急速に衰え、英文学研究、英語研究、受験のための英語学習といった専門分野に分化していった(斎藤 二〇〇七)。

その一方、明治一〇年代後半には、条約改正との絡みで外国人の内地雑居が社会問題として議論されるなか、英語共通語論とも言える議論が高まりを見せた。平成初期の英語第二公用語論や現代のグローバル英語論を考える際にも参考になるので、簡単に見ておくことにしたい。たとえば、洋学者の神田孝平(英学者・神田乃武の養父)は「欧州ノ界ヲ出ヅレバ英語ノ行ハル、特ニ盛ナリ〔中略〕我カ邦人ノ英語ヲ要スルハ、惟ニ英人ニ交ハルガ為ノミナラズシテ、支那人ニ交ハルガ為ニモ亦要スルナリ」(「万国言語一致説」『東京学士会院雑誌』第四編、一八八三年三月、川澄 一九七八、七八―八〇頁)と論じ、世界に共通語が生まれるとすれば、それはかならず英語になるだろうと予言している。また、文部大臣も務めた文学者・教育家の外山正一は、日本において漢字を廃止し、英語教育を推進する理由の一つとして、「英語は東洋にては殊に専用せらるゝ語なるが故に東洋にては如何なる国の人と公接するにも英語を解し得る時は差支な」いことを挙げている(外山正一「漢字を廃し英語を熾に興すは今日の急務なり」『東京学芸雑誌』第三三号、一八八四年六月、川澄 一九七八、八〇―八四頁)。このような議論の高まりのなかで、英語を日本の公用語に加えようとの動きがあったらしく、『高知日報』は「我国にても遠からぬ内に内外人の雑居を許さるるならんが(中略)広く東洋に通ずる英語をも公用語の中に加へんとの見込なるよし」(「さて頭痛――内地雑居後の公用語」一八八七年一月、川澄 一九九八、一一四四頁)と伝えている。英語はもはや英米の言語というに留まらずアジアでも広く用いられているのだから、それが国際共通語になることを見越して英語教育に力を入れよう、との発想は、二〇〇〇年の小渕恵三首相の私的諮問機関「『21世紀日本の構想』懇談会」による英語第二公用語化の提言やその懇談会の委員でもあった船橋洋一(二〇〇〇)の論考によって、いかにも平成の世になって出てきたもののように思えるかもしれないが、それがすでに明治一〇年代後半に存在していたことは注目に値する。そして、あらためて強調しておくが、英語公用語論が高まりを見せても、日本人の英語力が目覚ましい向上を見せることはなかった。

とはいえ、そのような議論、さらには日英同盟締結(一九〇二年)や日露戦争(一九〇四―〇五年)の勝利を受けての英語ブームにもかかわらず、日本人の英語力が向上しないどころか、学生の英語力は低下の一途を辿り、深刻な教育問題として議論の的となった。このとき、極めて現実的な議論を展開したのは、英語教師を務めた経験から英語教育の現場を熟知していた夏目漱石と英語学者の岡倉由三郎(岡倉天心の弟)であった。明治末年、漱石は学生の英語力低下の一因を「日本の教育が正当な順序で発達した結果」とし、逆に明治初頭の英語漬けの教育を

「英国の属国」の教育を思わせる「屈辱」とした上で、教員養成と教材開発を中心とした教育改善を提言し(「語学養成法」『学生』一九一一年)、同年岡倉は、明治初頭と違って「今日の如く、英語は英語の教授時間以外に、之を学び得る機会が殆ど無くなつた時代には、此点〔英語の語彙力〕に対して遜色あるは止むを得ぬこと」であり、語彙力不足を補うために「自宅自修を多く遣らせる外、名案の無いこと丶為る」(傍点筆者)と論じた(『英語教育』一九一一年)。学校英語教育の限界を冷静に見極めている。

大正時代になると、英語教育改善の鍵が海外の理論に求められるようになり、文部省が英語教育顧問として迎え入れた音声学者ハロルド・E・パーマーのオーラル・メソッドに典型的に見られる、音声重視の英語教育改革が試みられた。それでも日本人の英語力はさっぱり向上の兆しを見せない。となると、日露戦争勝利後のナショナリズムの高まりとアメリカでの排日運動の激化を受け、すでに実用的な機能を失っていた英語を教育から外そうという意見が出てくるのも自然の成り行きであった。たとえば、藤村作の「英語科廃止の急務」(『現代』一九二七年)は、東京帝国大学教授の筆になる英語廃止論として大いに注目された。新聞記者の杉村楚人冠の英語廃止論(「英語追放論」『東京朝日新聞』一九二四年六月二二日)は、現代の学校英語教育を論じる際に大いに参考になる論点を含んでいる。

今の中等学校の英語教育ほど無用のものはない。一週間十時間位教へて、五年たつたところで、何になるものでない。殊に今の英語教育は読むことのみに重きを置いて、その他はほんの付けたりに教ふるだけだから、中学校を卒業しても、話も出来なければ手紙も書けない。

この時代、すでに「読むことのみに重きを置いて」いるから実用的な英語力が身につかないとの批判がなされていることは注目に値する。さらに注目すべきは、「一週間十時間位教へて」(傍点筆者)もその力がつかないと言っているところである。ここでの「中等学校」は旧制中学のことであるから、その五年間はいまの中学から高校二年くらいまでの課程に相当する。やや先走ったことを言っておけば、いまの中学・高校の英語の授業時間数は一週間に四、五時間程度、大正時代の半分以下、授業は読み書き中心からだいぶコミュニケーション中心へと移行しているものの、英語で話もできれば手紙も書けるなどという高校二年生はかなり例外的である。これをどう解釈すべきか。実用的な英語力が育たないのは、「読むことのみに重きを置い」たからなのか。一週間に四、五時間しか授業がないからなのか。現在のコミュニケーション中心の授業を週に一〇時間行えば英語の運用能力が育つのか。いずれにしても、明治から現代に至るまで、特定の教授法の短期的・局地的効果に関する(数週間/数カ月の間を置いてプレ・テスト、ポスト・テストを行なった結果、試験の点数が何点伸びたというような)「科学的」実験の結果を別にして、どこかの時点において、何らかの方法によって日本人の英語力が明確に伸びたことを示す実証的研究がない以上(逆に、コミュニケーション中心主義の理念が教育現場に定着した一九九〇年以降、日本の高校生の英語力、とくに読解力が落ちつづけていることを示した研究としては、斉田(二〇一四)がある)、日本人の英語力が低いとされる原因に関する議論は、ほとんど仮説と解釈でしかない。

日本の英語教育・学習史に戻ろう。大正末から昭和初期に英語存廃論が渦巻くなか、日本は中国大陸に進出し、そこから戦争への道をまっしぐらに突き進んでいく。元々英米の言語たる英語は「敵性語」さらに「敵国語」となり、学校教育における英語の授業時間数も削減された。ただし海軍においては、語学を重視する井上成美(一八八九—一九七五、海軍大将)の教育理念もあって、当時としては最先端の英語教育が実践された(日本軍の英語教育については、江利川(二〇一六)を参照のこと)。

戦後は一転してアメリカの影響下で英語ブームが巻き起こり、英語教育も強化された(斎藤(二〇〇七)を参照のこと)。日本人の英語運用能力の低さが改めて問題となり、高度経済成長のなか、「使える英語」を求める経済界の声が高まり、それに呼応するかのように、海外から輸入されたコミュニケーション重視の英語教育の理念と方法論が注目されるようになった。昭和後期から平成にかけて、経済界の要請に後押しされるかのように、文部省は、学習指導要領などを通じ、コミュニケーション重視の英語教育を現場に浸透させようとしてきた。昭和後期から平成にかけての英語教育行政の詳細については、大津由紀雄らの研究を参照されたい(大津他 二〇一三)。

二 「コミュニケーション」から「グローバル」へ

一九七〇年代からコミュニカティブ・アプローチが日本の英語教育現場に導入されはじめ、さらに八〇年代末より中学・高校の外国語科の学習指導要領に「積極的にコミュニケーションを図ろうとする態度の育成」が謳われるようになった。しかしながら、先述の斉田智里の研究でも示されているとおり、「コミュニケーション」は日本の英語教育改善の特効薬にはならなかった(斉田 二〇一四)。これだけ効果的に見えた教授法が成功しなかったとすると、英語科という教科の枠のなかだけで英語を学んできたのが間違いだったと考えられるようになった。まさに「はじめに」で論じたような「失敗仮説」である。そして、国際的に活躍できる「グローバル」人材の育成のためには、英語の授業はもちろん、他の教科の授業もできるだけ「国際語」「世界共通語」としての英語で行なう態勢を国を挙げて整えていかなくてはならない、との議論が巻き起こったのである。英語教育のキーワードは、ここで「コミュニケーション」から「グローバル」へと変わった。

「グローバル」と「英語教育」の二つの言葉をつなげたものとしてすぐに想起される政策は、文部科学省が二〇一三年一二月に策定した「グローバル化に対応した英語教育改革実施計画」であろう。この計画では、日本の

「グローバル化」に対応するためと称して、小学校の英語教育の早期実施や教科化、小学校における英語専科教員や外部人材の活用、中学・高校の英語教育への外部検定試験の導入、一貫した到達目標の設定、などをはじめ、教育現場へのさまざまな行政的介入が検討されている。さらに文科省は、翌年末、「スーパーグローバルハイスクール（SGH）」事業を開始、二〇一五年三月にはSGH指定校が決定した。また、大学においても、「我が国の高等教育の国際競争力の向上」を目的とする「スーパーグローバル大学創成支援」事業を始め、「トップ型」と「グローバル化牽引型」の二つのタイプの大学を指定した。

日本学術振興会が公表している申請書によると、たとえば「トップ型」に指定されたある大学は、「外国語による授業科目の割合を、大学院課程では現状の三三%程度から、新しい教育システムが開始される平成二八年度に五〇%、学年進行に伴って平成三一年度には九七%程度に引き上げるとともに、学部授業についても現状の三%程度を平成三五年度には一〇%を目標に外国語化していく」と宣言し、さらに「大学院教育プログラムの完全英語化」を目指している（日本学術振興会 二〇一四）。同じくトップ型の別の大学では、「最終的には英語による授業科目を約四〇〇科目に拡張」し、「教育研究指導を英語で行」って「全学的に英語（外国語）による授業科目を増やしていく計画」なのだと書いている。また、「グローバル化牽引型」に採択されたある大学は、「本学では開学当時より卒業単位に関わる全科目を英語で行ってきた（原文ママ。正しくは「科目を……開設してきた」など）」けれども、さらに「全科目、全授業（語学系科目等を除く）を英語で教えることにとどまらず、本学講義レベルの国際化を目指し、世界標準カリキュラムや世界標準にむけての科目調整を行う（原文ママ。「世界標準カリキュラム」以下が意味不明）」との方針を明らかにしている。ここで「外国語」と書かれているのが実質的に英語を意味することは明らかで、要するにこの事業においては、大学の授業を英語化すると宣言した大学が「グローバル大学」として採択されていることになる。はたしてこの政策は、狙い通りの教育効果をもたらすのだろうか。

三　「失敗仮説」の誤謬と「コミュニケーション＋グローバル」政策の問題点

それでは、まず日本人の英語力不足の原因を学校教育の「失敗」とする「失敗仮説」の検証を試みたい。そもそも何かがうまく行っていない、失敗である、と判断する最大の根拠は、目標と結果の乖離にある。小学校の高学年になるまでに逆上がりができるようにする、という目標を立てれば、ある程度の結果が出る。一〇〇人中九八人が出来るようになれば、九八％の成功率となり、おおむね成功と見ていいだろう。これが逆上がりでなくて大車輪となると、成功率は間違いなく大幅に下がる。目標が高すぎるのだ。もちろん、毎日二時間くらい体育の時間があり、指導の安全性を別としてその大部分を鉄棒の指導に当てれば、「小学校高学年で大車輪」の成功率も少しは向上するだろう。ただしその場合、指導に当たる教師自身が大車輪を披露してみせることができ、その指導法を心得ていることが条件となる。そのような体育教師が中心となってカリキュラムを作成すれば、どの程度の時間のなかでどの程度の成果を上げ得るのかが予測でき、教育効果は上がる。あるいは、現行の高等学校学習指導要領において「数学B」の内容の一つとして設定されている「確率分布と統計的な推測」に関しても、当然ながらそれがどういうものであるかを数学教師が把握していることが指導の前提となっている。その上で、どのくらいの生徒がそれを理解するかが課題となる。

英語科の場合、学校教育がうまくいっていないとの判断の裏に相当高度な目標があることが窺えるが、さらにはその目標自体が明確でないという大きな問題がある。英語母語話者と同じ能力を目標に立てているのならば、ほぼ完全に学校英語教育は失敗である。それほどではないにしても、一体何を基準として日本の英語教育はうまくいっていないと言えるのか。たとえば、中学・高校の学習指導要領の外国語科の目標として「積極的にコミュニケーションを図ろうとする態度」と「実践的コミュニケーション能力」の育成が掲げられているが、それぞれがどのような「態度」「能力」なのか、いま一つ明確な像を結ばない。そもそも英語教師自身が教育内容を理解していない場合が多い。ふたたび現行の学習指導要領から例を引くと、「英語表現Ⅱ」の内容として挙げられている「与えられた条件に合わせて、即興で話す」という活動、あるいは第三款の一に挙げられた「家庭での生活」や「地域での活動」での英語使用など、教師自身、ほとんど経験のないものであろう。また、同じ第三款の四に掲げられた「生徒が英語に触れる機会を充実する〔原文ママ。正しくは「充実させる」〕とともに、授業を実際のコミュニケーションの場面とするため、授業は英語で行うことを基本とする」との方針も、教師にとって馴染みのない授業の状況を規定している。教師自身も経験のない目標や教育内容を設定している以上、教育効果が見込めるはずもなく、また学習の成否の度合いも測りづらい。

にもかかわらず、多くの日本人が学校英語教育の「失敗」を論じる際に問題にするのは、会話力の不足である。たとえば、経済学者の浜田宏一は次のように論じている（浜田 二〇一二）。

> 日本の外国語教育は、世界から知識を吸収するためでした。両親は英語教師でしたし、中学から東大まで八年間一生懸命英語を習ったのに、私は一言も英語をしゃべれませんでした。香港から来て経済学部の私の（勿論日本語の）ゼミに黙々と長年（忍耐がいったと思います）参加してくれた関志雄氏の言うように、「日本人が英語を話せないのは英語の先生が英語を話せないから」なのです。

英語教師が英語を話せないから日本人は英語が話せない、というのが浜田氏の主張だが、この理屈を論理的に突き詰めると、その英語教師たちも日本人であるとすれば、彼らが英語を話せないのはその先代の教師の責任ということになる。そして、その先代の教師たちの会話力不足の責任もさらにその先代の教師の責任となると、誰かがどこかでその会話力不足の連鎖を断ち切らなかったのが悪い、というだいぶ理不尽な英語教師批判となってくる。そして、前記引用文の出典の題名を見れば明らかなとおり、浜田氏の理屈にしたがえば、誰かがその悪循環の連鎖を断ち切らなかった以上、大学を国際化(=英語化)するしかない、との結論に至るのである。

では、教育・研究における使用言語を英語化することで本当に日本の大学は国際化するのであろうか、そしてさらに「グローバル人材」の育成や日本人の英語力向上が実現するのであろうか。現に「スーパーグローバル大学」に採択された大学で起こっていることをもとにこの問題を考えてみたい。

大学を英語化した場合、まず覚悟しておかなければならないのは、教育・学習効率の低下である。英語の授業を増やしたいから、来学期の授業では英語を使うようにしてくださいと言われた場合、自分がそれまで行っていた授業を、同じ精度で、また正確な英語で行うことができる日本人大学教師は多くはない。たとえそれができる教師であったとしても、その英語を日本語同様に正確に理解する日本人学生も多くはない。とすれば、教師、学生のいずれの側の英語力に問題があるにせよ、一つの教室における授業の効率は当然ながら低下する。この問題を軽減すべく、昨今多くの大学では、学生に対する英語教育を強化すると同時に、英語母語話者、あるいは英語に堪能な日本人を教員として採用している。ここで提起すべき疑問は、それらの教員が、英語力を割り引いても大学で採用するに相応しい研究者なのか、ということである。明治初期のお雇い外国人教師のような、一流の英語力を持った、世界的にも一流の研究者が採用可能な人材として日本中に豊かに存在しているなら問題はないが、そのような人材であればすでに国内外のどこかの大学に所属している可能性が高く、採用可能ではないというパラドクスがある。もしも大学の英語化に向けた採用人事において研究力よりも英語力のほうが重視されているのだとすれば、これまた当然ながら、大学全体の研究力が低下することになる。また、ノーベル賞級の研究も含め、日本の大学の強みは、圧倒的に日本語でなされてきた研究・教育活動にある。昨今、英語の得意な研究者も多く、また研究のかなりの部分が最終的に英語で発表されることはあるものの、構想や研究会のやり取りまで最初からすべて英語でなされているわけではない。むしろ、ほとんどの場合、日本語で考え、議論をしているのである。そして、大学を英語化し、海外に向けて英語で発信する態勢を強めれば強めるほど、新しく英語化された一部分だけが前景化・可視化され、それぞれの大学が一番の強みとしてきた活動が見えづらくなってしまう。要するに、日本の大学を英語化するとは、教育力、研究力、発信力のいずれにおいても、絶対に英米の大学に勝てない二流、三流の大学を大量生産するだけなのである。

なお、本章では詳しく論じないが、日本の大学が国際競争力の基準として重視する大学の国際ランキングは、論文の被引用数をはじめ、大学運営の主要言語が英語であるほうが圧倒的に有利に計量されるようにできている。そもそも主要なランキングを発表しているのがイギリスの「タイムズ・ハイアー・エデュケーション・ワールド・ユニヴァーシティ・ランキング」をはじめ英米の教育関連機関であることを考えると、大学の国際ランキングという事業自体、英米の言語・文化・教育戦略と考えることができるのである(Saito, forthcoming)。

四 学校教育でできることとできないこと――英語教育史と事例研究の立場から

いままで見てきたとおり、日本の学校英語教育は、「コミュニケーション能力」の育成や「グローバル人材」の輩出といった政財界からのトップダウンの命を受け、それまでの英語教育が失敗であったとの仮説に基づき、教師自身も経験したことのないような英語運用の場面やレベルを想定しながら試行錯誤を続けている。この状況を少しでも改善するには、学校教育でできることとできないことを峻別し、できないことを無理に行おうとせず、できることをよりよくできるようにする方策を考えなくてはならない。

まず、明らかに学校教育でできないことは、教師にもできないことを児童・生徒にできるようにさせることである。二〇一一年に小学校の外国語活動(実質的には英語活動)が必修化されたが、小学校教諭のほとんどは英語を専門的に学んだこともなければ教えたこともない。外国語指導助手(ALT)と一緒にティーム・ティーチングで活動を「指導」することもあるとはいえ、本人も経験のない言語状況をどうやって児童に理解させようというのか。そもそも、日本の英語受容史から見ても、小学校の英語教育は、明治以来さまざまな形で試みられてきたけれども、少なくとも英語力の向上という形でその成果が明確に示されたことはない。もちろん、英語活動が英語力向上以外の教育的価値を持ち得るというなら、児童の英語力の向上が見られないことをもって英語活動廃止論の根拠とすることはできない。だが、そのような教育的価値を追求するためであれば、教師にも十分に理解できないような外国語活動でなくてもいいのではないかとの論も成り立つ。たとえば、コミュニケーション能力の育成を目指すのであれば、日本語の活動で十分ではないのか。

中学・高校においても、英語教師は「英語を話す」という、日本人が英語運用においてもっとも苦手としてきたことを求められている。そして、「オール・イングリッシュ」と称する英語のみによる授業のやり方が推奨されている。しかしながら、二〇〇三年に策定された「『英語が使える日本人』の育成のための行動計画」中の「英語教員の指導力向上及び指導体制の充実」という項目に、その「目標」として「概ねすべての英語教員が、英語を使用する活動を積み重ねながらコミュニケーション能力の育成を図る授業を行うことのできる英語力(英検準一級、TOEFL 五五〇点、TOEIC 七三〇点程度以上)及び教授力を備える」ことが設定されているところを見ると、そのレベルにすら達していない日本人英語教員も少なくないということだ。「そのレベルにすら」という書き方をしたのは、ここで設定されている数値目標はかならずしも高いものではないからである。文法・読解の指導ならできるかもしれないが、とても生徒の手本になるような英語を口頭で自由に生成できるレベルではない。ちなみに、同じ「行動計画」では、日本の高等学校卒業者の平均的な英語力の目標を「英検準二級〜二級程度」に設定しているから、そのほんの少し上に教員の英語力の目標が設定されているに過ぎない。その程度の英語力で「英語を使用する活動を積み重ねながらコミュニケーション能力の育成を図る授業」などできるものではない。いままでの学校英語教育が失敗であったとの根拠のない前提のもとに、一番苦手なことをせよと行政から指導されているのである。

それでは、逆に、学校英語教育において比較的容易にできることとは何か。ここではとりあえず是非論を控えるとして、英語教育史を概観すれば明らかなとおり、これぞまさしく訳読や文法・読解の指導である。先の杉村楚人冠の文章にもあるような、文法・読解ばかりで英語が話せるようにならないとの批判を聞き慣れた英語教育関係者の盲点になっているのは、いくら勉強しても文法・読解の力が伸びない、訳読の仕方が分からないという不満がほとんど聞かれないことである。事実、文法・訳読の教授法がさほど問題にされなかった昭和前期、高等学校の検定英語教科書には、チャールズ・ディケンズをはじめとする英米作家の文章が原文のまま掲載されているが(斎藤 二〇〇七、一四七―一四九頁)、これは、当時高校生の英文読解力の到達レベルがそのあたりに設定されていたことを意味する。日本人が英語学習をはじめ、たった六年間(しかも一週あたり五、六時間)の学校教育だけで英語母語話者にとっても最上級の読み物を読み解く読解力を身につけるというのは、じつに驚くべきことである。これは、むしろ「成功」事例なのではないか。だが、日本の英語教育においてそこがしかるべく評価されることはほとんどなく、もっぱら読解「偏重」で会話力が育たないところが批判の対象となるのである。逆に、読解にかけていた時間をすべてコミュニケーションにかけたら、母語話者と同じような会話力が身についたという例は報告されていない。

では見方を変えて、日本において英語学習成功者と言える人たちは、どのようにして高度な英語力を身につけたのかを考えてみたい。じつを言えば、先に述べたような、ある教授法の短期的効果に関する量的研究は山ほどある(逆に、その教授法の一〇年単位の長期的な効果はまったく報告されていない)が、英語学習成功者の学習履歴に関する研究はきわめて少ない。「自己効力感」なるものの高さや「自律的学習」の意欲をもって学習成功者としている研究もあるにはあるが、英語学習成功者というからには、あくまで日本人が目標とすべき高度な英語力を身につけた学習者でなければならない。筆者の研究によれば(斎藤 二〇〇一、二〇〇三、Saito 2015)、日本にいながらにして日本人として最高度の英語力を身につけた学習者は、例外なく学校教育の基礎の元に読解を中心とした自主学習を行っている。中には、新渡戸稲造や斎藤秀三郎のように図書館にある英書を片っ端から読んでいくというような、多くの日本人にとって真似のしようもない猛勉強をした例もあるが、ほかの学習成功者についても、原書の多読が英語学習の基礎になっていることがわかる。その上で、留学をしたり、外国人と会話をするなどの自主的努力によって会話力を高めた者も少なくない。日本人として最高度の英語力とは言えないまでも、那須雅子がその事例研究のなかで扱った学習者の中で高度な英語力を身につけていた者は、文学作品を原書で読んでいる(Nasu 2015)。

さて、ここで議論を整理しよう。英語に限らず、ある技術や知識を習得していない教師の指導によって学習者がその技術や知識を習得することはおよそ考えづらく、少なくとも英語科についてそのような例は報告されていない。基本的な学習英文法と英文読解法であれば、日本人の英語教師にも十分指導ができ、文法・読解の力が身につかなかったとの不満が日本人英語学習者から聞かれることはあまりない。逆にコミュニカティブ・アプローチが推奨されるようになった昭和後期以降、英語教師も含め、日本人の英会話能力が飛躍的に伸びたとの報告はなく、多くの日本人は相変わらず英語が話せないと不満を言いつづけている。そして、日本において最終的に高度な英語力を身につけた日本人は、読解を中心とした自主学習を行っている。日本の英語教育・学習史から得られたこのような知見、また大学の「グローバル化（＝英語化）」に伴う先の考察を元に、日本の学校教育における英語カリキュラム作成の考え方、またそれを実現するために必要なことを次に論じてみたい。

五　英語カリキュラム編成の考え方

具体的な英語カリキュラムの編成に当たっては、その理念の段階でいくつかの考え方があり得る。主要なものを五つ挙げて検討を試みたい。まずは国の政策や教育理念を中心に置き、それを実現させるべきだとする考え方。これは文科省の「グローバル」事業や「コミュニケーション」中心主義の学習指導要領を通じてすでにある程度教育現場のカリキュラムを拘束している。しかしながら、この方向性でのカリキュラム編成がうまくいっていないことは、すでに見たとおりである。二つ目は、教員主体の考え方。教員が教えたいこと、教えやすいことをカリキュラムに組み入れるとどうなるか。これは、文法・訳読を中心として（筆者は、文法・訳読がかならずしも劣悪な教授法だとは考えないが）、かなり教員の個性に左右されたカリキュラムとなり、統一が図れないばかりか、学習者を無視した教育活動の実践に陥る危険性が大きい。三つ目は、学習者の希望を最優先する考え方。どのような英語を学びたいかを児童・生徒・学生に選ばせ、それを元にカリキュラムを編成するのである。この方針にしたがうと、まず確実に「英語を話したい」という希望を叶えることが最重要課題となる。ここでの問題点は、当然ながら英語の未習者はどのようなプロセスで会話が上達するかを知らないため、かならずしもその課題を立てることが効率的な教育につながるとは限らない点である。これまたすでに見たとおり、英会話の教育は、かならずしも教育・学習効率が高くない。日本語と英語の言語的差異ゆえか、読解を中心とした教育であれば、中等教育修了段階で母語話者に迫る読解力を身につけることは不可能ではないが、同じ時間を会話の練習に費やしたところで、それで身につく会話力は、とうてい母語話者におよぶものではない。日本の英語教育が会話中心になってしまったら、束になってかかっても一握りの母語話者に全員言い負かされる、そういう日本人を大量生産することになる。

そこで筆者が重視したい四つ目の考え方は、教育・学習効率を中心におくカリキュラムの発想である。いくら批判してみたところで、日本の英語教育史を見るかぎり、日本人は文法・読解を早く習得するわりに、会話力がなかなか向上しない。それは、日本の学校英語教育が「失敗」しているのではなく、現行の教育制度の中で日本語母語話者に英語教育を行えば、必然的にそのような習得の様態を示すということに他ならない。見方を変えれば、日本の学校英語教育においては、文法・読解を教えるほうが効率的であり、会話の教育が効率的でないことを意味する。ならば、会話が得意でない日本人英語教師に英語による授業を要求して無理に英語によるコミュニケーションの場面を増やそうとするのでなく、あくまで公教育では文法・読解の基礎固めをするという方針に転換するという割り切り方が有効な方策として考え得る。これは、かならずしも会話を教えてはいけないということではない。流暢な会話に憧れる学習者が多いことを考えれば、その憧憬が動機付けにつながる可能性も視野に入れ、母語話者教員、あるいは会話が得意な教員は、大いにその指導を行うべきである。本項の主張は、会話が苦手な教師にまで英語による授業をさせなければならないほど、英語による「コミュニケーション能力」の指導は英語教育の中心課題ではあり得ず、またそのような指導によって学習者が間違った発音や語法に触れるマイナス面も無視できない以上、なにもそのような危険を冒さずとも、教師にとって負担の少ない、しかも教育効果の高い教育内容と教授法をカリキュラムの中心に据えるべきだ、ということである。

もちろん、効率だけで教育を語ることはできない。そこで第五の考え方をここに加える必要がある。それは、英語という教育内容をひとつのきっかけとして学習者の人間的な成長を促すという発想である。もっとも教育的と言える考え方かもしれない。これによれば、英語を中心とした活動によって児童・生徒・学生がお互いに学び合い、自らの成長を確認することが重要な主題となる。ただし、一つのきっかけとはいえ、ここでも教育内容としての英語は国際的な規範に適うものである必要があり、教師と児童が破調の英語(らしき言語)で歌を歌ったりゲームをしたりすることをもって「コミュニケーション活動」とするような、現在の小学校において広く行われているような「外国語活動」を認めてはならない。中等教育以降の段階で、英語学習をメタ言語能力の育成(秋田他 二〇一四)や言語の多様性の理解(久保田 二〇一五)につなげようという考え方も、発想としては同じ方向性のものである。加えて、具体的には個々の学習者の多様な学習方略を容認するという形での個性の尊重も重要課題である。

それでは、最後に、少し具体的な形で初等・中等・高等教育における英語教育カリキュラムの基本設計に関する提案をしておこう。まず、初等教育においては、現在小学校の外国語活動が高学年で必修となっており、二〇二〇年を目処に活動型の英語教育を中学年にまで下げ、高学年では英語教育を教科化することが検討されている。英語の専科教員の養成や加配もあわせて検討されてはいるものの、まだまだ指導者不足は深刻である。そして、活動型であれ教科であれ、英語のできない教員が授業を運営することの害を考えると、かならずしも英語にこだわることなく、言語活動/教育というような大きなくくりの中で、英語がきちんと教えられる教員は英語を教えるがよし、それが無理ならほかの外国語や日本語を素材とし、大津が重視するメタ言語能力を育成するような活動を行うほうが言葉の教育としてははるかに効果的であると考えられる(大津 一九八九、一九九五、二〇〇九)。

中等教育においては、「コミュニケーションを図ろうとする態度」というような曖昧な目標を設定するのではなく、生徒にとってそれぞれの段階で理解可能な文法項目(単語、be動詞、一般動詞、品詞、文、時制、進行形、不定詞、関係代名詞、分詞構文、話法などなど)、解読可能な読解教材(絵本、会話文、簡単な物語文、説明文、詩、小説、論文などなど)を段階的に積み上げていくようなカリキュラムを組み、現在広く用いられている場面シラバスではなく、文法・読解シラバスに則って指導をしたほうが生徒の到達段階が見えやすい。改めて確認しておくが、これは会話の指導をしてはいけないという意味ではない。会話の苦手な教員が英語で授業を行うことの害と日本人の学習効率を考えた場合、通常の授業はあくまで文法・読解を中心とし、会話の得意な日本人教員や母語話者教員による音声中心の授業を別に設けるのがよい、というのが筆者の主張である。

大学における外国語教育のカリキュラムは、開設する外国語科目においても、目標とする習得段階(初級・中級・上級)においても、習得目標たるスキル(会話・文法・読解・作文)においても、逆にできるだけ多様であるほうがよい。昨今、英語以外の外国語科目を縮小する一方で、英語の全学統一カリキュラムなどを組んで、TOEFLやTOEICなどの画一的な基準で測られる実用的な英語力の育成に力を入れる大学が増えているが、これまたそのような試験における点数の伸びという形での短期的な「成果」の報告はあるものの、そのような教育を受けた学生が本当に国際的に活躍できるような英語を身につけているかどうかについては何の報告もなく、そもそもそのような実用的な英語力の育成と外部検定試験の評価のあり方が大学の(教養)英語教育として望ましいものなのかとの疑問が湧いてくる。また、大学全体を英語化することによる研究・教育力の低下を考えると、むしろ本当に英語を必要とする学生・研究者に対する語学支援体制を整えるほうが効果的であると思われる。また、日本語で行われている研究・教育の全体像が発信できるような翻訳体制を整えるのも、大学の「グローバル化」にとってはいいことかもしれない。大津らの研究の中の拙論でも提案したとおり、留学生への日本語支援も請け負う多言語対応の語学支援センターのようなものを作ってそのような体制を強化するほうが、大学の研究・教育力を低下させることなく、そのグローバル化と学生・研究者の語学力向上に寄与すると考えられる(大津他 二〇一三)。

参考文献

秋田喜代美・斎藤兆史・藤江康彦・藤森千尋・柾木貴之・王林鋒・三瓶ゆき・大井和彦 二〇一四、「メタ文法能力育成をめざしたカリキュラム開発――実践と教材開発を通したメタ文法カリキュラムの展望」『東京大学大学院教育学研究科紀要』第五四巻、三五五―三八八頁。
伊村元道 二〇〇三、『日本の英語教育二〇〇年』大修館書店。
江利川春雄 二〇一六、『英語と日本軍――知られざる外国語教育史』NHK出版。
大津由紀雄 一九八九、「メタ言語能力の発達と言語教育――言語心理学からみたことばの教育」『言語』第一八巻第一〇号、二六―三四頁。
大津由紀雄 一九九五、「「英語帝国主義」はメタ言語能力によって粉砕できる」『現代英語教育』第三一巻第一二号、二〇―二三頁。
大津由紀雄 二〇〇九、「国語教育と英語教育――言語教育の実現に向けて」森山卓郎編著『国語からはじめる外国語活動』慶應義塾大学出版会、一一―二九頁。
大津由紀雄・江利川春雄・斎藤兆史・鳥飼玖美子 二〇一三、『英語教育、迫り来る破綻』ひつじ書房。
川澄哲夫編、鈴木孝夫監修 一九七八、『資料日本英学史2――英語教育論争史』大修館書店。
川澄哲夫編、鈴木孝夫監修 一九九八、『資料日本英学史1下――文明開化と英学』大修館書店。
久保田竜子 二〇一五、『グローバル化社会と言語教育――クリティカルな視点から』くろしお出版。
斉田智里 二〇一四、『英語学力の経年変化に関する研究』風間書房。
斎藤兆史 二〇〇一、『英語襲来と日本人――えげれす語事始』講談社選書メチエ。
斎藤兆史 二〇〇三、『日本人に一番合った英語学習法――先人たちに学ぶ「四〇〇年の知恵」』祥伝社。
斎藤兆史 二〇〇七、『日本人と英語――もうひとつの英語百年史』研究社。
鈴木孝夫 一九九九、『日本人はなぜ英語ができないか』岩波新書。
高梨健吉他 一九七九、『現代の英語教育――1 英語教育問題の変遷』研究社出版。
日本学術振興会 二〇一四、「スーパーグローバル大学創成支援審査結果」(http://www.jsps.go.jp/j-sgu/h26_kekka_saitaku.html 二〇一六年四月二三日閲覧)。
浜田宏一 二〇一二、「大学の国際化はなぜ必要か?」『學士會会報』第八九五号、八四―九〇頁。

船橋洋一 二〇〇〇、『あえて英語公用語論』文春新書。
Nasu, Masako 2015, "The Role of Literature in Foreign Language Learning" in Masayuki Teranishi, et al.(eds.), *Literature and Language Learning in the EFL Classroom*, Palgrave Macmillan, pp. 229–247.
Saito, Yoshifumi 2015, "Ichikawa Sanki(1886–1970): Expert in English Philology and Literature" in Hugh Cortazzi(ed.), *Britain & Japan: Biographical Portraits*, Renaissance Books, pp. 357–367.
Saito, Yoshifumi forthcoming, "Globalization or Anglicization?: A Dilemma of English Language Teaching in Japan" in Ryoko Tsuneyoshi(ed.), *Globalization and Japanese "Exceptionalism" in Education: Insider's Views into a Changing System*, Routledge, forthcoming.

7
民主的市民の育成と教育カリキュラム

小玉重夫

はじめに――シティズンシップ教育の政策化を受けて

シティズンシップ（市民性）とは、民主主義社会の構成員として自律した判断を行い、政治や社会の公的な意思決定に能動的に参加する資質をさす概念である。近年、日本を含む各国で、そういう資質を育むシティズンシップ教育を、学校教育の中心的な課題にしようという動きが強まっている。たとえば、本講座第一巻の拙論で述べたように、イギリスでは一九九八年に政治学者バーナード・クリックらが中心となって、シティズンシップ教育に関する政策文書（通称「クリック・レポート」）が発表された（小玉 二〇一六a、二〇一六b）。そしてこれにもとづいて、二〇〇二年から、中等教育段階でシティズンシップ教育が必修となった。

この動きの延長線上で、今世紀に入って、日本でもシティズンシップ教育の政策化へ向けての動きが進んできた。筆者が関わった例を挙げれば、二〇〇六年に経済産業省が三菱総合研究所の協力を得て「シティズンシップ教育宣言」を刊行した(1)。その成果もふまえつつ、二〇一一年には総務省の「常時啓発事業のあり方等研究会」が最終報告書「社会に参加し、自ら考え、自ら判断する主権者を目指して　新たなステージ「主権者教育」へ」を刊行し、「社会参加の促進」と「政治的リテラシーの向上」を掲げて、学校教育における主権者教育の充実を提唱した。[2] これを受けて、総務省や各地の選挙管理委員会、明るい選挙推進協会では若い世代へ向けての選挙啓発活動を活発化させ、二〇一五年五月には「わたしたちが主役! 新しいステージ「主権者教育」」と題する映像を制作し、動画サイトで公開した。また、市民レベルでも、シティズンシップ教育を実践、研究している諸個人、諸団体が緩やかにつながる動きが進み、そのひとつの結節点として、日本シティズンシップ教育フォーラム(J－CEF)が二〇一三年に設立されて、活動を続けている。[3]

そうしたなかで、二〇一五年六月一七日に、選挙権年齢を「二〇歳以上」から「一八歳以上」に引き下げる改正公職選挙法が成立した。これにより、国政選挙では、二〇一六年夏の参院選から一八歳以上による投票が実現することとなった。そうした状況をふまえ、文部科学省では次期学習指導要領の改訂へ向けて、中央教育審議会教育課程部会の教育課程企画特別部会で、政治参加意識を高めるための高等学校での新科目「公共」の導入などの検討に入った。そうした動向をふまえて日本学術会議では二〇一六年五月一六日に、高等学校における政治教育の活性化へ向けての提言を行った(日本学術会議 二〇一六)。

一八歳選挙権の成立によって、高校三年生が有権者ということになる。このことによって、一八歳を大人に、つまり市民にしていくということが中等教育に期待される固有の役割として浮上し、中等教育の再定義がもとめられることとなった。この、一八歳を市民にしていくという点から初等教育を含む学校教育全体のカリキュラムをとらえなおすことは、中心的なテーマである。市民育成のカリキュラムはこのような学校教育全体の再定義と密接に関わっている。

以上で概観したようなシティズンシップ教育政策化へ向けての動きは、学校を市民性育成の場に再定義していこうという流れのなかに位置づけられ、本講座第一巻の拙論(小玉 二〇一六b)や拙著(小玉 二〇一六a)で述べたような、教育と政治が結びつく教育の再政治化の動きの一環としてとらえることができる。そうした教育の再政治化のなかでの市民性教育の中核をなす政治教育については第一巻で詳論した。それをふまえて、本章では、政治教育の基礎をなす、より広い市民性のカリキュラムの全体像に迫ることを目的としたい。

第一節では、学校を市民性育成の場に再定義していく動きが、学力のポスト戦後体制という歴史的な文脈のなかにあることを示す。第二節では、そうした再定義の動きをカリキュラム・イノベーションという視点から特徴づける。第三節では、市民性のカリキュラムによって育成される市民とはいかなる存在なのかを、主にアマチュアリズムの視点から明らかにする。第四節では、市民性のあり方を考える具体例として、東日本大震災による原子力発電所事故後の放射線教育をめぐる議論に着目する。第五節では、市民性のカリキュラムを中等教育で実践している学校の例として東京大学教育学部附属中等教育学校の実践例を取り上げ、その意義を解明する。最後に「おわりに」では、市民性教育の場として再定義された学校が、高等教育を変革していく知の解放のポテンシャルを秘めていることを述べ本章の結びとしたい。

一　学力のポスト戦後体制

高度成長期の日本は、学校での学習成果としての学力が選抜システムにおけるシグナルとして機能してきた社会であった。これを学力の戦後体制と呼びたい(小玉 二〇一三)。たとえば数学で九〇点を取ったらそれ自体がその生徒の学力のシグナルとして評価されてきた。

これに対して、学力のポスト戦後体制に突入した今日は、学習成果が単なるシグナルではなくてそれ自体実質的な意義(レリバンス)を持つものとして期待されるようになる社会であり、数学で九〇点を取ったらそのことでどういう資質や能力が身についたのかについての説明責任を教師や学校、場合によっては生徒自身が負う社会である。

この学力の戦後体制からポスト戦後体制への移行を象徴的に示すのが、センター試験廃止に代表される大学入試制度の改革と、それに伴うアクティブラーニングを介した高大接続の重視である。たとえば中央教育審議会が二〇一二年八月二八日に出した答申「新たな未来を築くための大学教育の質的転換に向けて　生涯学び続け、主体的に考える力を育成する大学へ」では、「教員と学生が意思疎通を図りつつ、一緒になって切磋琢磨し、相互に刺激を与えながら知的に成長する場を創り、学生が主体的に問題を発見し解を見いだしていく能動的学修(アクティブ・ラーニング)への転換」が謳われている。さらに、同審議会が二〇一四年一二月二二日に出した答申「新しい時代にふさわしい高大接続の実現に向けた高等学校教育、大学教育、大学入学者選抜の一体的改革について」では、この質的転換の視点を学校教育全体に拡大し、「主体的・協働的な学習・指導方法であるアクティブ・ラーニングへの飛躍的充実」が説かれている。

つまり、学習成果を単なるシグナルとしてではなく、それ自体実質的な意義を持つものとして評価するために、アクティブラーニングが重視され、それを評価しうるような新しい入試システムの改革が追求されているといえる(松下 二〇一五、中原 二〇一六)。

以上のような背景のもとに、カリキュラムの構成原理に関しても、内容(コンテンツ)重視型から、コンピテンス(資質・能力)重視型へのカリキュラムの構造転換が、日本でも議論されるようになり、学習指導要領改訂の方向にも影響をおよぼしている。われわれの共同研究では、学力のポスト戦後体制を画するそうしたカリキュラムの構造転換をカリキュラム・イノベーションとして位置づけた(小玉 二〇一五a)。そこで次節では、このカリキュラム・イノベーションが意味するものについて概括しておきたい。

二　カリキュラム・イノベーション

カリキュラム・イノベーションには三つの側面がある。

一つ目は、カリキュラムの決定主体、すなわち誰がカリキュラムを決めるのかという問題である。従来は、国とアカデミズムであった。これらは今後も重要なカリキュラムの決定主体になるだろう。しかし同時に、カリキュラム・マネジメントということばに見られるように、地域や学校という、より教育現場に近いところでカリキュラムの決定を行うようなシステムが重要視される。

二つ目は、教育の方法、すなわちどのようにして教え、学ばれるのかという問題である。従来のカリキュラム論においては、学習者は、あらかじめ自律的に存在することを前提としてきた。しかし、アクティブラーニングを通じ自律的な学習者の育成自体を課題にする中で、従来の教科学習のカリキュラムの構造そのものを組み替えていくことが必要ではないかという課題が浮上する。

三つ目は、カリキュラムの内容、すなわち何を教えるかという問題である。前述のように、学力の戦後体制においては、教科で学ばれる学習が、ともすれば個人の能力のシグナルとしての意味を非常に強く持ってきたのに対して、学力のポスト戦後体制においては、社会や政治とのつながりを実質的に有するカリキュラムの社会的意義の側面が重視されるようになる。

以上に述べた三つの側面、すなわち、教育現場に近いところでのカリキュラムの決定、自律的な学習者の育成、社会的意義を有するカリキュラムという側面は、日本のみならず、二一世紀の世界のカリキュラム改革の動向とも軌を一にするものである。たとえばガート・ビースタらは、近年のカリキュラム改革の動向を、カリキュラムの決定における教師の主導性、構成主義的学習理論にもとづく学習者中心のアプローチ、内容ではなく結果を重

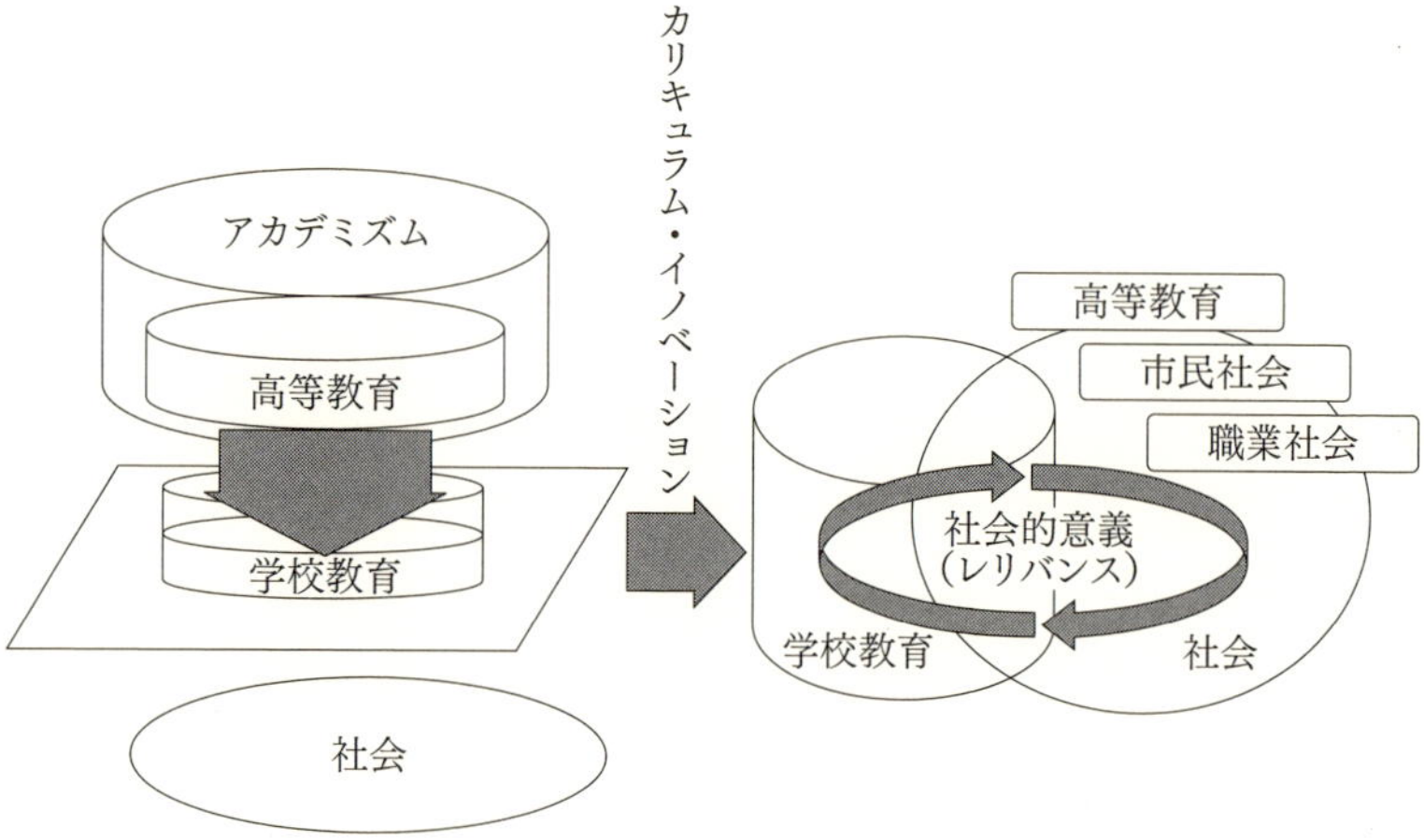

図1　カリキュラム・イノベーションの概念図
出典：小玉 2015a. 図の作成にあたっては，河野麻沙美氏の協力を得た.

視したカリキュラムの形成の三点に求めているが(Biesta and Priestley 2013, pp. 229–230)、これはまさしくここでの三つの側面と重なるものである。次節で詳しく論じるが、従来型のカリキュラムでは、アカデミズムの要請により、必ずしも社会と密接に関係しない知識中心の教育を学校は担っていた。カリキュラム・イノベーションはこの関係を変え、カリキュラムの社会的意義を高める(図1)。

すなわちこの図にも示されているように、カリキュラム・イノベーションにおけるカリキュラムの社会的意義のなかでも特に重要なのは、職業社会とのつながりを中心とした職業的意義(本田 二〇〇九)と、市民社会や政治とのつながりを中心とした市民的意義(小玉 二〇一五b)である。職業的意義と市民的意義は相互に分離されたものではなく互いに関連しあっている。そのうえで、初等中等教育の普通教育としての側面に着目するならば、後者の市民的意義が基底的な性格を持つことになるだろう。本章が、学校を市民育成の場としてとらえなおそうとするのは、まさにこのような学力のポスト戦後体制におけるカリキュラム・イノベーションが、カリキュラムの市民的意義をその基底におくことに注目するからである。

にする。そこで次に、このカリキュラムの市民的意義の内実について、学力の市民化という視点から検討してみることにする。

三 市民とは誰か——政治参加とアマチュアリズム

(1) 学力の市民化

カリキュラムの市民的意義を追求していくうえで、特に重要となるのは、どのような資質・能力を市民性(シティズンシップ)のコアにおくかという点である。公教育においてそれは、学力の市民化として概念化されうるものになるのではないだろうか。たとえば、医者にならなくても医療問題を考えること、映画監督にならなくても映画を批評すること、プロ野球選手にならなくても野球について考え批評すること、そして官僚にならなくても行政について考え批評すること。つまり、職業と結びついた専門的知識や技能を、市民化された批評的知識へと組み替えていくこと、ここに学力の市民化のポイントがある(小玉 二〇一三)。本講座第一巻でも詳論したように、バーナード・クリックらのいう論争的問題を中心に据えた政治的リテラシーの教育がその一環をなす。そうした意味において、アマチュアリズムと政治参加を学力のコアにおくことが考えられる。

(2) アマチュアリズムと政治参加

市民性の根幹にあるのは、政治に参加するという側面である。政治に参加するということが市民であるということとつながっている。同時に、市民には、プロではない、専門家に対する素人(アマチュア)という意味も含まれている。

民主主義とは古代ギリシア以来、市民が一部の専門家に任せずに、皆で政治をつくっていくということを意味してきた。したがって、市民性という概念において、アマチュアリズムと政治参加は内在的に結びついている。例えば「市民ランナー」とよばれるマラソンの川内優輝選手は、走ることを専らの仕事にしていなくて、普段は定時制高校の事務職員として働き、仕事のない余暇を使ってトレーニングをしている。そういう選手を市民ランナーと私たちは呼ぶ。このように、市民ということばには、プロとしての仕事とは別にアマチュアとして関わるという意味あいが含まれている。

民主主義社会では、プロである専門家とアマチュアである市民が政治的な判断を共同で意思決定することが重要な要件を構成している。その際特に、専門家の間で議論が分かれる不確実な問題や論争的な問題については、最終的に市民が判断したり意思決定したりすることが必要となってくる。またそういうことを可能にする市民の育成が、重要になってくる。学校のカリキュラムは、そういう意味でのアマチュアである市民の育成を存在理由としている。

それでは、そういうアマチュアとしての市民の育成にはどのような特徴があるのだろうか。この点を、プロの育成との対比において検討してみよう。

(3) プロの育成——「知ることとできること」の結合

プロの専門家を育てることとアマチュアの市民を育てることとの本質的な違いはどこにあるだろうか。

プロを育てるというのは有能なものを育てる教育のことであるといえる。有能性を原理として成り立つ思想が能力主義である。能力主義を原理とするプロを育てる過程には、当然競争がある。社会的に要請されるプロの人員には限りがあるので、そこへの参入をめぐって競争が発生するのである。受験もその一つである。有能なものの教育においては、知ることとできることが結びつく。教育という営みには、そうした有能なものを育てるという要素が必ず存在する。

(4)アマチュアの育成――「知ることと考えること」「知ることと探究すること」の結合

しかし教育のすべてが有能なものを育てる教育ではない。有能なプロを育てる教育とは異なる、もうひとつの重要な要素が教育にはある。それが、アマチュアを育てる教育である。

教育には、プロになるための教育に帰せられない要素がある。それは特定の専門家の独占に閉ざされていない、市民的な批評や判断に開かれた教育である。たとえば、病気になったときに、治療の判断を医者任せにはできない。インフォームドコンセントを求められ、場合によってはセカンドオピニオンも参照し、最終的な判断はアマチュアである私たちに委ねられる。

有能なプロになるための教育が「知ることとできること」を結びつける教育であるのに対して、アマチュアの自律的な判断へと開かれた教育、市民的批評に開かれた教育は、「知ることと考えること」「知ることと探究すること」を結合する教育であるといえる。この点と関わって、アメリカの教育哲学者タイソン・ルイスは、イタリアの哲学者ジョルジョ・アガンベンの議論を参照しつつ、探究(study)とは、「できること」ではなく「できることとできないことの間にとどまる」ことであるという、興味深い指摘をしている。「できることとできないことの間にとどまる」とは、いったいどういうことだろうか。ルイスの言葉に耳を傾けてみよう。

探究によって人は主体性を回復する。そうした探究が切り開く新しい教育の共同体は、利害や技能、能力によってではなく、必然性と偶然性の間、不可能性と可能性の間、そして、できることとできないことの間

にふみとどまる生き方によって、定義される。（Lewis 2013, p. 15）(4)

次節で検討する原発の問題も、ＴＰＰや集団的自衛権などといった政治的な論争問題も、専門家の判断を参考にしながらも、最終的には政治的判断は非専門家である市民がするというのが民主主義社会の原則である。そこでの市民は、必ずしもプロとしての有能性を備えた存在ではないかもしれない。その意味で、無能な存在である。しかし、そうであるからこそ、このルイスの指摘にもあるように、市民は、不可能性（できないこと）と可能性（できること）の間にあって、自律的で自由な判断をする存在なのだ。

不可能性（できないこと）と可能性（できること）の間にあることは、探究し考える市民の存在条件を示すものであるといえるが、この点についてはカリキュラムの具体例を扱う第五節であらためて取り上げる。その前にいましばらく、市民性を育てる学校や教師のありようについて、検討してみたい。

（５）教師の役割——アカデミズムのエージェントから市民的批評空間のコーディネーターへ

学力の戦後体制を担った高度成長期の教師は、真理のエージェントとして位置づけることができる（図２）。それに対して、学力のポスト戦後体制におけるカリキュラム・イノベーションを担う教師は、市民的批評空間のコーディネーターとして位置づけることができる（図３）。

学力の戦後体制における学校では、教師はアカデミズム＝専門家集団のエージェント（代理人）として存在し、児童や生徒は学校の教師が教えることを受動的に学ぶという関係であった。ここでは、学校教育は児童や生徒に対して知識を伝達する場として位置づけられる。

これに対して、学力のポスト戦後体制におけるカリキュラム・イノベーションを担う教師の役割は、アカデミズムのエージェントとしてのそれから、専門家集団と市民、児童や生徒とをコーディネートしていく役割へと転換する。ここでは、学校教育は知識の伝達の場としてよりも、相互の対話や議論によって知識のあり方を批評・探究し、考えていく場になる。そしてそうした知識のあり方の批評や探究、思考においては、相互の討論によって新しい知のあり方を創造することが重要視される。そこで教師は、そうした知の創造に能動的に関与する市民的批評空間のコーディネーターになる。

アカデミズムに閉ざされてきた専門知の世界を市民社会へと架橋し、学校を市民的批評空間の場にしていくこ

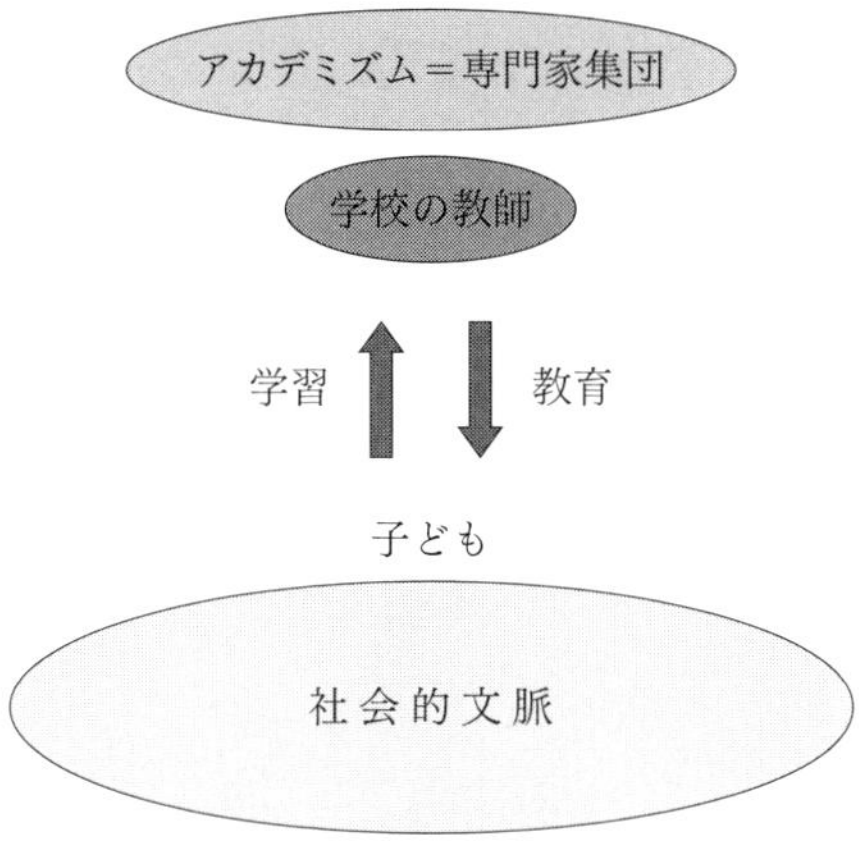

図２　真理のエージェントとしての教師
出典：小玉 2013.

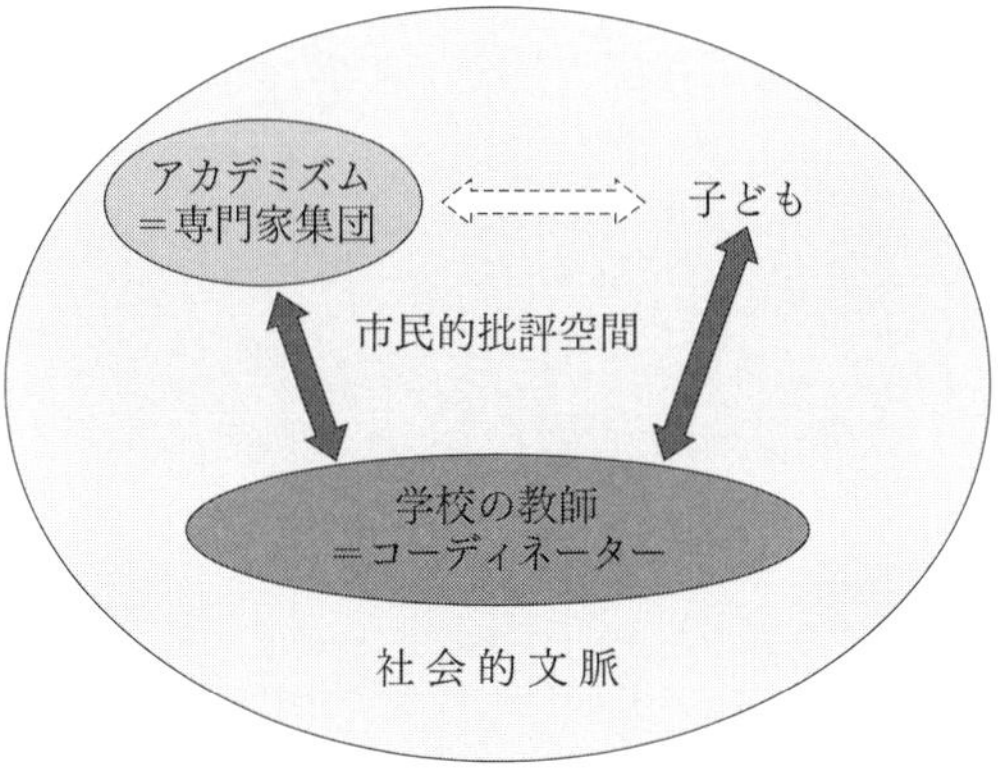

図３　市民的批評空間のコーディネーターとしての教師
出典：小玉 2013.

とが、カリキュラムの市民化に課せられた使命である。そうした使命が顕在化したのは、二〇一一年三月の東日本大震災による原発事故であった。次節ではこの問題に触れたい。

四　東日本大震災と原発事故からの教訓

(1) 福島第一原発事故と放射線教育

二〇一一年三月一一日の東日本大震災による福島第一原子力発電所の事故当初、多くの専門家が原発事故の規模を低く見積もる発言を行い、放射線被曝の影響についても「直ちに健康に悪影響を与えるものではない」といった類の発言を繰り返した。そうした発言は必ずしも市民から信頼されておらず、その結果、農作物などの生産者、消費者の双方が不安と負担に悩まされる状況が続いた。

そうした状況が学校でも、放射線教育をめぐる問題として顕在化した。文部科学省では、中学校学習指導要領理科第一分野に放射線教育が取り入れられたのを受けて、『小学生のためのエネルギー副読本　わくわく原子力ランド』(二〇一〇年二月)、『中学生のためのエネルギー副読本　チャレンジ！　原子力ワールド』(二〇一〇年二月)を刊行していた(以下、旧副読本と呼ぶ)。しかしこれらの旧副読本は、「放射線は大量に受けると、身体に害をおよぼすが、少量の放射線であれば健康に影響はない」(『チャレンジ！』二二頁)、「原子炉は放射性物質を閉じこめる五重のかべで守られている。大きな地震や津波にも耐えられるよう設計されている」(同書、三〇頁)など、原発事故後の状況に対応できない記述が多かったため、根本的に見直されることとなった。

このような経緯を受けて二〇一一年一〇月に新しい放射線副読本が刊行された(以下、二〇一一年副読本と呼ぶ)。二〇一一年副読本は旧副読本と比べれば、放射線に関する知識を客観的に伝えようとする姿勢を一定みることができた。しかしながら、この二〇一一年副読本に対しても、問題点が指摘された。

一つは、福島第一原発事故の詳しい説明がないことである。旧副読本は社会科、理科、技術・家庭科、総合的な学習の時間に対応した、教科横断的で総合的な性格のものであった。それに対して、二〇一一年副読本は放射線の知識に限定したものである点に特徴があった。したがって、原発事故との関連をふまえつつ、放射線の問題を社会や政治との関連を含めて総合的に学習する教材にはなっていないという問題があった。

もう一つは、放射線のリスクに関する記述が不十分、かつ曖昧であるという点である。たとえば、「短い期間に一〇〇ミリシーベルト以下の低い放射線量を受けることでがんなどの病気になるかどうかについては明確な証拠はみられていません。普通の生活を送っていても、がんは色々な原因で起こると考えられていて、低い放射線量を受けた場合に放射線が原因でがんになる人が増えるかどうかは明確ではありません」と述べている(中学生向け二〇一一年副読本、一五頁)。しかし、その同じ頁では、「国際放射線防護委員会(ICRP)は、一度に一〇〇ミリシーベルトまで、あるいは一年間に一〇〇ミリシーベルトまでの放射線量を積算として受けた場合でも、線量とがんの死亡率との間に比例関係があると考えて、達成できる範囲で線量を低く保つように勧告しています」と述べている(同書、一五―一六頁)。専門家の間からは、この二つの記述のあいだに整合性はとれるのか、むしろ矛盾するのではないか、という問題点が指摘された(林 二〇一二)。

これらの問題を受けて、二〇一四年に再改訂された副読本が刊行された(二〇一四年副読本)。この二〇一四年副読本の特徴は第一に、前半はほぼ福島第一原発の事故の記述にあてられており、どういうふうに放射性物質が拡散したかを含めて詳しい記載がある。第二に、低放射線被曝のリスクについても、二〇一一年副読本よりは立ち入った説明になっており、複数の見解が対立しているということが詳述されている。

以上のような、原発事故以後の放射線副読本の二度の改訂によって明らかになったのは、低線量被曝に伴うリスクについて専門家のなかに複数の見解があることであった。この点が曖昧になると、専門家から発信される見解への不信がかえって助長される懸念があるため、放射線の影響について専門家の間でも論争がある、つまりそこには広い意味での政治的な争点があるのだということを隠さずに示し、市民の側の政治的判断力(政治的リテラシー)を高め、判断を専門家任せにしないような教育を行うことが必要になるという課題が浮き彫りとなった(小玉 二〇一二)。

(2) 専門性と市民性の架橋

前節では、アカデミズムに閉ざされてきた専門知の世界を市民社会へと架橋し、学校を市民的批評空間の場にしていくという課題について検討した。放射線副読本改訂をめぐる問題が示すのは、東日本大震災と福島第一原発の事故以降、学校を市民的批評空間の場にしていくというこの課題がますます重要性を帯びているという点であったといえる。すなわちそこでは、専門家のなかに存在する論争や議論と、専門家ではない市民との間を架橋しうるような教育の重要性が浮き彫りとなった。その際特に、学校や教師が専門性と市民性を架橋するうえでの課題として以下の二つの点を指摘することができる。

第一に、科学者や専門家の専門性にもとづく発言はあくまでもその専門領域に関するものであることを認識させるという点である。影浦峡は情報リテラシーの視点から、「放射線による発癌確率と、ある確率のリスクを安全と見なすかどうかの判断も、実はまったく異質のものです」と述べている(影浦 二〇一一、一一頁)。つまり、専門家は放射線による発癌確率について知見を述べることができるが、そのリスクが安全であるかどうかの判断は社会的、政治的なものであり、市民によってなされなければならないということである。

第二に、専門家の見解に対立や論争がある場合、そこで論点、争点になっていることは何なのかをこそ、しっかりと教え、考えさせるという課題である。クリックは、シティズンシップの中心的な要素に政治的リテラシーがあることを強調し、政治的リテラシーとは争点を知ることであると述べている。つまり、シティズンシップ教育においては、「論争的問題」を教育することで「争点」を理解し、政治的リテラシーを高めることが重視されている(Crick 1962, 2000, 2002)。これはまさに、放射線教育において強く求められる視点であるといえる。

学校や教師は、以上の二点をふまえつつ、市民と専門家の間を橋渡しするコーディネーターになることが、これまで以上に強く求められている。そこで次節では、そうした学校や教師によって担われる市民性カリキュラムの具体例として、東京大学教育学部附属中等教育学校の試みを検討したい。

五　探究的市民の方へ——東大附属の実践例

(1) コアカリキュラムとしての「探究的市民科」

学力の戦後体制の時代は、学校のカリキュラムは、アカデミズムから下降してきたそれぞれの専門性にもとづいて教科ごとに領域化されてきた。これに対して、第三節で述べたようにカリキュラム・イノベーションによってカリキュラムの社会的意義を創り出していくためには、アカデミズムに閉ざされてきた専門知の世界を市民社会へと架橋し、学校を市民的批評空間の場にする仕掛けが必要となる。教科横断的な性格を有する「総合的な学習の時間」と「特別活動」(学校行事や生徒会など)はそうした仕掛けを担保するコアカリキュラムになる可能性がある。特に、「総合的な学習の時間」における探究活動が各教科の活動とリンクし、総合学習と教科の学習の連携がはかられれば、教科のなかにある市民性の部分が解放されて、カリキュラム全体が市民性の内実を帯びたものになっていく可能性が開かれる。

しかし、中等教育、特に高等学校における総合学習はそうした内実を備えているとは言い難い現状がある。ここで東京大学教育学部附属中等教育学校（以下、東大附属）を取り上げるのは、同校が中等教育の学校としてはきわめて突出して、総合学習をカリキュラムの中心に据えて実践を行ってきた学校だからである（詳細は、小玉他 二〇一五）。

東大附属は、旧制の東京高等学校（一九二一年設立）を前身とする、六年制の中等教育学校である。旧制高校時代の生徒による自治とリベラルアーツ教育の伝統を受け継ぎ、生徒会活動と学校行事を中心とする民主主義の学校文化と、探究志向性を重んじる総合学習をカリキュラムの基盤に据えてきた。また、民主主義的学校文化と生徒の探究志向性を結ぶ紐帯として、日々の授業のなかに協働学習を取り入れ、市民性を育てる教育を行っている（石橋他 二〇一五、石橋他 二〇一七）。[(5)] 特に総合学習については、一、二年（中一と中二）の「総合学習入門」で探究的な学びの基礎を培い、それにもとづいて、三、四年（中三と高一）の「課題別学習」では、教員と生徒が一年間をかけて協働してひとつのテーマを掘り下げていく。そしてそれが、五、六年（高二と高三）での「卒業研究」につながっていく。このように、東大附属では、「総合学習入門（一、二年）→課題別学習（三、四年）→卒業研究（五、六年）」という形で、総合学習を学校のカリキュラムの中心（コア）に位置づけて、教育活動を行ってきた。

以上の成果と蓄積をふまえて、二〇一六年度からは、文部科学省の研究開発学校指定を受け、この「総合学習入門（一、二年）→課題別学習（三、四年）→卒業研究（五、六年）」を「探究的市民科」という新教科とし、総合学習と教科の学習の連携をより緊密にすることによって、市民性を育てる中等教育カリキュラムの開発に取り組んでいる。[(6)]「探究的市民科」のねらいは、「教科を超えた学びを教員も一緒になって作り上げる」ことと、「素人でも、市民として世の中の様々な事象や問題に関心を持ち、学び、考え、意見を持つ」ことであるとされている（沖濱・石橋 二〇一六）。その意味で、アカデミズムに閉ざされてきた専門知の世界を市民社会へと架橋し、学校を市民的批評空間の場にしていく実験例として位置づけることができる。

以下ではこの「探究的市民科」のなかから、課題別学習(三、四年生)と卒業研究(五、六年生)の事例を取り上げ、そこから、探究的市民の条件を探ってみたい。

(2) 越境すること

探究的市民の一つ目の条件は越境することである。

一つの例として、「海(Sea)」という課題別学習を取り上げてみたい(福島 二〇一六、田口 二〇一六)。これは二〇一四年度までの課題別学習「心とからだ」(福島 二〇一五)を継承、発展させたもので、二〇一五年度と二〇一六年度に開講された一四の課題別学習のうちの一つである。沖縄という場所に焦点化しつつ、沖縄の歴史、社会、自然と身体表現を学び、沖縄の人々とふれあい、そして、そこに存在する多様な声を聞き取り、映像化していく。生徒と教員はそうした活動を通して、ふだん住み慣れた場所、住み慣れた人間関係からいったん離れて越境し、そのことによって自身の生き方を問い直していく経験をする。

生徒たちが交流するグループの一つに、勝連地域(うるま市)の現代版組踊「肝高の阿麻和利《あまわり》」を踊り、演じる中高生がいる。阿麻和利は、一五世紀に当時の琉球王朝と対立し殺害された勝連地域の英雄である。「肝高の阿麻和利」は、反逆者の汚名を着せられてきた阿麻和利を地元の英雄として再表現する物語である。そうした阿麻和利を表現し演じることで、勝連地域の中高生たちは自らの歴史に思いをはせながら未来と向き合うようになる。そして東大附属の生徒はそうした勝連地域の中高生と交流し、共に踊るなかで、自らのこれまでの生き方を問い直していく。

そうした一連の探究活動は、単に東京から沖縄へ行くという意味で境界を越えているというだけではない。東京から見れば沖縄は一つの場所だが、沖縄自体には、米軍基地によって沖縄とアメリカの境界があるように、そして、琉球王朝と勝連の阿麻和利の間にも境界があるように、中心と周辺の構造が幾重にも絡まり合う二重三重の境界が存在する。そうした幾重にも重なり合う境界を越える経験をする中で、生徒自身が自分を見つめ直し、自分と他者との関係を深く考え、それを表現する実践をしていく。

哲学者のジャック・ランシエールは、人間が主体的な市民性を得ていく条件として、以下のように、「自明視されている場所からの離脱」という点を挙げている。

あらゆる主体化は、脱自己同一化(アイデンティティの相対化)であり、あたりまえのものとして自明視されている場所からの離脱であり、それによって、誰もが認められるような空間が開示されることである。
(Rancière 1998, p. 36/邦訳 二〇〇五、七一頁)

課題別学習「海(Sea)」は、まさにここでランシエールがいうような離脱と越境を可能にし、そのことによって探究的な学びを実現する、探究的市民性の実践であるといえる。

(3) 不可能性と可能性の間を生きること

二〇一五年度の課題別学習「地域学をつくる」を担当した峯岸努は、シティズンシップ(市民性)を「ブラックボックスにアプローチしようとする知恵と勇気と実行力」であるとする。ブラックボックスを前にして生徒が示す反応は、「ムリッ、ウザッ、キモッ」という言葉に集約される(峯岸 二〇一六)。ただし峯岸によれば、「ムリッ、ウザッ、キモッ」には微妙な違いがある。

「ムリッ」は「知らないので、見通しが持てないから、やりたくありません」、「ウザッ」は「面倒くさいのでいやです」、「キモッ」は「経験はないけど、興味は持ちました」というニュアンスを含む。つまり、この三つの反応のなかでは、「キモッ」と言われるものが、探究志向性への糸口になる可能性を含んでいるという。

このような生徒の探究志向性は、卒業研究でどういうテーマに取り組むかにもつながってくる。二〇一四年度から二〇一六年度に研究部長を務めた石橋太加志は、卒業研究が生徒の進路選択に少なからず影響を与えていることを認めつつ、それはあくまでも事後的な結果であって、事前に予定されていたものではないことにこそ注意を向けるべきであるという。「生徒が、我々の描くライフコースをどれだけ外れていくか」という点にこそ探究活動の醍醐味があるという(沖濱・石橋 二〇一六)。

「キモッ」が糸口になって探究活動が展開され、結果として教師の思惑を外れる生き方を生徒が選び取るようになっていくことが、ここでは想定されている。そこにあるのは、はじめから自分にできること(可能性)を想定して取り組むのでも、「ムリッ」といって自分にはできないと決めてかかる(不可能性)のでもない、不可能性と可能性の間を生きる探究志向性である。第三節で言及したルイスが、市民は不可能性(できないこと)と可能性(できること)の間にあって、自律的で自由な判断をする存在だというのは、まさにそうした意味においてであるということができる。ルイスは前述の引用に続けて以下のように述べている。

探究することは、究極的には、不可能性の現前である。そうした不可能性は、管理されること、利用されること、商品化されること、統制されること、捕獲されること、そして最終的に社会的矯正や経済的、制度的観点から充足されること、そうした一連のことを拒否する。探究することは、学習を教授の目標と結びつけてきた紐帯を解きほぐすことにほかならず、そしてまた、可能性を標準化された装置によってのみ認識できる抽象的なデータへと変換する測定様式と学習とを結びつけてきた紐帯を解きほぐすことである。（Lewis 2013, p. 15）

教育にはあらかじめ設定された目標に従って評価をすべき領域も存在する。それは可能性（できること）があらかじめ想定される領域である。それに対して本章が検討してきた探究的市民性は、そうした可能性（できること）をあらかじめ想定することが困難な領域なのであり、したがって、事後的に、しかも長期的な時間軸でしか検証し得ない領域なのである。

おわりに——初等中等教育から高等教育を変革する

本章で検討してきたことは、初等中等教育、とりわけ中等教育が、いかにして探究的市民性を育てる場になるか、その条件であったということができる。

従来の初等中等教育のカリキュラムはアカデミズムを起点として形成され、中等教育は高等教育で生産された知を伝達する高等教育の下請的な位置にあり、中等教育がカリキュラムの形成それ自体に主導的な役割を果たすことはなかった。これに対して、本章がよって立つカリキュラム・イノベーションの視点からは、高等教育から中等教育へと下降するカリキュラムの構造を組み替え、中等教育と高等教育との対等な関係を前提とした、両者の間での相互往還的なカリキュラムの形成が展望される。

カリキュラム・イノベーションの視点から高大接続の在り方を見つめ直すとき、そこで考える必要があるのは、従来の高大接続論の背景にあった、高等教育（大学）は知を生産する場で、中等教育（中学、高校）は大学で生産された知を伝達する場であるという暗黙の前提の問い直しである。カリキュラム・イノベーションの視点に立てば、中等教育がカリキュラム形成の主体であるとともに、知の生産の一翼を形成する担い手でもあることになる。初等中等教育における探究的活動は、アカデミズムでの研究に新しい視点を持ち込み、制度化され専門分化した学問の枠組みやディシプリンを揺さぶり、既存の知を問い直すポテンシャルを秘めている。そうしたポテンシャルを解放し、高等教育に独占されてきた知を市民へと解放していく、その担い手として初等中等教育の現場を位置づけていくことが求められているのではないだろうか。

ジャック・ランシエールは、知を生産する者と知を受け取る者との間、あるいは、知を説明する者と知を説明される者との間の序列を前提とした前者から後者への特権的、階層的な知の伝達を「説明体制」による「愚鈍化」の構造であると批判し、そうした序列化を廃して、学ぶ者の主体性、自律性を回復する営みを、「知性の解放」と呼んだ(Rancière 1987)。いま求められているのは、まさにここでランシエールがいうような「知性の解放」への回路を、アクティブラーニングが喧伝される状況のなかに探りあて、「高等教育(大学)＝知を生産する場、中等教育(中学、高校)＝大学で生産された知を伝達する場」という従来型の高大接続論の構造を転換させていくことなのではないだろうか。

一八歳選挙権によって、今後、紆余曲折はあるだろうが、これまで社会や政治から子どもを隔離し保護する場であった学校が、有権者である生徒を介して社会や政治とつながる学校へと変わっていくことが予想される。つまり、本講座第一巻でも論じたように、脱政治化していた教育が再政治化する時代に入ったのである(小玉 二〇一六a)。高校生が大学での研究の先端とアクティブラーニングを介して結びつき、大学における知の解放と活性化の担い手となる時代も、そう遠いことではないのかもしれない。

注

（1） 以下のサイトから全文入手可能。http://warp.ndl.go.jp/info:ndljp/pid/281883/www.meti.go.jp/press/20060330003/20060330003.html
（2） 以下のサイトから全文入手可能。http://www.soumu.go.jp/menu_news/s-news/01gyosei15_02000033.html
（3） 以下のサイトを参照。http://jcef.jp/
（4） 本書は二〇一六年度の東京大学教育学部と同大学院教育学研究科の演習で講読し、演習に参加した学生、院生のみなさんから多くの示唆を得た。
（5） 東大附属におけるシティズンシップ（市民性）教育の実践と研究については、小玉（二〇一四）、橋本（二〇一四）、小玉（二〇一五b）を参照。
（6） 文部科学省研究開発学校（二〇一六年度指定）『「総合的な学習」と教科学習を、「市民性」「探究」「協働」の視点で見直し結びつけ、そこでの「ディープ・アクティブ・ラーニング」を可能にするカリキュラムの開発と、その指導・評価方法の研究』。http://www.mext.go.jp/a_menu/shotou/kenkyu/htm/02_resch/0203_tbl/1376055.htm

参考文献

石橋太加志・千葉美奈子・橋本渉・細矢和博・南澤武蔵・秋田喜代美・小国喜弘・小玉重夫 二〇一五、「協働学習に取り組む中等教育学校教師の抱える不安と有効性の認識——教師と生徒の協働学習についての記述データの検討から」『東京大学大学院教育学研究科紀要』第五四巻、五六五—五八四頁。
石橋太加志・浅香眞弓・荒井恵里子・武田竜一・千葉美奈子・廣井直美・前田香織・秋田喜代美・小国喜弘・小玉重夫 二〇一七、「中学生・高校生の協働学習に対する認識と学校への適応感」『東京大学大学院教育学研究科紀要』第五六巻（近刊）。
沖濱真治・石橋太加志 二〇一六、「東大附属での研究開発校としての実践事例」東京大学大学院教育学研究科附属学校教育高度化センター主催シンポジウム「国際的な学力論争に日本はどう向き合おうとしているのか——標準化と多様性をめぐるダイナミズム」報告資料、二〇一六年一一月五日。
影浦峡 二〇一一、『3・11後の放射能「安全」報道を読み解く』現代企画室。
小玉重夫 二〇一二、「市民科学と放射線教育」『科学』第八二巻第一〇号、一一四二—一一四五頁。
小玉重夫 二〇一三、『学力幻想』ちくま新書。
小玉重夫 二〇一五a、「なぜカリキュラム・イノベーションか」東京大学教育学部カリキュラム・イノベーション研究会編『カリキュラム・イノベーション——新しい学びの創造へ向けて』東京大学出版会。

小玉重夫 二〇一五b、「シティズンシップ教育のカリキュラム」東京大学教育学部カリキュラム・イノベーション研究会編『カリキュラム・イノベーション――新しい学びの創造へ向けて』東京大学出版会。
小玉重夫 二〇一六a、『教育政治学を拓く――18歳選挙権の時代を見すえて』勁草書房。
小玉重夫 二〇一六b、「公共性の危機と教育の課題」佐藤学・秋田喜代美・志水宏吉・小玉重夫・北村友人編『岩波講座　教育　変革への展望1　教育の再定義』岩波書店。
小玉重夫編 二〇一四、『シティズンシップ教育のカリキュラム開発』二〇一一―二〇一三年度日本学術振興会科学研究費補助金・基盤研究A・「社会に生きる学力形成をめざしたカリキュラム・イノベーションの理論的・実践的研究」(課題番号 23243080)、シティズンシップ教育グループ研究成果報告書、二〇一四年五月一日、東京大学大学院教育学研究科小玉研究室。
小玉重夫・福島昌子・今井康雄・栫府暢子・村石幸正 二〇一五、「附属学校と大学の協働は何をもたらしたか」東京大学教育学部カリキュラム・イノベーション研究会編『カリキュラム・イノベーション――新しい学びの創造へ向けて』東京大学出版会。
田口康大 二〇一六、「シンプルな授業の豊かさ」『第三回東京大学海洋教育フォーラム　海と人との関わりを探る――ディープ・アクティブラーニングの方へ』東京大学海洋アライアンス海洋教育促進研究センター。
中原淳 二〇一六、「アクティブ・ラーナーを育てる高校――なぜ、今、高校でアクティブ・ラーニングなのか」中原淳・日本教育研究イノベーションセンター編『アクティブ・ラーナーを育てる高校』学事出版。
日本学術会議 二〇一六、「提言　一八歳を市民に――市民性の涵養をめざす高等学校公民科の改革」。
橋本渉編著 二〇一四、『シティズンシップの授業』東洋館出版社。
林衛 二〇一一、「放射線教育・リテラシーはこれでよいのか――共有すべき原点に立ち返ろう」『市民研通信』第九号(通巻一三七号)、市民科学研究室。
福島昌子 二〇一五、「境界を越える探究的学習とアクティブラーニングの実践」『ガバナンス改革と教育の質保証に関する理論的実証的研究――平成二六年度報告書』(研究代表者：大桃敏行　課題番号 26245075)、東京大学大学院教育学研究科大桃研究室。
福島昌子 二〇一六、「授業の概要」『第三回東京大学海洋教育フォーラム　海と人との関わりを探る――ディープ・アクティブラーニングの方へ』東京大学海洋アライアンス海洋教育促進研究センター。
本田由紀 二〇〇九、『教育の職業的意義』ちくま新書。
松下佳代 二〇一五、「ディープ・アクティブラーニングへの誘い」松下佳代・京都大学高等教育研究開発推進センター編『ディープ・アクティブラーニング』勁草書房。
峯岸努 二〇一六、「学習活動における課題発見と解決の支援――学際的な学習内容とその実践」平成二七年度気仙沼市教育研究員発表会講演資料、二〇一六年二月一〇日。

Biesta, G. and Priestley, M. 2013, "A Curriculum for the Twenty-First Century?", in Priestley, M. and Biesta, G.(eds.), *Reinventing the Curriculum*, Bloomsbury.

Crick, B. 1962, *In Defence of Politics*, Weidenfeld and Nicolson.(前田康博訳『政治の弁証』岩波書店、一九六九年)

Crick, B. 2000, *Essays on Citizenship*, continuum.(関口正司監訳『シティズンシップ教育論』法政大学出版局、二〇一一年)

Crick, B. 2002, *Democracy*, Oxford University Press.(添谷育志・金田耕一訳『デモクラシー』岩波書店、二〇〇四年)

Lewis, T. E. 2013, *On Study: Giorgio Agamben and educational potentiality*, Routledge.

Rancière, J. 1987, *Le maître ignorant*, Fayard.(梶田裕・堀容子訳『無知な教師——知性の解放について』法政大学出版局、二〇一一年)

Rancière, J. 1998, *Disagreement*, translated by Julie Rose, University of Minnesota Press.(松葉祥一・大森秀臣・藤江成夫訳『不和あるいは了解なき了解』インスクリプト、二〇〇五年)

8 アート教育カリキュラムの創造
――ひとつの予備的考察

今井康雄

一　学習の経験とアートの教育

マルセル・プルーストの長編小説『失われた時を求めて』は、語り手の「私」が小説――この『失われた時を求めて』として完成されるであろう小説――を書き始めるまでの長い長い物語である。この物語には、「私」が芸術とは何かについて考えをめぐらす際に拠り所にする三人の人物が登場する。小説家のベルゴット、作曲家のヴァントゥイユ、そして画家のエルスチールである。小説の第二篇「花咲く乙女たちのかげに」でエルスチールが画家としての自らの自己形成について「私」に語って聞かせる興味深い場面がある。「私」は、エルスチールとの散歩の途中、ふとしたきっかけで、この尊敬すべき画家――「この天才的な人物、この賢人、この孤独者、このすばらしい会話の達人ですべてを見下す哲学者でもある人物」――が、かつて「ムッシュー・ビッシュ」と綽名されて周囲から小馬鹿にされていた軽薄な画家と同一人物なのではないかと疑いをいだく。思い切ってエルスチールに尋ねると、彼はそのとおりだと事もなげに答えるが、「私」の顔に落胆の表情が浮かぶのを見て、そうした厭うべき過去を否定する必要はないのだ、と「私」に語りかける。「その人がなんとか聡明な人間になり得たというのも、最終的にそうなりきる前に、滑稽な人間だったり厭うべき人間だったりしたというさまざまな段階を経てきたからこそ」なのだから。このくだりは、アート教育の意義について考える上でも大いに示唆に富んでいるように私には思われる。エルスチールは次のように続ける。

私は知っていますよ、名士の息子さんやお孫さんに当たる若い人たちで、中学のころから家庭教師に、精神の高貴さや道徳的な気品を教えこまれた人たちがいる。この人たちは、たぶん自分の生活から切って捨てなければならないものなど、何ひとつ持ち合わせていないでしょう。自分たちの口にしたすべてのことを公表し、それに署名することさえできるかもしれない。けれども、こんなものは貧弱な精神だし、空論家の無力な子孫です。こういう人たちの聡明さは否定的で不毛なものだ。聡明さは人から教わることのできないものです。これは、誰にも代わってもらえない道程、誰もわれわれから免除してくれるわけにはいかない道程をたどった後に、自分の力で見つけ出さなければなりません。なぜって聡明さとは、一つの物の見方なのだから。あなたが感心されるような生き方や、高貴な態度だと思われるようなものは、一家の父親だの家庭教師だのによってしつらえられたものではありません。それはその前に周囲を支配している悪しきものや凡庸なものに影響されて、まるで違った形で始められた時期を持っているのです。それは闘争と勝利とを示しているのです。私には、駆け出しのころの自分たちの姿が今では見分けのつかないものであり、いずれにしても不快なものであることが、よく分かる。でも、これを否定してはならないんです。だってそれは、本当に生きてきたということの証拠だし、私たちが人生と精神とを支配している諸法則にしたがって、生活のつまらない要素から〔中略〕それを越えるものを引き出したという証拠なのですから。(プルースト 二〇〇六、三六一—三六二頁)

ここで印象深く語られているのは、ごく一般化して言えば、学習の本源的に過程的な性格である。「精神の高貴さや道徳的な気品」――これは良き教育の到達点としては申し分のないものであろう。しかし、それを大人が教えこんだりしつらえたりすることはできない。目的地まで荷物を空輸するような具合に若者をいきなりその到達点に立たせても、中味のない聡明さの見かけを作ることにしかならない。中味を、つまり「一つの物の見方」を生み出すのは、自分で切り開くしかなく誰に代わってもらうわけにもいかない途中経過の方なのである。

この肝腎の途中経過を、軽減しようと心血を注ぐ傾向が教育にはある。自分が味わったような苦労をわが子にだけは免れさせてやりたいと願うのは自然な親心である。教師には、到達目標を明示すること、そして生徒をそこへと迅速確実に導くことが求められる。考えてみれば皮肉なことである。というのも、そのような親身な教育的配慮によって空洞化していく途中経過こそが、個人個人の学習の経験を形作るのであり、教育は本来その実現を目指しているはずだからである。エビデンスを重視する、つまり、途中経過などという胡乱なものではなく目に見える結果で勝負してもらおう、という近年の教育改革の趨勢によって、教育がもともと持っているそうした過程と結果のジレンマは、ますます鮮明かつ深刻になってきているように思われる(今井 二〇一五b)。

こうした教育のジレンマ、そして現代におけるその深刻化を考えたとき、学校教育のなかにアートに関わる教科や教育内容――音楽や美術の他、国語における書写、体育におけるダンス、など――が組み込まれているという事実は大きな意味を持ってくる。アートの教育においては、途中経過を抜きにした結果などおよそ考えることができない。もちろん、これはすべての教科にあてはまる大原則ではある。しかし、たとえば理科の場合、本来なら時間をかけることが望ましい実験を省いて、その実験について書かれた教科書の数ページを読んで済ませる、といったことは大いにありうる。これに対して、生徒自身が実際にやってみること・感じ取ることを抜きにしては、アート作品の制作も演奏も鑑賞も成り立ちえない。途中経過を軽減しようとする学校教育の趨勢に対して、アートの教育は、その趨勢に流されることのない堅固な残丘であり続ける。この事実を、時流に乗れないことの元凶のように否定的に捉えるのではなく、むしろアート教育の核心的利益として、さらには、学校教育全体に対するアート教育の貢献の基盤として、積極的に捉え直すべきではなかろうか(今井・坪能 二〇一四、今井 二〇一五c)。アート教育は、途中経過を本務とするその成り立ちによって、教育の核にありながら置き去りにされがちな学習の経験を絶えず想起させることになる。

本章で私が試みるのは、アート教育を以上のように位置づけたとき、そのカリキュラムがどのように見えてくるかを描き出すことである。ただし、私はここで新しいカリキュラムを構想しようというのではない。これまでの様々なカリキュラム構想も、アート教育のすでに述べたような成り立ちゆえに、学習の経験を想起させるような要素を当然含んでいるはずである。そうした要素を明示的に取り出し、アート教育のカリキュラムを構想する際に何が不可欠であるかを明らかにすることが本章の目論見である。そのために、以下ではまず、代表的と思われるアート教育の三つの構想を取り上げて再構成し、「アート教育」の可能性の幅や奥行きを示すことにしたい(第二節)。アート教育の土台となる「アート」の範囲も意味も、実は「アート教育」をどう理解するかによって異なってくる。次に、アート教育をめぐる最近の二つの論争を取り上げ、単純な補完関係には収まらない構想間の対立や交錯を粗描しよう(第三節)。そして最後に、論争を手がかりにして対立する諸構想を噛み合わせ、アート教育のカリキュラムを構想する上で不可欠と思える視点を導き出したい(第四節)。

二　アート教育の三つの構想

アート教育の代表的な構想として、以下では「ミューズ的教育」「専門領域立脚のアート教育」「バウハウス教育」の三つを取り上げたい。この三者は、時代も文脈も異なるが、いずれも、音楽や美術といった特定の領域に限定されず広く「アート」を教育の問題として捉える可能性を開いている。以下では、それぞれの構想において「アート」と「教育」がどのように結びつけられているかに注目しながら、それぞれの構想を再構成していくことにしたい。

（1）ミューズ的教育（musische Bildung/Erziehung）——表現としてのアート

「ミューズ的教育（musische Bildung/Erziehung）」の構想は、一九二〇年代末のドイツに明示的な形で登場し、戦後初期の西ドイツでかなりの影響力を獲得した（長谷川 二〇〇五）。「ミューズ的」という語は、古代ギリシアの女神ムーサとムーサたちが司る技芸たるムーシケー（音楽・文芸）に由来するが、二〇世紀のドイツにおいて、音楽、演劇、ダンスなどパフォーマンス型の芸術を支える人間的条件——リズム感覚、身体の可鍛性、他者との共振・協調、など——を指すものとして使われるようになった。「ミューズ的教育」は、そうした「ミューズ的なもの」に教育的な意味を認め、したがってまた身体表現を中心として文学、音楽、造形芸術などの諸ジャンルを一括りにして教育に導入しようとする点に特徴を持つ。以下では、戦後西ドイツでこの構想の復興に主導的な役割を果たしたハーゼの著書『ミューズ的生』（Haase 1953）に主に依拠してこの構想のアート教育としての可能性を探っていきたい。

ハーゼは、現代人の生活が病理的な状態に陥っていると見て、それへの対抗軸として「ミューズ的なもの」の必要性を打ち出している。ハーゼが病の根源と見るのは労働中心の生活である。「人生は労働によってのみ自分の思い通りにできる、という迷信」（Haase 1953, p. 16）が人々の心を支配している。その結果として生じるのが労働に束縛された「プロレタリア的生存」（p. 44）であり、そこへと人々を駆り立てる技術の支配である。「労苦を省くための労苦」(p. 45)としての技術は限界というものを知らず、人間は、より速くより効率的に、という加速する自動運動に巻き込まれてしまう。技術によって駆り立てられる労働は、将来得られるであろう成果を追い求めることによって、そのように追い求める現在の生活を手段化し、今ある生活から目的としての価値を剝奪してしまう。こうした生活の空虚さを、戦後西ドイツにおけるミューズ的教育復興のもう一人の立役者であったゲッチュが次のようにイメージ豊かに描き出している。

現代人は、まるで甲虫のように、外側は硬い殻で覆われているが内側は液状である。高度な脊椎動物のように堅固な軸を持ちつつ柔軟という具合にはなっていない。現代人が最も欠如を痛感するのは活力と推進力である。〔中略〕心はまさに空の袋のように空虚である。私を何かで満たして下さい、さもないと立っていられないのです!(Götsch 1950, p. 26)

ミューズ的なものは、こうした空虚を、娯楽のような外部的な手段で埋めるのではなく、今ある生活を価値あるものにすることで解消し、その力によって労働と技術の支配に対抗することになる。先へ先へと人を駆り立てて生活を空虚化する技術の直線的な時間に対して、ミューズ的なものは大地や大気や水といった根源的なものに根づいた循環的なリズムによって今ある生活を充足させ浄化する。したがってそれは実践的な生活援助でもある。ハーゼはミューズ的なものが良俗を作り出すと見ているが、そこで頼りにされるのは知性や意志ではない。「ミューズ的教育は、知性を鋭敏化することも意志を強固化することもできないだろう」(Haase 1953, p. 40)とハーゼは言う。ミューズ的なものは、知性や意志による自己統御によってではなく、人々の生活を循環的な共通のリズムで満たすことによって、調和的な共同生活をもたらすのである。

ミューズ的教育の構想はミューズ的なものを文化領域としての芸術から区別しようとする。ハーゼは、学校におけるミューズ的教育のカリキュラムとして、視覚芸術、音楽、文芸、身体運動から成る「ミューズ的四科」を構想している。また、音楽教育をフィールドにしてきたゲッチュは音楽、言語、身体運動からなる三科を構想する。このように通常の芸術教育と重なるカリキュラムを構想しながら、両者はともに、自分が構想しているのは「芸術」教育ではなく「ミューズ的」教育なのだということを強調している。「ミューズ的」と「芸術的」とをこのように峻別する背景には、芸術がその成就のために尋常ならざる緊張や格闘を人に要求するものだという考え方があっただろう。ミューズ的なものには、芸術とはまた別の、「生のより軽やかで活気づいた部分」(p. 79)がふさわしいとハーゼは言う。「遊び」が、そのような領域の典型となる。

ミューズ的教育の構想は、芸術の枠――音楽、美術、文学といった個別芸術ジャンルの枠、結果の成就を求める「芸術」自体の枠――を越えて、表現という過程に基盤を求めている。学校教育におけるミューズ的なものの意味は、表現それ自体の躍動や喜びに求められていたと言えるだろう。ハーゼは、普遍的な生の法則として、呼吸における呼気と吸気のような「受容と表現の間の相互作用」(p. 49)があると見ている。ところが、この「法則」が最も損なわれているのが、映画館と並んで学校の授業なのである。映画館の観客がひたすら受動的な享受を強制されているように、学校においても、成績を目的とした受容的な学習が支配している。このような学校の現状に対して、「人間精神の創造的な原動力から出発するような学校像と授業形態が求められる」(p. 66)のであり、ミューズ的教育がこの課題に応える。ハーゼによれば、学校におけるミューズ的なものの課題は、「様々な教科の「ミューズ化」ではなく、学校生活の内的なリズム化にある」(p. 68)。そのような学校においては、「歌うことと描くこと、運動と言語がおのずと背景から脱して中心へと移動する。しかもそれは、支配するためではなく奉仕するためであり、授業時間数を獲得するためではなく生活をミューズ的に、つまり生きるに値するものにするためなのである」(ibid.)。ミューズ的教育の構想は、学校が一体となる劇や祝祭において最もよく実現されることになろう。ハーゼも、また先に触れたゲッチュも、ミューズ的四科ないし三科が生徒劇(生徒たち自身が演じる演劇)において最もよく統合されると見ていた。

ミューズ的教育は、〈表現としてのアート〉というアート理解によって、途中経過の重視というアート教育の核心的利益を実現しようとしている。この点でそれは大きな意味を持つが、そこには限界もあるだろう。アート教育が重視すべき途中経過が表現の過程に限定され、また当の表現の文化的・技能的基盤が視野の外に置かれている。ミューズ的教育においても、そこで期待されている「表現」は、特定の文化的・技能的基盤を持った表現のはずである。視覚芸術、音楽、ダンス、文学といった文化領域が教育に、たとえ表現を引き出す呼び水としてであっても関係づけられることの意味が、「芸術的」と「ミューズ的」の峻別によって視野の外に置かれてしまう。このことの問題は、音楽の立場からアドルノが(Adorno 1973/1956)、美術の立場からオットーが(Otto 1973/1959)、早くから指摘していた点である。彼らが問題にしたのは、諸芸術が内在させているはずの厳しい要求や論理を、ミューズ的教育の構想が軽視しているということであった。

(2) 専門領域立脚のアート教育——文化領域としてのアート

ミューズ的教育とは対照的に、文化領域としてのアートを前面に押し出した構想として「専門領域立脚のアート教育(Discipline-Based Art Education　以下DBAE)」がある。この構想は一九八〇年代に米国で提唱され、アート教育におけるカリキュラム構築の新たな方法論として注目を集めた。ここでの「アート」は言うまでもなく「美術」を意味するが、「専門領域立脚の音楽教育」の可能性も論じられており(Reimer 1991; Patchen 1996)、その方法論は視覚芸術にとどまらない浸透力を持つ。[1] 後に見るように(第三節(2))、DBAE的なカリキュラム構想を音楽教育の方がむしろ先取りしていたとさえ言えるのである。ＤＢＡＥは一九六〇年代に興隆した「学問中心カリキュラム(Discipline-Centered Curriculum)」の考え方を受け継いでいる(藤江　一九八八)。それは、美術教育を視覚芸術という文化領域への導入として再定義することで、他の教科と同等の——たとえば理科が自然科学という文化領域への導入であるのと何ら変わらない——基礎教科として位置づける可能性を開いた。資金力豊富なゲティ財団の後押しも受けて、ＤＢＡＥはその後米国における美術教育カリキュラムの主流になっていった(パーソンズ二〇〇三)。以下では、ＤＢＡＥのこうした展開のほぼ出発点に位置する二つの重要論文、アイスナー(Eisner 1987)およびクラークら(Clark et al. 1987)の論文に主に依拠しながら、その構想を検討していきたい。クラークらがＤＢＡＥカリキュラムの包括的な解説を試みているのに対して、アイスナーはＤＢＡＥの正当化や意味づけの文脈に関心を向けており、両者は補完的に見ることができる。

アイスナーの議論の前提には、学校教育のなかで美術はごく周縁的な地位しか割り当てられていない、という現状認識がある。われわれは厳しさを増す競争社会を生き抜かねばならず、教育とは子どもたちをそれに備えさせる一大事業なのだから、学校は不要不急なものは脇に置いて基礎的な事柄に集中すべきだ——「基礎に帰れ！」——とされ、美術はそうした要事が済んだ後の贅沢と見られてしまう。こうした見方の背後には、芸術とは精神や知性にではなく手技や才能に関わる事柄だと見る伝統的な芸術観がある。「学校の第一の責務は知性の啓発にある」以上、「このような見方では芸術は教育にとって装飾的である」他はない(Eisner 1987, p. 11)。他方、美術教育の側も、「子どもの創造的潜在力の鍵を開ける」(p. 12)のが美術教育の役割だと考える傾向(後述の「創造的自己表現アプローチ」である)が支配的であり、むやみに教えない方が良いという見方が広く受け入れられている。そうした教科が、評価の困難ないし回避とも相まって、親や生徒に中味を欠いた頼りないものと受け取られるのは避けがたい。その結果、美術という教科は、「学校のカリキュラムのなかでの枢要な位置を要求しようにもできない不幸な立場に視覚芸術を置き去りにしてしまう」(ibid.)。

もちろん、アイスナーはこのような「不幸な立場」が視覚芸術にふさわしいと考えてはいない。アイスナーがまず考慮を促すのは、「基礎に帰れ！」と叫ぶ人々の「基礎」の概念が狭すぎるのではないか、という点である。「基礎」を伝統的な読書算の技能に限定するのは明らかに狭すぎる。現代においては、様々な文化的形態からそこに表明されている意味を読み取るという「複合的な形態のリテラシー」(p. 44)が求められる。視覚芸術はそのような「リテラシー」において不可欠の要素なのである。芸術でしか表象できない世界があり、視覚芸術は文学や数学と同様、そうした世界を経験するための特別の「言語」を形作っている。子どもたちはそれを学ぶ必要がある。学校は「われわれの文化の主要な資源へのアクセス」を子どもたちに保障しなければならないが、「芸術はそのような資源のなかでも最も重要なものの一つ」なのである(p. 9)。

アートをこのように確立された文化領域として捉え、アート教育をそこへの導入として捉えることで、「親学問」から出発する他の教科同様、美術においても、内容を視覚芸術の専門領域から得て、それを易から難へと進むカリキュラムへと編成することが可能になる。ＤＢＡＥにおいては、「教師は明文化され系統的に編成されたカリキュラムを使って生徒を教えることが期待され、生徒の進歩は適切な評価法を使って評定される」(Clark et al. 1987, p. 131)。カリキュラムに内容を充当する専門領域として、ＤＢＡＥは美術制作、美術批評、美術史、美学の四つを想定する。この四つの領域はそれぞれ、独自の専門家コミュニティや方法論を持ち、「プロフェッショナルな美術の世界」(p. 148)を代表している。それぞれの領域の方法論や概念を学ぶことで、子どもは視覚芸術についての包括的な理解を得ることができるだろう。美術はいかに評価されるのか(美術批評)、美術についての判断はどのような根拠を持つのか(美学)、美術や美術についての議論はどのような歴史的・文化的文脈のなかで生起するのか(美術史)――こうした問いに子どもたちは取り組むことになる。

このように、DBAEにおける美術教育のあり方は、制作活動をもっぱらとするそれまでの美術教育――「この領域を四〇年にわたって支配してきた美術教育への創造的自己表現アプローチ」(p. 133)――とは様変わりしている。自ら作品を作ること(美術制作)は、美術作品の意味をより良く理解するための手段として位置づけられる。DBAEではアート教育の目的はあくまでも「美術についての理解の発達」(ibid.)である。美術についての理解という目的に向けて前述の四つの専門領域を結びつける核となるのが美術作品であった。DBAEのカリキュラムを通過した人は、「美術について事情に通じた大人として議論し評価する手立てを持ち、未知の、あるいは風変わりな美術作品についても理解することができるはず」なのである(p. 180)。

DBAEは、アート教育への合科的なアプローチ――その一例がミューズ的教育である――とも対立する。デューイの影響が強いと言われるアイスナーも、美術を合科型の、あるいはプロジェクト型の授業に組み込むという考え方を明確に退け、特定の時間を美術に割り当てるべきだとしている。合科型やプロジェクト型の授業では、美術はどうしても脇役に甘んじてしまい継続的な努力の対象とはならない。しかし、作品の制作・知覚に関わる「芸術的技能の獲得は(中略)性格において複雑かつ深遠」である。そうした技能の獲得のために、特定の授業時間が継続的に美術のために確保されるべきだとアイスナーは言う。なぜなら、「知覚すること、創造すること、理解すること、判断することの学習は、規則に従うことによって学習され応用されるようなより複雑でない技能に比べて、同等かそれ以上の努力の継続性を必要とする」(Eisner 1987, p. 14)のだから――この主張の含意については後述しよう。

DBAEは、アート教育を普通の教科並みに押し上げようと試みることで、普通の教科並みの結果重視をアート教育のなかに導き入れたように思われる。DBAEの結果重視がよく表れているのが評価をめぐる議論である。DBAEは、それまでの美術教育とは対照的に、評価が可能かつ不可欠だということを強調する。その根拠になっているのは、前述したような「明文化され系統的に編成されたカリキュラム」の存在である。カリキュラムは到達すべきゴールとそこへと至る段階を明示しており、評価の尺度としても役立つ。そうしたカリキュラム構想を支えているのが「プロフェッショナルな美術の世界」である。〈文化領域としてのアート〉というアート理解によって、DBAEはプロの美術関係者の世界をアート教育の疑う余地のないゴールとして設定し、それを評価の基盤とすることができた。

しかしこうした一連の議論のなかに、結果に解消しきれない異物のように途中経過の問題が顔をのぞかせている。先に引用した技能獲得の複雑さに関するアイスナーの考察がその顕著な例である。アートに関わる技能は規則に従うという仕方では獲得できず、特別の修錬を必要とするのであった。われわれはそこに、エルスチールが「物の見方」について語っていたことと同様の洞察を読み取ることができるかもしれない。つまり、与えられた規則に従うこととは違って、判断の規準は前もって結果を学ぶという形で身につけることはできず、修練の過程──「誰にも代わってもらえない道程」──を必要とする。しかし、そのような修練はどうすれば実現できるのだろうか。アイスナーによれば、「自らの判断に依拠する〔中略〕機会が与えられる」(Eisner 1987, p. 10)ということが肝要である。視覚芸術に直面したときに子どもが受け取る難問、たとえば、このクレーの絵は何を言おうとしているのか、あるいは、あの山の紅葉の感じを出すために絵具をどう混ぜれば良いのか、等々は、計算やスペリングの問題と違って一義的な答えが与えられないがゆえに、子ども自身が行う探究の過程を起動させ、自らの感受性に依拠した判断を試す機会を子どもに与える、というのである。判断を学ぶためには自ら判断をすべきだ、ということになるが、現時点での判断と目指されるべきより洗練された判断とはどのように架橋されるのだろうか。両者を架橋するはずの探究の過程やそれを支えるべき技能の修錬の、道筋とはどのようなものであろうか。──アートにおける技能と探究の役割はバウハウス教育において主題的に考察されていたように思われる。

（3）バウハウス教育——探究としてのアート

ワイマール時代のドイツで設立され、モダンデザインの発祥の地となった建築学校バウハウス[2]。バウハウスは、「モダン」な建築の原型となる建築様式を生んだだけでなく、総合芸術としての建築を支える様々な工房での実験的な試みによってその後に大きな影響を与えた。バウハウスには、家具、金工、製陶など様々な工房が置かれ、工房は教育の場でもあった。工房に入門する前段階にあたる予備課程を含め、バウハウスで試みられた教育——「バウハウス教育(Bauhaus-Pädagogik)」(Wick 1982)——は注目に値する。ここでも中心に据わるのは視覚芸術である。しかしバウハウスではダンスや演劇についても実験的な試みが行われていた(Blume 2015)。また、ヨハネス・イッテンが主導した予備課程では、当初、イッテンのかたわらで音楽教師ゲルトルート・グルノウが重要な役割を担っていた(真壁 二〇〇七)。建築とは縁遠いように思える音楽が、建築学校のカリキュラムの土台に組み込まれていたのである。こうしたことが可能となったのは、人間の知覚の基底的なレベルにまで遡ってアートを捉え直そうとする徹底性を、バウハウス教育が持っていたことによると考えられる。

そうした知覚の探究とバウハウス教育との関係がよく表れているのが、前述の予備課程である。予備課程は、工房教育に先立って全員が履修する半期のコースであり、その目的は、多かれ少なかれ身に付けてしまっている因襲的な知覚様式から学生たちを解放すること、そして素材との関わりを通して学生たちに造形の初歩を教えることにあった。イッテンの言葉を借りれば、「学ぶ者の創造的な諸力を解放し、自然の素材を扱うすべを教え、造形の基本法則を認識させる」(Roetzler 1978, p. 224)ことが目指された。工房で求められるのが作品のより高度の完成であるのに対して、予備課程では作品制作は「創造的な諸力を解放」し「造形の基本法則を認識」させるための手段としての側面を強く持つ。焦点は制作される作品よりも制作する主観の側に置かれる。ここに、職業的な美術家の養成教育という枠をこえて、予備課程の構想と実践が一般学校における美術教育にも大きな影響を与えた理由があったと考えられる(鈴木 二〇〇一)。以下ではこの予備課程を中心にしてバウハウス教育の特質をさらに探っていきたい。

イッテンは、因襲的な知覚からの解放と造形法則の伝授という予備課程の二つの課題を、不可分の形で処理しようとしている。造形の基本法則として考えられていたのは、明暗や色彩のコントラスト、素材感の表現、円・三角・四角という三つの基本形の性質、形とリズムの関連、といったものである。しかしイッテンは、こうした造形法則を、完成した理論として伝えようとはしていない。イッテンが学生に課した課題を見ると、作品制作に自由かつ創造的に取り組むことが、素材や形式の世界に触れることをおのずと要請するように、課題が工夫されていることがわかる。たとえば、明暗のコントラストについて学ばせるために、イッテンは「白い丸と黒い丸を描く」という課題を学生たちに与えている。その結果はどうであったか。「学生たちは、白い画用紙の上に円形の輪郭を描くだけでは、その円形の面が白いことにはならないということをすぐに理解した。その円のまわりに、濃淡の差はあれ暗い色調を与えることによってはじめて、円形の面が白く見えてくるのである」(Itten 1963/邦訳、二七頁)。学生は自らの知覚を規準にして答えを探り、探り当てた答えを作品という形で完結させなければならない。このような探究の過程ゆえに、課題の解決は、慣習的・常識的な線描の世界から学生を解き放つという役割を同時に果たすことになる。また、明暗のコントラストに関するこの造形法則は、理論や模範のような主観の外部にある何物かとして理解されるのではなく、自らの知覚の探究を通して主観的に経験されることにもなる。

知覚の探究の基底をなすものをイッテンは身体とその運動に見ていた。造形の基本となる形についても、その起源をイッテンは身体の運動に求めている。彼は、たとえば円という形の特性を以下のように身体の運動によって体験させようとした。

私は学生たちを立たせ、手で丸い線をなぞるようにさせて、ついには身体全体がリラックスした振子のような運動に一体化するまでにさせた。〔中略〕このようにして、円という形は、どこでも同じ曲がり方をした、たえず動いていく線として体験されることになった。(Itten 1963／邦訳、九三頁)

このように身体のレベルにまで遡ることによって、アート教育の守備範囲は個別芸術ジャンル間の境界が意味を失うような地点にまで及ぶことになる。先に触れたグルノウは、音と色と身体姿勢との間の共感覚的なつながりを探究していたと言われる(真壁 二〇〇七)。音楽から出発したグルノウの探究も、イッテンと同じ身体という基底にたどり着いていたのである。ここに、彼女のレッスンが予備課程において重きをなした理由があったと考えられる。予備課程におけるアート教育は、一旦はこうした身体という基底に遡った上で、そこから新たにアートを組み立てていこうとする徹底性を持っていた。

バウハウス教育において、アートは探究の過程そのものと考えられていたと言えるだろう。その過程は、DBAEの場合のような安定したゴールを持たない。そこでなされている知覚の探究は、身体という基底にまで遡ることによって、既成の文化領域としての個別芸術ジャンルを突き抜けていく可能性を大いに持っている。このような徹底した探究を駆動しているのは、科学的探究の場合のような「真理」というゴールではなく、技能の修練の必要である。科学においては、対象に方法的・反省的に関わり、その探究を命題的知識という形で完結させることが求められる。予備課程においても、探究において学生たちに求められたのは自らの知覚に反省的に関わることであったが、探究の過程は作品の制作において進行し、探究の成果は制作された作品として現れるのである。学生は「白い丸と黒い丸」を描けるようになりたいのであり、それを納得のいく作品として完結させたいのである。学生は技能の修錬の必要を痛感することになる。そしてそうした技能の修錬が、同時に、人間の知覚のあり方についてのアート特有の、アートという道筋を通っての探究ともなるのである。

では、そうした探究は、また技能の修錬は、なぜ必要とされるのだろうか。イッテンであれば、〈個性の表現のため〉という、ミューズ的教育の立場に近い答えを与えたかもしれない。しかし、よりバウハウス教育にふさわしいのは、おそらくラスロ・モホイ＝ナジが与えるだろう答えである。モホイ＝ナジは、イッテンが校長のグロピウスと対立してバウハウスを去った後、その後任として一九二三年から予備課程を担当し、その後のバウハウス教育を牽引した。彼が与えるだろう答えは、〈コミュニケーションの成就のため〉というものである。彼の予備課程は基本的な部分でイッテンの構想をそのまま受け継いでおり、イッテンと同様の課題を彼も学生に与えている。しかし、そこで追求されていたことはイッテンとはかなり異なっていた。イッテンにおいて求められていたのが知覚の個人性であり、そこから出てくる表現の独創性であったのに対して、モホイ＝ナジが求めていたのは、むしろ知覚の共通性であり、作品の制作はこの共通性を拠り所にしていた。知覚の共有を可能にするような媒介物を作品という形で制作することが目指されていたのである。しかしこれは、彼のクラスの学生たちの作品が画一的だったということではない。彼らも極めて個性的な作品を残している。しかし、モホイ＝ナジの場合には、そうした個性の表現が目標として置かれていたのではなく、目指されていたのはあくまで知覚の共有、つまりそれぞれに個別的である他ない知覚を、多数の人間が分かち合えるような媒介物を提示することであった。ここでは、制作された作品が再度社会的コミュニケーションという過程へと結び付いていくようなループが考えられている。このように、バウハウスにおいてアート教育は、今ある文化領域への導入にとどまらず、コミュニケーションの過程への介入を通して社会や文化の変革をも射程に収めるような活動として構想されていた。そうした構想を支えていたのは、身体という基底にまで遡るような探究としてのアートの理解であった。

三　アート教育をめぐる二つの論争

前節で紹介したアート教育の三つの構想は、常識的に見れば補完的な関係にあると考えられるだろう。アートが、表現という側面を持ち、しかし文化領域でもあり、さらには独特の探究や介入の営みでもある、というのは何ら不思議なことではない。それぞれがアートの一側面を言い当てているように思えるのである。ところが、アート教育の領域での論争に目を向けると、この三つのアート理解は相容れないものとして対立しているように見える。しかもその対立はけっして理由のないものではない。その背後には、アート理解の相違にとどまらない教育についての考え方の違いが存在しているからである。以下では、日本の美術教育の領域で行われた「金子・柴田論争」と、米国の音楽教育の領域で行われた「エリオット・リーマー論争」を取り上げ、教育論において何が対立の焦点となっているかを探っていきたい。

(1) 金子・柴田論争――美術を「教える」とはどういうことか

「金子・柴田論争」は、金子一夫の論文「教育改革と美術教育――未熟の価値から成熟の価値への転換を」(金子 一九九七)をきっかけとして主に『美育文化』誌上で数年にわたって展開された。この論争には数多くの論者が加わっているが、以下ではこの金子論文と金子、柴田和豊、藤澤英昭による鼎談(金子他 一九九七)に考察の対象を絞って論争点を整理してみたい。

論争の一つの焦点となっているのは、美術教育において教育の作用をどのように捉えるか、という問題である。論争は、自己表現を重視して戦後美術教育の主流となってきた「創造主義」を金子が批判し、柴田(および鼎談における藤澤)がこれに防戦するという構図をとって進んだ。金子自身はそのように述べていないものの、柴田を含む多くの論者が金子の立場をDBAEに擬しており、論争はDBAEによる「創造的自己表現アプローチ」批判の日本版といった観を呈した。金子は、「創造主義を掲げただけで、実際に子どもの創造性を養うことができるのかということが一番の問題」であり、美術教育に「方法論やシステム論がなかったこと〔中略〕が問題」だと言う(金子他 一九九七、一六頁)。教育は、単に望ましいと思われる価値や理念を掲げるだけでは済まず、作用因としてその結果に責任を負うべきだ、というまことにもっともな主張である。これに対しては柴田も「金子さんが言われるように、どうすれば子どもたちが、自分を考える基準を身につけていけるのかという方法を私たちは追求していかなければなりません」(一七頁)と応じてはいる。しかし柴田が想定する「方法」は、「自由」や「創造性」の保障ということに帰着するようであり、議論は嚙み合っていない。

この柴田の曖昧さとは対照的に、金子は教育が責任を負うべき明確な目標を提示している。「自己表現理論に立つ多くの美術教師は、美術表現体験を教育目標としているように見える」が、「体験は手段であって、教育目標は何らかの理解・認識・技能その他の獲得であるべき」だというのである(金子 一九九七、二三頁)。金子はこの目標をさらに限定して、「美術の種々の方法論の体験的理解」だとしている。「美術の方法論とは、いわゆる現実認識とは違う美術独特のイメージ創出の方法」であり、それは「芸術知」あるいは「美術知」と言うべきものなのである(二四頁)。――この目標設定は、アイスナーの「複合的な形態のリテラシー」やバウハウス教育の「造形法則」に通じるものがある。以下の金子の発言で言及される「方法」は、イッテンが明暗のコントラストで例示していたような造形法則を想起させるだろう。

自分が思ったようにならないものが現実としてある。また、思ったようにするにはある方法というものが

要る。これは絶対に教育としてやっておくべきことだろうと思います。（金子他 一九九七、二四頁）

この発言をきっかけになされたやりとりは、両派の主張が嚙み合った数少ない箇所の一つとして注目に値する。藤澤は次のように反論している。

もののありようを子どもが実感するという体験が必要だというところまではわかります。けれどもそれには特定の方法があるというところには賛同できません。それは子どもが自分の表現活動を高めていく中で、ぶつかってくる問題で、自分の表現意欲に支えられて乗り越えていくようなものだという気がします。（同前）

これに対して、金子は「方法」は多様なのだと反論する。

特定の方法というのを狭く考えられては困るのですが、つまり自分の手なら手を使ってものの構造がこのようにあるということをとらえる。それが自分の観念的なものと全く違うあり方をしているということを体感させることが必要だと思うんです。（同前）

続いて発言した柴田は、金子の言う「方法」がたとえ「美術全体の広がり」を想定した多様性を持っているとしても、現実には特定の様式をプログラム化することになってしまうと懸念する。美術史を前提とした「方法」の理解とは別に、「『自分がアートと言えば、それがアートなのだ』という世界」が認められるべきなのである

（金子他 一九九七、二二五頁）。

このやりとりの中で藤澤と柴田にとって受け入れ難いものとして現れているのは、おそらく、「方法」が存在するという想定ではなく、それを「体感させる」ような仕方で子どもに直接的に刻印できるという想定——金子が実際にそう想定しているか否かとは別にして——である。そこで言われる「体感」は、藤澤の言葉に従えば、子ども自身が「自分の表現意欲に支えられて乗り越えていく」ような過程を含んでいるはずなのである。極限的な場合には、この過程は「「自分がアートと言えば、それがアートなのだ」という世界」に至り、「方法」そのものを迂回してしまうかもしれない。これが柴田および藤澤の想定であろう。そこで想定されている自由の介在は、アイスナーが技能獲得の複雑さについての考察において、またイッテンが彼の考案した課題において、考慮に入れていたことである。とすれば、右のやりとりにおいて（あるいは、ひょっとするとこの論争全体において）問題になっていたのは、自己表現の是非といった大づかみな問題ではなく、目標として想定された状態——創造性であれ美術知であれ——との関係でそこへと至る途中経過の意味をどう捉えるか、もっと言えば、途中経過において介在してしまう自由や不確定性の役割をどのように見積もるか、という問いだったということになろう。

金子は、介在してしまう自由や不確定性を、「方法論やシステム論」によってできる限り飼いならすべき対象として扱っているように見える。これに対して柴田と藤澤は、除去すべきものとしてではなくアート教育にとって不可欠の何かとして自由や不確定性を確保しようとしており、それが「表現」への両者の固執として表れているように思われる。先の三つの構想の検討によって明らかになってきたのは、アート教育において知や理解や技能が教育的な意味を持つのは、それが自由を含んだ過程のなかで獲得されるからだ、ということであった。そうした途中経過を経て獲得された知や理解や技能であればこそ、それは借り物ではない当人自身の「一つの物の見方」へと結実することができる。このような意味で「表現」を重視することは、金子が正当にも回避しようとする内面への介入――「学校教育は内面にあまり介入してほしくないというのが私の基本的な考え方です」(金子他一九九七、二〇頁)と金子は言う――ではなく、アート教育が途中経過を引き受けようとすることの一つの帰結として捉えることができる。個別芸術ジャンルの枠内での職業的な養成教育を考えるのであれば、教えられる限りの技術的側面に教育の努力を集中し、後は個々人の自覚に任せるといったやり方も可能だろう。しかし、アート教育が学校教育のカリキュラムのなかで意味を持つためには、そうした技芸としてのアートを支えるより深い層を考えることが必要になると考えられるのである(3)。

(2) エリオット・リーマー論争――音楽は何を教える教科か

「エリオット・リーマー論争」は、『音楽教育の哲学』(Reimer 1970)によってその後の音楽教育理論を主導するパラダイムを確立したリーマーを、リーマーの指導学生でもあったエリオットが真っ向から批判することで生じた(村尾 一九九七、ウォーカー 二〇一〇)。この論争が本章のこれまでの議論との関連で興味深いのは、前項で見た美術教育の場合とは攻守がまったく逆転しているように見えることである。「表現」重視派が批判する側に回り、「教科」重視派が批判の矢面に立たされているように見える。リーマーの理論は音楽教育における「学問中心カリキュラム」の主張であり、先に見たDBAEの構想を音楽の領域で先取りするものであった。音楽教育は「美的教育」となることをめざしている」(Reimer 1970/邦訳、一二頁)とリーマーは言う。歌唱をはじめとする演奏の訓練に終始してきた伝統的な音楽教育に代って、音楽作品のみが可能にしてくれる音楽特有の美的経験が、音楽教育の中心に据わるべきなのである。これに対してエリオットは、音楽教育は演奏を中心とした「音楽すること」自体に意味を見出すべきだと主張した。エリオットの批判はすでに一九八〇年代前半に始まっていたと言われるが(村尾 二〇一〇)、九〇年代初頭の諸論考(Elliott 1991a, 1991b)を経て、著書『音楽が重要――音楽教育の新たな哲学』(Elliott 1995)に結実し、リーマーに対する体系的な対案を提示するに至る。以下では、この『音楽が重要』(書名は『音楽の諸問題』と訳すこともできるだろう)と、それが批判的に対峙するリーマーの『音楽教育の哲学』第二版(Reimer 1989)を主な対象として、両者の対立が何に由来するかを探ってみたい(4)。

リーマーの理論の目論見は、音楽を基礎教科の不動のメンバーとして学校教育カリキュラムの中に位置づけることにある。そのためには「独自性の論拠と必要性の論拠」(Reimer 1989, p. 8)が求められるとリーマーは言う。音楽が、他の教科では不可能な独自の貢献を教育に対してなしうるということ、しかもその貢献が万人にとって必要不可欠だということ、これを論証する必要がある。したがって、音楽が、たとえば他者との協調の促進のような学校教育にとって望ましい副次的効果を持つということをどれだけ主張しても十分とは言えない。リーマーが「関連主義」と呼ぶ音楽観は同種の限界を持つ。それは音楽を、音楽が表示したり促進したりする音楽外の何か、たとえば深い悲しみ、パセティックな高揚、などによって意味づけようとする。しかしこうした音楽外の何かは、当然、言語のような他の手段によっても到達可能なのである。他方、音楽外的な要因との関連を一切断って、音楽の自律的な価値を主張する「絶対的形式主義」は、独自性の論拠を提示することはできるが必要性の論拠を提供できない。実生活から隔絶された高踏的な音楽理解が万人に不可欠だとは到底思えないからである。そうなれば音楽は特別の才能に恵まれた一握りの人たちのためのもの、というありがちな結論になってしまう。

リーマーが推奨するのは「絶対的表現主義」、つまり、感情についての洞察を可能にするような経験を与える点に音楽の価値を見る立場である。それは、音楽の価値を音楽内在的に考えようとする点では形式主義と一致するが、形式主義とは違って感情という実生活へのリンクを想定する。しかしそれは関連主義者が考えるような個別的な情緒の表出とは異なる。そこで想定されているのは、「感情を喚起可能にするような諸条件を芸術作品の内在的性質が提供する」(Reimer 1989, p. 50／邦訳、七四頁(5))という間接的な関係である。ただし、「この性質を直接に理解することによって、われわれは、感情「についての情報」というよりも、感情「の経験」を受け取る」(ibid.)。感情とのこうした密接な関係に、リーマーは芸術一般にとどまらない音楽の独自性を見ているようである。彼は次のようなランガーの言を引用している。「人間の感情の形式は言語の形式よりもはるかに音楽の形式に合致しているため、音楽は感情の本性を、言語では及びもつかないような詳細さと真実味をもって明るみに出すことができる」(ibid.)。

リーマーに従えば、このような音楽においてでなければできない感情の経験に、音楽教育はその独自性と必要性の論拠を見出すことができる。そうした感情の経験を通して、音楽は、言語や概念的知識によっては不可能な仕方で「感情の教育」(p. 33)を行うことができるからである。これは、ちょうど読み書きの訓練が論理的思考を教育するための不可欠の機会となるように、万人にとって必要な教育の機会だと考えられるのである。音楽がそのような機会となるためには、音楽形式に内在する感情喚起的な働きを感じ取ることがまず求められるが、これは容易なことではあるまい。音楽教育の一般的な課題はここにある。「一般向け音楽教育の包括的なゴールないし目標は、音のもつ内在的に表出的な性質を経験し創造できるように、すべての生徒の能力を発達」させることであり、つまりは「音楽芸術に対するすべての生徒の美的感受性の〔中略〕発達」にある(p. 153)。演奏の訓練は、この美的感受性の発達という目標に役立つ限りで意味を認められることになろう。それはあくまで目標に至るための手段なのである。

以上のようなリーマーの音楽教育理論は、エリオットには、音楽の核心を完全に逸したものと映る。エリオットがまず批判するのは、音楽を美的経験の対象と見るようなリーマーの音楽理解が、一八世紀後半以降のヨーロッパで作り出された非常に狭隘な音楽観に立脚しているということである。そうした音楽観は、①音楽とは自律的な作品の集合であり、②音楽作品の価値は作品内在的であり、③音楽作品は美的に——作品の美的な質に焦点を合わせて——聴かれるためにあり、④音楽を聴くことは美的経験をもたらす、ということを当然のように想定している(Elliott 1995, p. 23)。エリオットにとっては、この四つの想定のどれもがその通有性という点で疑わしい。歴史を過去に遡れば、また現在でも音楽を多文化的に眺めれば、音楽は決して対象としての作品を前提にしなければ成り立たないようなものではない。音楽は何よりもそれが歌われ演奏されるところに存在するのであって「譜面化された楽曲なしに音楽的なサウンドを得るということは完璧に可能」(p. 39)である(ここには、自身ジャズ・ミュージシャンでもあるエリオットの実感がこめられているだろう)。このように視野を広くとれば、音楽が「美的」に聴かれる以外の様々な役割を社会生活・個人生活のなかで演じるということは何ら不思議なことではないし、「音楽外的」として排除されるような事柄でもないのである。

音楽観の狭隘さから生じる音楽教育上の重大な帰結が「音楽すること」の軽視である。そのことの意味は二重である。一つは、演奏に対して鑑賞の比重が大きくなること、もう一つは、演奏そのものの理解が狭められ、「スキル」や「テクニック」の問題に演奏が還元されてしまうこと、である。この後者の帰結の方がエリオットにとっては重大であろう。リーマーも、もちろん音楽教育における演奏の重要性を否定するわけではない。しかし、たとえどれほど演奏を重視するように見えても、その位置づけは、先にも述べたように、作品にもともと内在しているはずの美的価値を現前化させるための手段にとどまってしまうのである。

リーマーの場合とは対照的に、エリオットにとっては、演奏は音楽教育の目標のレベルに位置づけられるべきものとなる。演奏は単なる指先のスキルやテクニックの問題ではなく、それ自身が独特の思考や知を体現しているからである。「音楽すること」は、「思考することの多元的な形態を含んでおり、この思考の形態はまた、人間が獲得しうる最も重要な種類の知識の独自の源泉でもある」(p. 33)。ここでエリオットが念頭に置いているのは、ギルバート・ライルが命題的知識から区別した方法的知識である。自転車に乗れることやスキーで滑れることのような、命題という形では言語化できない「知っている」ことを、ライルは命題的知識とは区別される独自の「知ること」の領域として位置づけた。エリオットの見るところ、音楽の核心はこの種の、しかし音楽以外の通路では到達できない方法的・手続き的な知識にある。「歌ったり楽器を演奏したりする行為が続いている限り、われわれの音楽的な知識はわれわれの行為のなかにある。われわれの音楽的な思考や知は、われわれが音楽的に行為したり作り出したりすることのなかにある」(p. 56)。こうした音楽的な思考や知――それをエリオットは「ミュージシャンシップ」と呼ぶ――は、言語的な概念として対象化したり、対象化された形で学んだりすることはできず、まさに「音楽すること」のなかで、自らの判断と技能に支えられた「音楽すること」として学ばれる他はない。音楽教育は、アカデミックな教科を模倣して音楽作品によって美的経験を授けるような場となるべきではなく、「音楽すること」という真正な音楽実践の場として組織されるべきなのである。

リーマーとエリオットは、たしかに対照的な音楽観を掲げて対立しているが、それは同時に、音楽で何を教えるか、音楽はそもそも何を教える教科なのか、という、教育内容をめぐる対立でもある。この対立は両者のカリキュラム観の違いに如実に表れている。リーマーが得ようと努めているのは、「学問中心カリキュラム」の理念に忠実に、教科の構造を明示するようなカリキュラムである。音楽が基礎教科としての地位を確立するためには、音楽のカリキュラムは「教科をその内在的な構造において表現しなければならない」(Reimer 1989, p. 151)。リーマーにとってカリキュラムとは、DBAEの場合と同様、〈何を〉教えるかを系統立てて明示すべきものなのである。リーマーにとって音楽教育の内容は、そのように明文化して対象化可能な何か、として想定されていたと言えるだろう。たとえ明文化したとしても、その実施が個々の教師の解釈に依存することは避けがたいが、だからこそ、カリキュラムについての個々の教師の解釈を「専門的に見て健全」(p. 161)な範囲に収めることが彼にとって重要になる。

エリオットがまさに批判の対象とするのが、音楽教育をプログラムとその実施として捉えるこうしたカリキュラム観である。それは「あらゆる領域におけるあらゆる知識が何らかの種類の言語的記述に還元できる」とする誤った想定に立脚しており、「音楽と音楽教育の根源的リアリティ」を、つまり「ミュージシャンシップの手続き的エッセンスは言語による概念化に対して認識論的に先行する」ということを、忘却してしまっている(Elliott 1995, p. 246)。その結果、音楽教育は「音楽的にまがいもの」となる。「「美的感受性」についての言語的概念を「絵解き」する」ためのサンプルとして、音楽が扱われるような仕儀になってしまうのである(ibid.)。エリオットの考え方に従うなら、明文化されたプログラムはせいぜい〈何で〉教えるかを指定することができるのみだ、ということになろう。彼にとって音楽教育の内容は、明文化されたプログラムとして特定できるような何かではない。音楽教育において教育内容となるのは「音楽する」という活動そのものであり、従ってまた本来の意味でのカリキュラムを構成するものはそうした活動とその系列の他にはないのである。

エリオットの音楽教育理論は、アート教育を首尾一貫して過程に還元しようとする徹底した試みとして解釈できる。アカデミックな教科と違って音楽では、めざされる結果それ自体が、言語的概念によって固定することはできず、「音楽すること」やそのなかで働いている方法的・手続き的知という過程的なもののなかに、いわば溶け込んでいるのである。それはまた、通常の教科の結果重視に対抗して過程を重視するこのようなアート教育の構想が、ミューズ的教育や自己表現アプローチの場合のように芸術の要求や技能的修錬の要求の放棄を帰結するわけでは必ずしもない、ということを示している点でも貴重である。エリオットは、活動と行為そのもののなかに思考や知を見出すことで、教科の構造を重視するリーマー以上に音楽の技能的側面を重視していたと言える。

しかし同時に、彼の議論は、高度の技能に体現された「ミュージシャンシップ」を最終目標とすることで、今ある音楽文化を疑う余地のないゴールとして設定している。この点では、彼の主張は、皮肉なことにＤＢＡＥと同様の限界を持つ。なぜそのような「ミュージシャンシップ」がすべての生徒が到達すべき目標になるのか、という正当化の次元の問いに対しては、エリオットの議論はリーマーのそれに比べて脆弱である。リーマーの議論は、音楽という個別芸術ジャンルを越える、そして個別芸術ジャンルの基盤にある美的な「感情」を規準として設定することで、こうした正当化の次元の問いに応えようとしていたのであった。

四　アート教育の意味——まとめにかえて

本章では、アート教育に関わる三つの構想、二つの論争を検討してきた。最後に、以上の検討からアート教育のカリキュラムを構想するためにいかなる視点が得られるかを考察してまとめとしたい。

これまでの検討から浮かび上がってくるのは、アート教育が重層的な構造を持っているということである。一つの層は、美術、音楽といった個別芸術ジャンルに定位したレベルであって、技能や判断はこのレベルで鍛えられる必要がある。技能一般、判断一般などというものは厳密に言えば存在しない。それはいつでも何かをなしうる技能であり何かについての判断なのである。専門領域立脚のアート教育や金子の美術教育論、エリオットの音楽教育論はこのレベルに定位していた。しかし、そのようなジャンル固有の技能や判断の教育的な意味を考えようとすれば、もう一段深いレベルを考えることが必要になる。それを探り当てようとしていたのがバウハウス教育やリーマーの音楽教育論だったように思われる。個別芸術ジャンルをこえて、その底にある、身体や知覚や感情のような経験の基底に関わるレベルがそこでは探究の対象となっていた。これに対して、ミューズ的教育や柴田の美術教育論において中心的な意味を与えられていた「表現」は、個別芸術ジャンルと結びついて、言わばその「上に」生成してくる層として捉えることができるだろう。判断や技能は個別芸術ジャンルに依拠して修錬さ

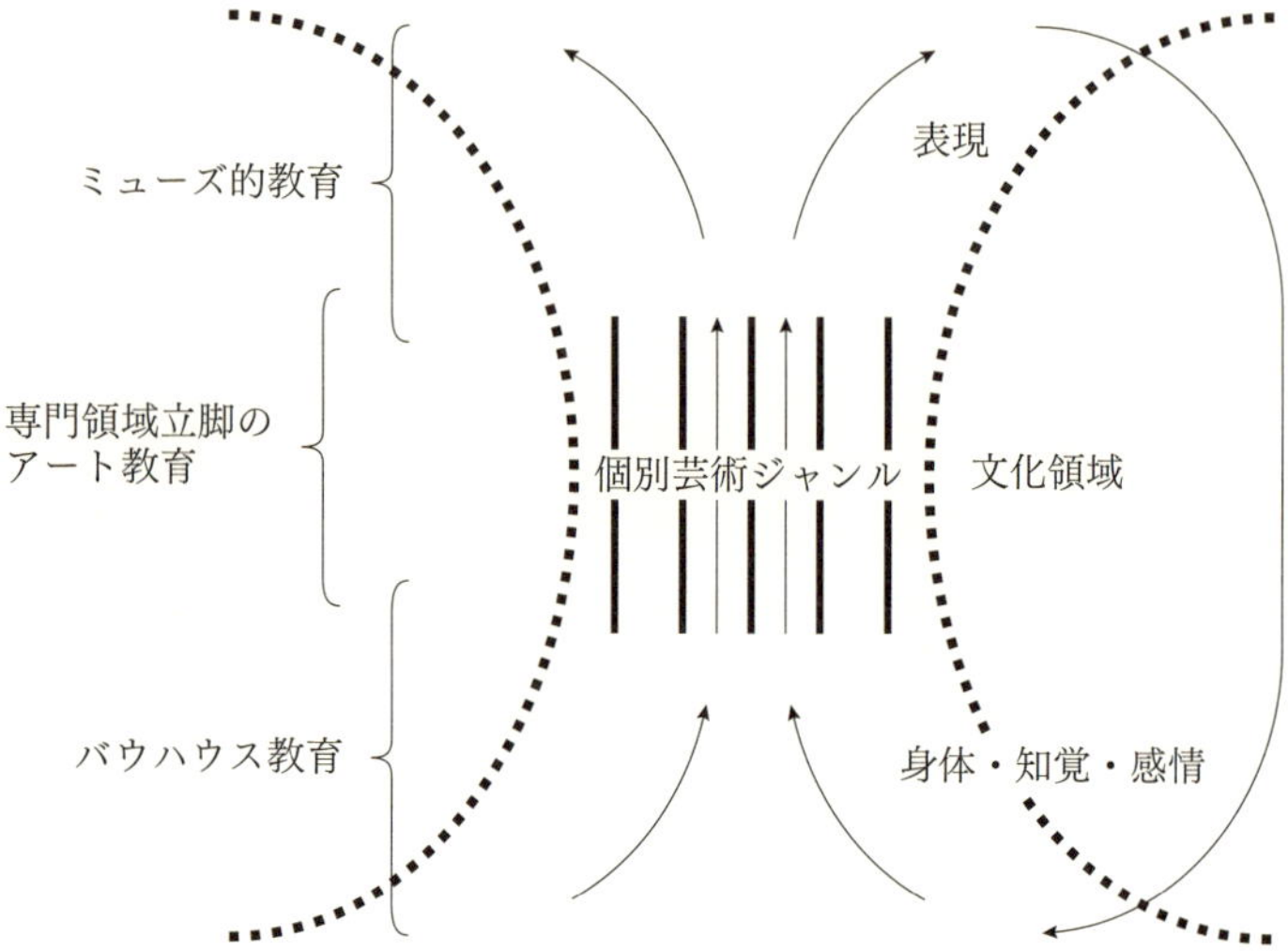

図　アート教育の意味

れ表現として花開くが、アート教育を意味づけるためには、個別芸術ジャンルを下で支えている基盤的部分を含めた、全体的な過程を視野に入れる必要があるように思われる。

上の図は、以上の考察を一望のもとに収めようと試みたものである。中間がくびれた形になった点線の図形は、相当の広がりを持った身体や知覚の可能性が、個別芸術ジャンルの枠によって限定――文化領域内部の目で見れば「洗練」――され、それが表現において再度拡張されることを示している。アート教育においてなされる学習は、図の矢印で示したような「洗練」と拡張の循環的な過程として思い描くことができるだろう。

アート教育の学校教育における一つの意味は、身体や知覚や感情のような、アカデミックな教科では及びもつかない深部にまで、教育の対象範囲を広げる点に見出せるだろう。それは身体や知覚や感情のあり方を「洗練」させて様式を与え、個々人の発する表現を相互了解可能な範囲に収めようと試みる。しかしこれだけであれば、アート教育は、知覚や感情に一定の様式を刻印しようとする「情操教育」に還元されてしまう。アート教育の真の意味は、まさにこうした「情操教育」的な目論見を裏切って、個々人にその人ならではの「一つの物の見方」の構築を可能にする点にある。(6) そうした可能性を支えているのが、本章で強調してきたアート教育における学習の過程的性格である。そのつど下される判断、そのつど適用される技能が「うまくいった」か否かは、「正解」や「真理」のような万人共通の客観的な規準に頼ることはできず、そのつどの自己の知覚や他者とのコミュニケーションによって判断される他はない。さらに、そうした一つ一つの判断の積み重ねである学習の軌跡も、それが言語化された教育内容や到達目標に収斂するように見えるのは見かけにすぎず、実際には図に示したような循環的な過程を経巡ることになる。アート教育の実質的な教育内容となっているのは、そのような過程、つまり「誰にも代わってもらえない道程」そのものであり、その道程において獲得される「一つの物の見方」なのである。こうした道程をいかに組織するか、そしてそのように組織される道程がいかに「聡明さ」へと結実するか——ここにアート教育カリキュラムの成否がかかっていると言えるだろう。

注

（1）以下では、art には「美術」、arts には「芸術」をあて、さらに、「芸術」にとどまらず「技芸」をも含む広い意味で arts を考える場合には「アート」の語を使うことにしたい。

（2）本項の叙述は、拙著『メディア・美・教育——現代ドイツ教育思想史の試み』(今井 二〇一五a)の第八章「バウハウスの教育思想・試論——イッテンとモホイ＝ナジ」を下敷きにしている。

（3）柴田は、「表現は美術や美術教育の一ジャンルではない」と述べて、「表現」を個別芸術ジャンルよりも一段と深い層に位置づけている。表現は、「美術教育だけでなく教育全体の、もっと大きく言えば生きること全体の、動かすことのできない基盤と見るべき」であり、「美術や音楽に親しむ、絵を描いたり歌を唄うというような事柄を超えた普遍的で根源的な課題」(柴田 一九九八、二〇頁)だというのである。しかし表現は、表情のような感情の直接的な身体的表出と同列にそれを論じるのでない限り、了解可能な様式を必要とする。表情と違って、たとえば身振りが「表現」となるためにはすでに一定の文化的了解の共有を前提とする。アート教育の問題として論じるなら、表現は個別芸術ジャンルとの関係で、それを基盤として成立すると見るのが適切であろう。

柴田がここで強調している「表現」は、アート教育の基盤にある何かというよりも、アート教育が含み込まざるを得ない自由や不確定性を積極的に捉え直したものとして位置づけることができるだろう。

(4)『音楽教育の哲学』についてはその後第三版(Reimer 2003)が出ている。また『音楽が重要』については、副題から「新たな」という形容詞を除いた第二版(Elliott and Silverman 2015)が、リーマーが二〇一三年に没した後、二〇一五年に出された。

(5)『音楽教育の哲学』第二版は初版の増補版という性格も持っており、初版と重なる部分も多い。そうした部分については初版邦訳の頁を入れて指示することにする。ただし、そうした部分についても細かな文言の変更はあり、ここに引用した部分でも、初版では「美的性質」「この美的性質」となっているところが「内在的性質」「この性質」に変更され、「美的(aesthetic)」の語が回避されている。

(6) 様式化の目論見を裏切るアートのこうした機制については、「美的経験」の問題に即してすでに論じたことがある。拙論「子どもの美的経験の意味」(今井 二〇〇四)を参照していただければ幸いである。

参考文献

今井康雄 二〇〇四、「子どもの美的経験の意味」『メディアの教育学――「教育」の再定義のために』東京大学出版会、二五三―二七六頁。

今井康雄・坪能由起子 二〇一四、「インタビュー 音楽教育への提言6 知的経験への扉を開く「音楽の力」」『教育音楽(小学版)』九月号、三六―四〇頁。

今井康雄 二〇一五a、『メディア・美・教育――現代ドイツ教育思想史の試み』東京大学出版会。

今井康雄 二〇一五b、「教育にとってエビデンスとは何か――エビデンス批判をこえて」『教育学研究』第八二巻第二号、二―一五頁。

今井康雄 二〇一五c、「音楽科へのエール――「学力」と「エビデンス」に抗して」『音楽教育学』第四五巻第一号、三七―三九頁。

R・ウォーカー 二〇一〇、「音楽教育哲学:表現? 鑑賞? 両方とも?――B・リーマーとD・エリオットの論争をめぐって」『音楽教育学』第四〇巻第一号、二九―三五頁。

金子一夫 一九九七、「教育改革と美術教育――未熟の価値から成熟の価値への転換を」『美育文化』第四七巻第五号、二〇―二五頁。

金子一夫・柴田和豊・藤澤英昭 一九九七、「鼎談・戦後美術教育における〝創造主義〟の再検討」『美育文化』第四七巻第一〇号、一四―二七頁。

柴田和豊 一九九八、「鑑賞教育重視の風潮をめぐって」『美育文化』第四八巻第一〇号、一六―二五頁。

鈴木幹雄 二〇〇一、『ドイツにおける芸術教育学成立過程の研究』風間書房。

M・パーソンズ 二〇〇三、「統合カリキュラムへの動き——アメリカの美術教育における背景」『美術教育学』第二四号、三七五—三九二頁。
長谷川哲哉 二〇〇五、『ミューズ教育思想史の研究』風間書房。
藤江充 一九八八、「「学問にもとづいた美術教育」をめぐる議論について」『大学美術教育学会誌』第二〇号、一七七—一八六頁。
M・プルースト、鈴木道彦訳 二〇〇六、『失われた時を求めて(四) 第二篇 花咲く乙女たちのかげにⅡ』集英社。
真壁宏幹 二〇〇七、「「シンボル感の生成」としての美的経験——バウハウスにおける「音楽教育」をめぐって」国立音楽大学音楽研究所音楽療法研究部門編著『音楽療法の現在』人間と歴史社、二一一—二三七頁。
村尾忠廣 一九九七、「音楽教育の〈実践〉をめぐる三つの論争」『音楽教育学』第二七巻第一号、一—一一頁。
村尾忠廣 二〇一〇、「「音楽教育学における哲学的研究」の動向——リーマー/エリオット論争をめぐって 企画趣旨」『音楽教育学』第四〇巻第一号、二六—二八頁。
Adorno, Theodor W. 1973(1956), Zur Musikpädagogik, *Gesammelte Schriften*, Vol. 14, Frankfurt a. M.: Suhrkamp, pp. 108–126.(「音楽教育によせて」三光長治・高辻知義訳『不協和音——管理社会における音楽』平凡社ライブラリー、一九九八年、一九三—二二三頁)
Blume, Torsten 2015, *Das Bauhaus tanzt*, Leipzig: Seemann.
Clark, Gilbert A., Day, Michael D. and Greer, W. Dwaine 1987, Discipline-Based Art Education: Becoming Students of Art, *Journal of Aesthetic Education*, 21(2), pp. 129–193.
Eisner, Elliot W. 1987, The Role of Discipline-Based Art Education in America's Schools, *Art Education*, 40(5), pp. 6–26, 43–45.
Elliott, David J. 1991a, Music as Knowledge, *Journal of Aesthetic Education*, 25(3), pp. 21–40.
Elliott, David J. 1991b, Music Education as Aesthetic Education: A Critical Inquiry, *The Quarterly Journal of Music Teaching and Learning*, 2(3), pp. 48–67.
Elliott, David J. 1995, *Music Matters: A New Philosophy of Music Education*, New York/Oxford: Oxford University Press.
Elliott, David J. and Silverman, Marissa 2015, *Music Matters: A Philosophy of Music Education*, 2nd ed., New York/Oxford: Oxford University Press.
Götsch, Georg 1950, *Musische Bildung. Zeugnisse eines Weges. Band I: Besinnung*, Wolfenbüttel: Möseler.
Haase, Otto 1953, *Musisches Leben*, Hannover/Darmstadt: Hermann Schroedel.
Itten, Johannes 1963, *Mein Vorkurs am Bauhaus. Gestaltungs- und Formenlehre*, Ravensburg: Otto Maier.(手塚又四郎訳『造形芸術の基礎——バウハウスにおける美術教育』美術出版社、一九七〇年)

Otto, Gunter 1973(1959), Die Theorie der musischen Bildung und ihr Verhältnis zur Realität, in: Norbert Kluge(ed.), *Vom Geist misischer Erziehung. Grundlegende und kritische Beiträge zu einem Erziehungsprinzip,* Darmstadt: Wissenschaftliche Buchgesellschaft, pp. 232–246.

Patchen, Jeffrey 1996, Overview of Discipline-Based Music Education, *Music Educators Journal,* 83(2), pp. 19–26.

Reimer, Bennett 1970, *A Philosophy of Music Education,* Englewood Cliff/New Jersey: Prentice Hall.(丸山忠璋訳『音楽教育の哲学』音楽之友社、一九八七年)

Reimer, Bennett 1989, *A Philosophy of Music Education,* 2nd ed., Englewood Cliff/New Jersey: Prentice Hall.

Reimer, Bennett 1991, Would Discipline-Based Music Education Make Sense?, *Music Educators Journal,* 77(9), pp. 21–28.

Reimer, Bennett 2003, *A Philosophy of Music Education,* 3rd ed., Upper Saddle River: Prentice Hall.

Roetzler, Willi(ed.) 1978, *Johannes Itten. Werke und Schriften,* Zürich: Orell Füssli.

Wick, Rainer K. 1982, *Bauhaus-Pädagogik,* Köln: DuMont.

9　ＩＣＴメディアと授業・学習環境

山内祐平

一　ＩＣＴメディアと授業・学習環境

ＩＣＴ(Information and Communication Technology　情報通信技術)メディアと授業・学習環境については、既存の教育目標を実現するための「学習指導におけるＩＣＴ活用」と、ＩＣＴに関連する能力を新たな教育目標としてとらえる「情報教育」という二つの視点からとらえられてきた。

本章ではＩＣＴメディアを、パーソナルコンピュータやスマートデバイス(スマートフォンやタブレット)など、情報通信技術を利用して知識の社会的構成を媒介するメディアと定義して議論を進める。

学校教育でのＩＣＴメディア利用が本格的に開始されたのは、一九八〇年代であった。計算機として誕生したコンピュータは、一九七〇年代にはディスプレイやキーボードを備えた汎用の情報処理機械に進化する。一九八〇年代には低価格化によって個人や一般企業で使用されるようになった。普及にともない、学校でも活用しようとする動きがでてきた。その利用形態は、大きく二つに分類することができる。

教材・教具としての利用

コンピュータはプログラムにより、様々な機能を実装することができる。問題を提示した上で、学習者が適切な解答を出せば正解と表示し、間違えた場合はヒントを表示させられることに着目した研究者や教員は、コンピュータを電子ドリルとして教材・教具化することによって、学習の個別化を実現できると考えた。理解の進んだ学習者は満足いくまで難しい問題を解き、つまずきを持つ学習者は自分が納得いくまで試行錯誤する。このような利用法はＣＡＩ(Computer Assisted Instruction　コンピュータ支援による教授)と呼ばれ、教材を自作する教員も現れた。

プログラミング教育のための利用

一方で、社会にコンピュータが普及するにつれて、今後コンピュータを使いこなす能力が必要になってくるだろうと推測し、プログラミングを教える教員も現れた。一九八〇年代当時のパーソナルコンピュータには、ＢＡＳＩＣというプログラミング言語が標準で搭載されており、それを使って子どもたちがプログラミングをする活動が行われていた。

また、ＭＩＴ(マサチューセッツ工科大学)のシーモア・パパートらが開発したプログラミング言語であるＬＯＧＯは、プログラムすることを学習者の認知的道具として位置付け、論理的思考を拡張する新しい学習環境として構成した。パパートはピアジェとの共同研究からインスピレーションを得ており、子どもが環境との試行錯誤の中で、知識を構築するプロセスの重要性を主張した。

一九八〇年代に生まれたこの二つの流れは、その後形を変えながら現在まで続いている。これらの利用形態の背景には、教育とＩＣＴメディアの関係について異なる前提が存在するからである。

教材・教具利用の前提

ＩＣＴメディアを教材・教具として利用する背景には、「ＩＣＴメディアは教育活動に付加価値をもたらす道具である」という前提がある。教育目標は国語・算数・理科・社会など、学校で教えられている教科内容の習得であって、ＩＣＴメディアは学習者の誤答に対して個別に処遇を与えるなど、人間では難しい支援が可能になるので導入するという論理である。古くは掛図や教科書から、教材・教具は教授学習過程において教員の説明ではカバーしきれない領域を補強する存在として発展してきた。このような考え方からすれば、ＩＣＴメディアは最先端の技術を利用していても教科書の発展系である。教科書をデジタル化し補助教材を統合したパッケージは「デジタル教科書」と呼ばれているが、この名称はＩＣＴメディアを教材・教具の延長線上に位置づけていることをあらわしている。

プログラミング教育の前提

プログラミング教育の必要性は、「社会においてプログラミング能力を持つ人材が要請されているが、学校教育ではそれに対応する学習活動が行われていない。よって、新しい教育目標としてとりあげるべきである」という論法で語られる。教材・教具論と決定的に異なっているのは、現在の教科学習とは違う文脈から教育目標が導出されている点である。

一九九〇年代になると、パーソナルコンピュータはマウスで操作するグラフィカルユーザーインターフェイスを搭載するようになった。ワードプロセッサや表計算ソフトウェアも販売され、コンピュータはプログラムせず

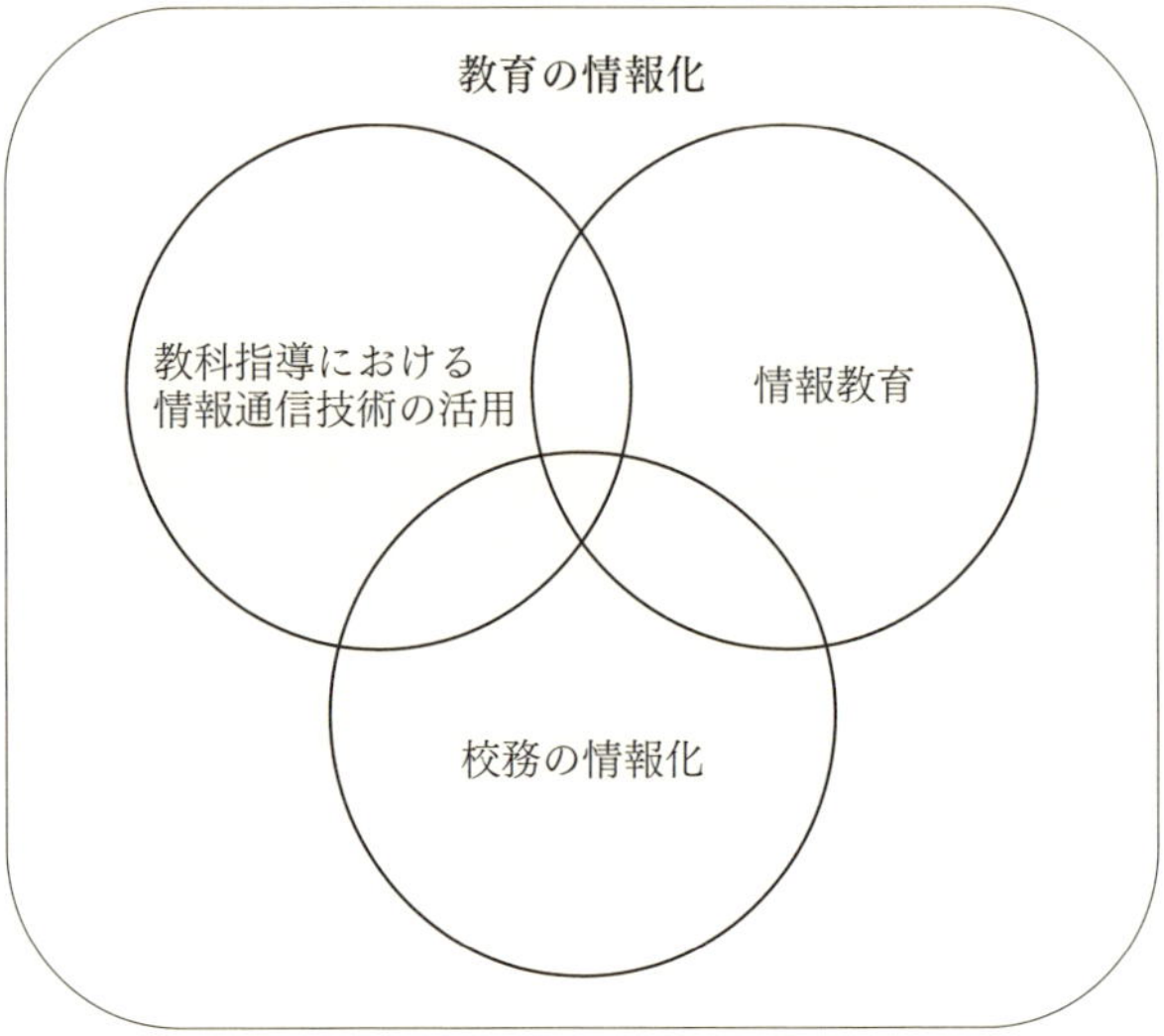

図1　教育の情報化の枠組み

とも使えるものに変化していく。それにともない、プログラミング教育は下火になり、代わりにアプリケーションソフトウェアを道具として使うための教育の必要性が主張されはじめた。高等学校の教科「情報」をはじめ、現在の情報教育のカリキュラムはこの時代に構成されているため、プログラミング教育はあまり含まれておらず、アプリケーションを利用した情報活用の実践力に主軸を置いた構成になっている。ただ、プログラミングからアプリケーションの活用に力点が移動したといっても、社会の要請から従来の教科教育にはなかった教育目標が規定されるという構図は変化していない。

教育の情報化の枠組み

文部科学省ではこのような議論を整理するために、二〇一一年に発表された「教育の情報化ビジョン」の中で、従来の学校教育の目標を実現するためのＩＣＴメディアの利用を「教科指導における情報通信技術の活用」とし、社会から要請された新しい目標体系としての情報関連能力の育成については「情報教育」とまとめている。これに成績や学習履歴の管理など「校務の情報化」を加え、三本柱で「教育の情報化」を推進することが表明されている(図1)。

教科指導における情報通信技術の活用には、情報教育と重なっている部分がある。例えば、社会科で探究学習をする際にインターネットを利用することを想定すると、社会科の学習に必要な知識を得ると同時に情報を検索するための技術を学ぶという二重の目的を持ちうる。学習履歴データを管理し学習者への支援につなげることは、校務の情報化との重なりに位置づけられるだろう。

本章では、高等教育や学校外学習も視野に入れた議論を行うため、教科指導における情報通信技術の活用は「学習指導におけるＩＣＴ活用の系譜」として論じることにする。また、校務の情報化については、学校の業務を改革し、教員が教育活動に集中できるようにする重要な課題であるが、紙面の関係上、学習指導におけるＩＣＴ活用と情報教育に焦点化して論じていくことにする。

二　学習指導におけるＩＣＴ活用の系譜

学習指導におけるＩＣＴ活用の学校への普及は一九八〇年代に始まっているが、大学における研究開発は一九六〇年代から行われていた。ここでは、ＣＡＩ、マルチメディア教材、ＣＳＣＬ(Computer Supported Collaborative Learning　コンピュータ支援による協調学習)と展開してきた学習指導におけるＩＣＴ活用の系譜をまとめ、現代のデジタル教材との関係について考察する。

学習指導におけるＩＣＴ活用に関する研究は、主に教育工学(Educational Technology)において行われてきた。教育工学は、教育学・心理学・工学などの知見を学際的に援用しながら、情報通信技術などのテクノロジーを用いて妥当性の高い教育活動をデザインする方法論の確立を目指す学問体系である。

アメリカやイギリスを中心に一九六〇年代から発展してきた研究領域であり、五〇年を超える研究の中で、デジタル教材につながる知見が蓄積されてきた。今まで教育工学で行われてきた研究をレビューすると、三つの流れがあることがわかる。

CAI(一九七五―八五)

一九七〇年代後半から八〇年代前半にかけて、コンピュータが質問を出し学習者の応答の正誤に応じて適切なフィードバックを行うCAIについて様々な研究が行われた。評価研究では、一斉型の授業では難しい、学習者の個人差に対応する方法として、一定の成果が確認された。ただし、CAIを構成するためには、課題分析の後、問題を段階別に並べる必要があるため、正答があり構造的に記述できる領域しか取り扱えないという限界があった。そのため、算数・数学・理科の活用が中心であり、国語や社会では宣言的知識の習得にとどまった。インターネットの登場により注目されたWBT(Web Based Training　ウェブによる訓練)やモバイル端末を利用したドリル学習は、CAIと原理的に同じものである。

マルチメディア教材(一九八五―九五)

一九八〇年代後半から九〇年代前半にかけて、パーソナルコンピュータの性能が向上し、画像や音声、映像などが取り扱えるようになると、学習者が興味関心に応じて教材データベースにアクセスしながら学習を進める「マルチメディア教材」の開発や評価に関する研究が行われた。例えば、世界初の統合型マルチメディア教材である「パレンケ」では、マヤ文明の遺跡であるパレンケを仮想的に探索しながら、歴史や科学について総合的に学べる環境が構成されている。その後も類似のパッケージ教材が制作され、主体的な学習者については教材から複雑にからみあった非構造的課題の解決につながる情報を得られることが明らかになっている。しかし、自分の学習目標をメタ認知した上で情報を解釈する能力を持たない学習者は、全ての情報にアクセスしても、学習につなげられないことも明らかになり、学校教育では限られた利用にとどまった。

これらの教材はＣＤ－ＲＯＭなどのパッケージメディアで配布されていたが、インターネットが登場するとともに、開放型の教材データベースに移行していくことになる。研究機関や博物館などが公開している学習用ウェブサイトなどは、その例としてとらえることができるだろう。

ＣＳＣＬ（一九九五―二〇〇五）

一九九〇年代後半から二〇〇〇年代前半にかけて、インターネットによる学習者同士のコミュニケーションが可能になると、学習者の議論活動によって社会的な知識構成を支援するＣＳＣＬに関する研究が展開された。コンピュータを使うことにより思考や対話の過程に介入でき、時間や距離を超えたコミュニケーションを行うこともできるようになり、ネットワーク技術の教育活用として評価されたが、議論のテーマ設定や学習のファシリテーションに関するノウハウがないと学習がうまく進まないという課題も明らかになった。現在ソーシャルメディアを利用して行われている協調学習は、ＣＳＣＬを引き継いだものとしてとらえることができる。

背景にある思想

ＣＡＩ、マルチメディア教材、ＣＳＣＬの研究が教育現場に普及する際に、パーソナルコンピュータやインターネットといった情報通信技術の登場が重要な役割を果たしたことは否定できない。

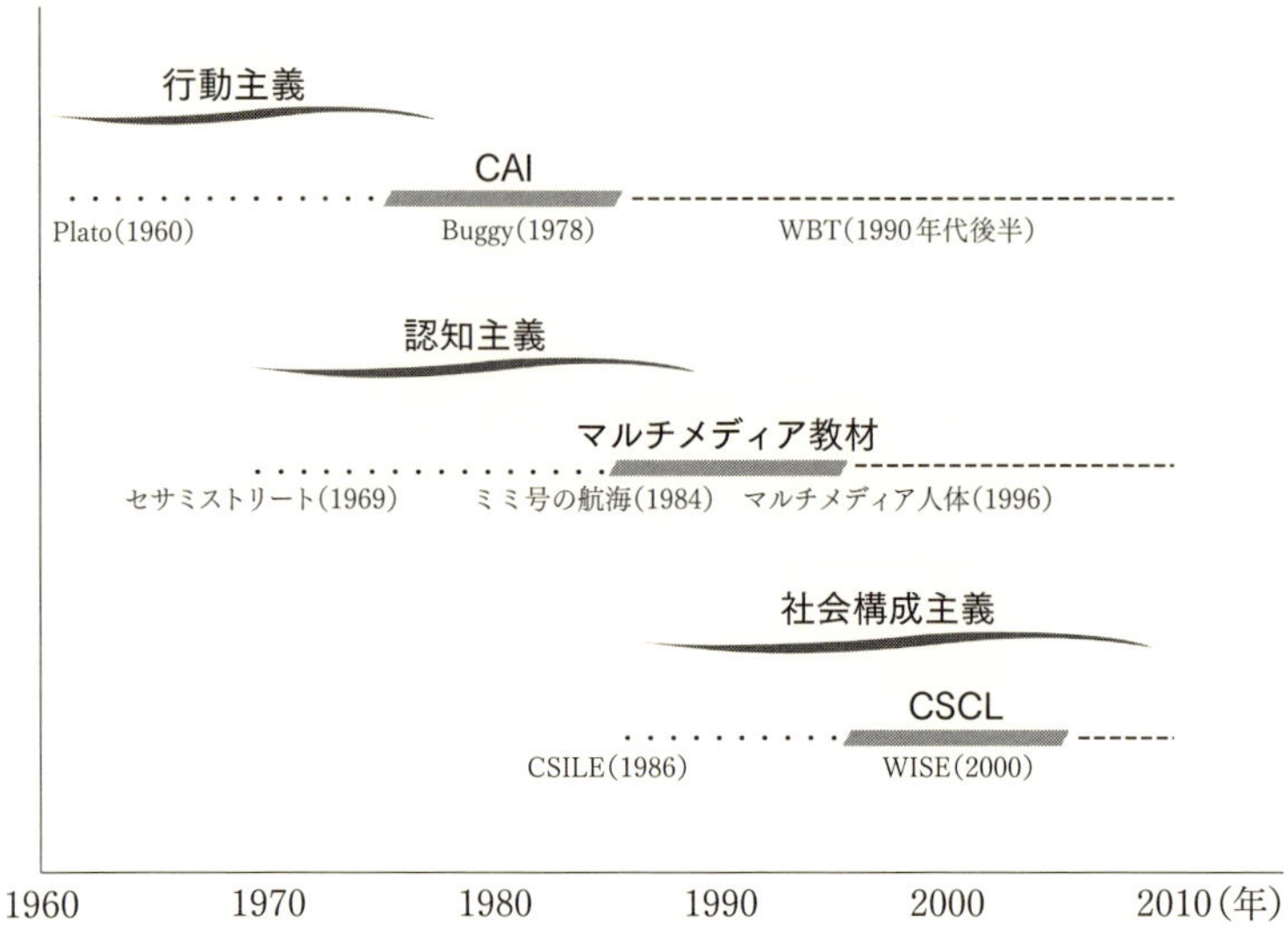

図2　デジタル教材の50年の系譜
出典：山内 2010.

しかし、研究や教育実践は技術の普及という要因のみで成立するわけではない。教材を設計し利用するためには、「学習はαという行為であり、βという方法で支援することができる」という学習観と設計原理が必要になる。ＣＡＩ、マルチメディア教材、ＣＳＣＬには、それぞれ「行動主義」「認知主義」「社会構成主義」という学習観とそれに対応した設計原理が埋め込まれている(図2)。

行動主義　ＣＡＩの背景には、「学習は刺激と反応の結合による観察可能な行動の変容であり、刺激に対する反応に対して適切なフィードバックを行うことによって、学習を支援することができる」という行動主義的な思想がある。ここには、ＣＡＩ研究の源流となったスキナーのティーチングマシンの考え方が引き継がれている。

認知主義　マルチメディア教材では、「学習は学習者の能動的探索による知識構造体の組み替えであり、知識構成のための試行錯誤につながる情報を学習環境に埋め込むことによって支援することができる」という認知主義的な学習観が基盤になっている。ピアジェの認知発達研究や一九七〇年代の認知革命がその背景になっている。

社会構成主義　ＣＳＣＬは、「学習はコミュニケーション行為による知識の社会的構成であり、課題設定による文脈の設計と知識構成過程への介入によって支援することができる」という社会構成主義的な考え方に基づいて設計されている。一九八〇年代にアメリカにおいて再評価が進んだロシアの心理学者ヴィゴツキーの考え方に影響を受けている。

現在の学習指導におけるＩＣＴ活用は、この三つの系譜を引き継いでいる。技術の進歩により、一人一台ＩＣＴメディアを利用するようになったという変化はあるものの、学習活動のパターンを見てみると、ほとんど以下の三つの組み合わせで構成されている。

・学習者に問題を解かせ、正答やヒントをフィードバックとして与えるもの。
・学習目的で構成された映像など、多様な学習資源を提供するもの。
・学習者同士で議論をさせるもの。

これらはそれぞれ、ＣＡＩ、マルチメディア教材、ＣＳＣＬを引き継いでいるといえる。大量の学習データを分析して教育システムのフィードバックを変えるような仕組みが追加されたとしても、根底にある構造や思想は変化していないのである。

逆に言えば、二〇〇五年以降起こりつつある変化は、これらの三つの考え方の融合や教材配布の低価格化による流通革命としてとらえることができる。個別の支援技術は「枯れたもの」であっても、その組み合わせ方や、必要な学習者に届けるための仕組みに、重点が変化しているのである。

三　情報に関するリテラシーの系譜

情報教育は、学習指導におけるＩＣＴ活用と並ぶ教育の情報化の主要概念である。この言葉は日本の政策用語であり、世界的には情報化社会に対応する新たなリテラシーとして定義されてきた。その例として、インフォメーションリテラシー、メディアリテラシー、技術リテラシーの系譜について解説した上で、情報教育の概念との対応について考察する。

インフォメーションリテラシー

インフォメーションリテラシーは、一九八〇年代から九〇年代にかけて図書館情報学で提唱された概念である。図書館が書籍サービスから電子ジャーナルを含めた情報サービスへ展開することにともない、学習者に必要な能力として主張されるようになった。様々な定義があるが、「自立した生涯学習者になるための、情報を探し出し、評価し、活用する能力」を意味している。図書の検索方法などの図書館利用者教育を拡張する形で、教育実践が行われた。日本の情報教育の中核にある情報活用能力は、この概念に類似している。また、ネットワークの利用に関する情報処理に特化したネットワークリテラシーという用語もある。

メディアリテラシー

メディアリテラシーはイギリスのメディア教育をルーツとし、カナダをはじめ世界各国で使われている用語である。一九三〇年代に大衆メディアに対する対抗教育として登場し、高尚な文化と低俗な文化を見分ける批評的な目を持つことを目標としていた。一九八〇年代になるとカルチュラルスタディーズの流れと教育学の流れを統合するＬ・マスターマンの研究を受け、メディアを社会・文化・経済的な視点から批判的に読み解く学習が行われるようになった。情報を媒介するメディアに着目した能力としては、日本の視聴覚教育において主張された映像視聴能力や、写真などの視覚的メディアの読み解きを目標としたヴィジュアルリテラシーがある。

技術リテラシー

技術リテラシーは、情報技術や生命操作技術などの高度な技術体系が生活や社会を大きく変えている現代社会において、技術の本質について理解し技術に対して適切なスタンスを持つための能力である。技術リテラシーに関する活動を進めているＩＴＥＥＡ(International Technology and Engineering Educators Association)では、技術そのものの理解に加え、ユーザーとしての技術の利用や技術の社会に対する影響も学ぶ必要があるとしている。情報に関連する能力の中で技術的側面を打ち出している概念としては、コンピュータの仕組みやプログラミングを学ぶコンピュータリテラシーがある。

リテラシーの相互関係

図3は、情報化社会に対応するリテラシーの系譜をまとめた図である。最も長い歴史を持っているのは、イギリスで展開されているメディア教育の流れである。この流れは一九三〇年代から続いており、カナダで生まれたメディアリテラシーに直接的な影響を与えたほか、アメリカのヴィジュアルリテラシー、日本の映像視聴能力の概念にも間接的に関わっている。

一方、情報リテラシーの流れは、一九八〇年代以降、アメリカのインフォメーションリテラシーの概念を皮切りに、ネットワークリテラシーや、日本の情報活用能力の概念などが生まれている。これらにも相互関係がある。

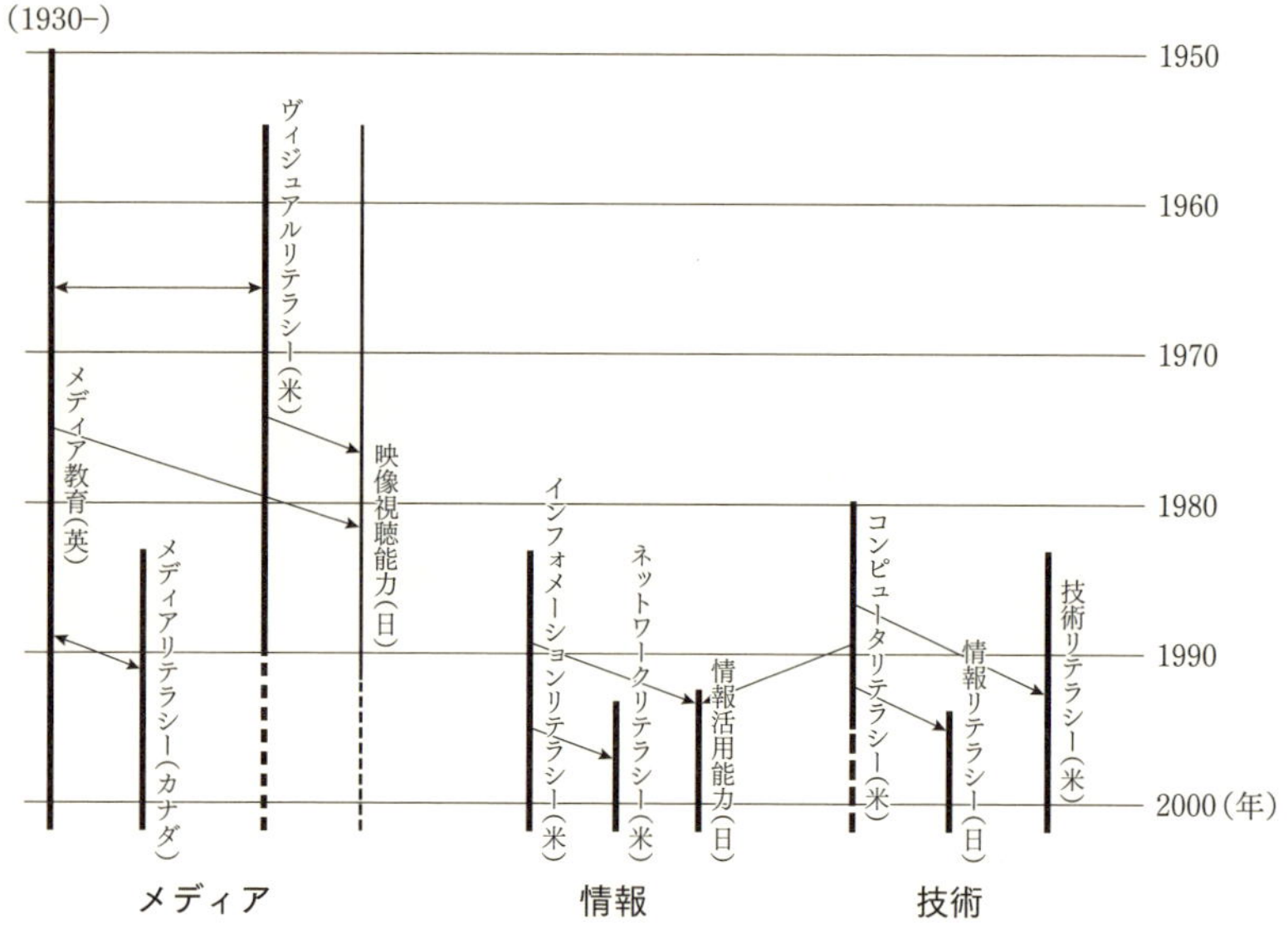

図3　情報化社会に対応するリテラシーの系譜図
出典：山内 2003a.

技術リテラシーの系譜は、パーソナルコンピュータの普及とともに主張されたコンピュータリテラシーや、インターネットの普及によって主張されるようになった技術リテラシーなどがある。この流れでは技術が先にあって、それに対応するリテラシーが主張される傾向がある。

一方、日本の情報教育の目標体系は、以下の三点から成り立っている。

①**情報活用の実践力**　課題や目的に応じて情報手段を適切に活用することを含めて、必要な情報を主体的に収集・判断・表現・処理・創造し、受け手の状況などを踏まえて発信・伝達できる能力。

②**情報の科学的な理解**　情報活用の基礎となる情報手段の特性の理解と、情報を適切に扱い、自らの情報活用を評価・改善するための基礎的な理論や方法の理解。

③**情報社会に参画する態度**　社会生活の中で情報や情報技術が果たしている役割や及ぼしている影響を理解し、情報モラルの必要性や情報に対する責

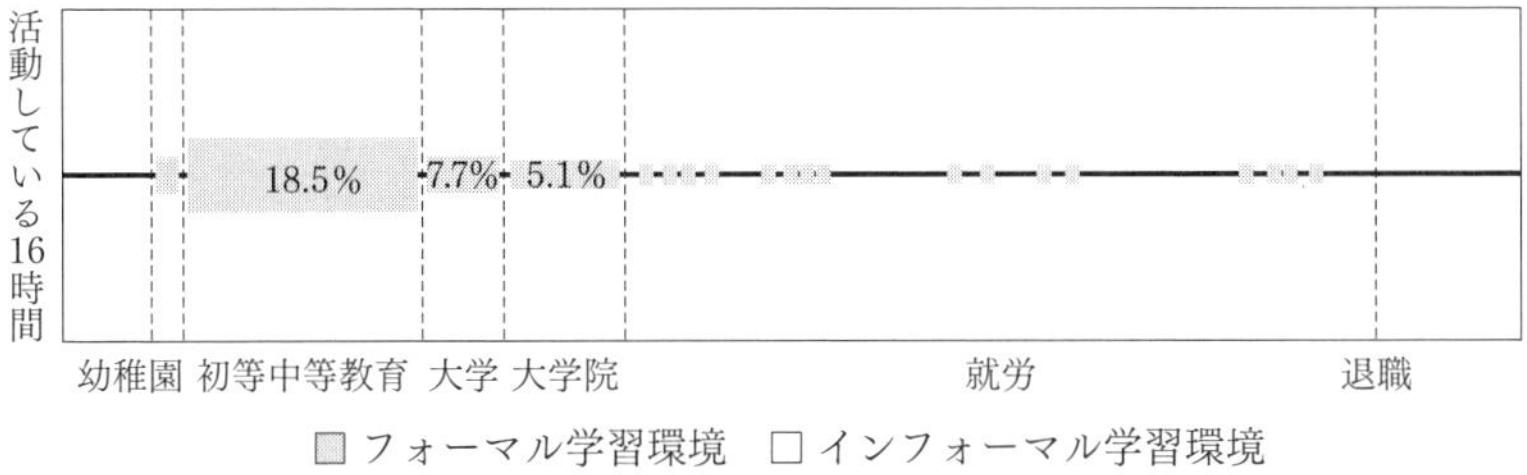

図４　生涯におけるフォーマル学習とインフォーマル学習の割合
出典：The LIFE Center et al. 2007.

任について考え、望ましい情報社会の創造に参画しようとする態度。

このうち、情報活用の実践力については、情報リテラシーに影響を受けていると考えられる。ただし、「情報の評価」という側面は明示的に示されていない。また、情報の科学的な理解については、技術リテラシーの目標と重なりがあるが、取り扱う技術の内容は情報通信技術に限られている。メディアリテラシーは情報社会に参画する態度として取り扱われることがあるが、この概念には社会文化的構造に対する批判的視座は含まれておらず、倫理的側面が重視されている。

四　ＩＣＴメディアと学習環境のイノベーション

これまで紹介してきた学習指導におけるＩＣＴ利用と情報教育は、ともに学校教育における議論である。しかし、現代ではＩＣＴメディアが家庭や個人へ普及することによって、学校外の学習環境が大きく変化している。

学校教育での学習はフォーマル学習、学校教育外の学習はインフォーマル学習と呼ばれるが、図４は、学校教育のようなフォーマル学習環境と日常生活の中で学ぶインフォーマル学習環境において過ごす時間を整理したものである。人の一生の大半は、正規の教育によらないインフォーマル学習環境であることがわかる。最近ではこの領域にＩＣＴメディアが直接アプローチし、フォーマル学習環境と接続する動きが活発化している。

この節では代表例としてMOOCと反転学習をとりあげ、今後あるべき学習環境の姿について考察する。

MOOC

MOOC(Massive Open Online Course　大規模公開オンライン講座)は、インターネットを利用して高等教育レベルの学習機会を無料で社会の多くの人に届けるための情報サービスである。

MOOCは大学が持っている教育資源を一般に公開する「オープンエデュケーション(Open Education)」の流れに位置づけられる。二〇〇二年にMITが開始した「オープンコースウェア(Open Course Ware)」は、シラバス・授業資料・テストと授業映像をネット上に公開する試みとして評価され、世界中の大学が追随した。公開された学習資料は、「オープン教材(Open Educational Resources)」と呼ばれ、世界中の幅広い年齢層の学習者に利用されている。

MOOCは、この流れを進め、学習資料の公開のみならず、授業に近い形式のオンライン講座を無償で公開している点に特徴がある。一〇分程度に区切られた授業映像、学習者同士が相互に教え合うことができる電子掲示板、学習の達成度をはかるためのテスト(選択式・相互採点レポートなど)によって構成され、数週間の学習期間で一定の成績を収めた場合に修了証が発行される。

MOOCの概念は二〇〇八年に提唱されているが、世界的に普及するきっかけになったのは、二〇一一年秋にスタンフォード大学で公開された三つのコースである。特に「人工知能入門」は世界中から一六万人を超える学習者が登録し、国境を越えて高度な知識を学びたい優秀な学習者を集められることを実証した。二〇一二年には、現在世界最大のプラットフォームであるコーセラ(Coursera)とMITとハーバード大学が中心のプラットフォーム「edX」が設立され、多くのトップ大学が参加した。

東京大学は二〇一三年二月に日本の大学として初めてコーセラに加盟し、二〇一三年九月から一一月にかけて「ビッグバンからダークエネルギーまで(From the Big Bang to Dark Energy)」(以下、ビッグバンコース)と「戦争と平和の条件(Conditions of War and Peace)」(以下、戦争と平和コース)の二つのコースを配信した。ここでは、荒優らの論考からその概要を報告する(荒他 二〇一四)。

ビッグバンコースは、カブリＩＰＭＵ(数物連携宇宙研究機構)の村山斉教授が担当する宇宙物理学のコースであるが、一四四の国と地域から四万八四〇六名が登録し、三七五四名が修了した。戦争と平和コースは、法学政治学研究科の藤原帰一教授が担当する国際政治学のコースであり、一五八の国と地域から三万二二八五名が登録し、一六二九名が修了している。両コースをあわせると登録者の合計は八万名を超え、修了者数は五〇〇〇名を突破している。

両コースともに対面の授業と同様に週ごとに新たな学習内容を追加する形式で、全体で四週間のコースであった。受講者は一本約一〇分にまとめられた講義ビデオクリップを各週に一〇本閲覧し、課題に解答する。講義ビデオはスライドの前で講師が解説を加える形式を基本とし、ＣＧアニメーションや動画などを加えて構成している。

ビッグバンコースの課題は多肢選択問題と計算問題で構成され、講義を理解すれば完答できる基礎問題とより難易度の高い応用問題の二種類を用意している。ただし、応用問題の結果は最終成績には含めず、高いレベルの問題に挑戦したい受講者向けの任意解答課題となっている。

戦争と平和コースは講義内容の理解度を評価する多肢選択問題と、中間・期末の二回の小論文執筆を課している。小論文以外の課題は自動採点され、即座に受講生に結果がフィードバックされる。小論文の評価については、提示された採点基準に沿って、一人の受講生が最低三人の他の受講生の提出物を採点することとした。

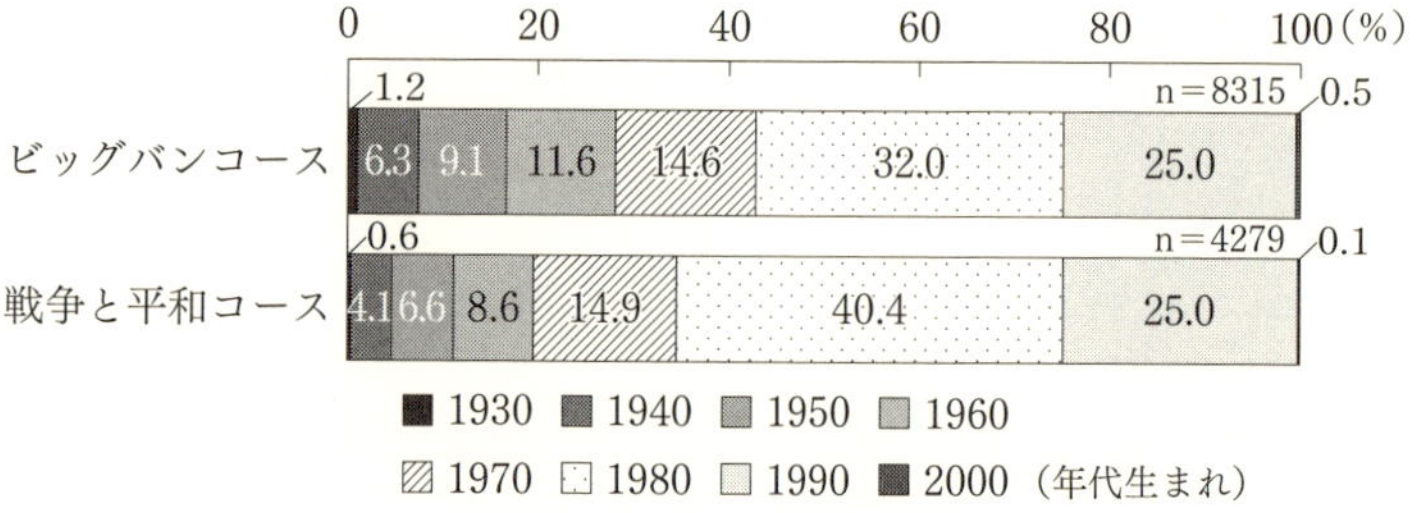

図5　受講者の生年別分布

得点が六〇点以上の成績修了者に対しては、各講師のサインが記入された修了証が授与された。ビッグバンコースで九〇点以上の成績を修めた優秀受講者(一九一八名)に対しては、成績優秀者(Distinction)修了証を発行した。

コーセラのプラットフォームでは受講者の国籍や年齢などの属性データを保持していないため、ここでは開講時に行った受講者質問票のデータを用いて受講者の特徴を示すことにする。それぞれのコースの男女比はビッグバンコースが約二：一(男性：女性)、戦争と平和コースが一・一四：一であり、男性がやや多かった。

年齢構成は**図5**に示したとおり、両コースともに最も多い年代が一九八〇年代生まれ(二四―三三歳)、次に一九九〇年代生まれ(一四―二三歳)、一九七〇年代生まれ(三四―四三歳)と続いた。主な受講者層は二〇―五〇歳であったが、定年退職後の生涯学習層も一割以上を占め、幅広い年齢層が受講していることがわかる。また、**表1**に示した受講者の居住国の上位二〇カ国のリストからは、アメリカやイギリス、カナダといった英語圏の国以外からも多数の受講生が登録していることがわかる。開発途上国からの国別アクセス数は少ないが、多くの国からのアクセスがあるためロングテール構造になっている。

東京大学はこの二つのコースの後も配信講座を拡充し、二〇一四年にはｅｄＸにも加盟した。二〇一五年九月には累計登録者数が二一万人を超えている。

ＭＯＯＣで使われている技術は、特段目新しいものではない。ＭＯＯＣのイノベーションは、トップ大学の講座を無償で公開することにより、大学レベルのインフォーマル学習の敷居をさげた点にある。これにより、経済的事情から学費を払って学位をとることには踏み切れないが、最先端の知識を持続的に身につけたいという層を世界的に開拓することに成功したのである。

反転学習

フォーマル学習とインフォーマル学習は学習の提供者によって分類されているが、学習者の立場からは、むし

表1　受講者の居住国

順位	ビッグバンコース	(%)	戦争と平和コース	(%)
1	アメリカ	26.6	アメリカ	17.2
2	インド	8.8	日本	7.0
3	イギリス	4.9	ブラジル	5.6
4	スペイン	4.4	イギリス	4.7
5	ブラジル	3.5	スペイン	3.9
6	カナダ	3.5	インド	3.4
7	日本	2.8	メキシコ	3.1
8	ロシア	2.7	オランダ	2.9
9	オーストラリア	2.3	カナダ	2.9
10	ドイツ	2.3	ギリシャ	2.5
11	ギリシャ	2.1	ドイツ	2.3
12	メキシコ	2.0	フィリピン	1.9
13	オランダ	1.5	ロシア	1.8
14	ポーランド	1.4	オーストラリア	1.7
15	コロンビア	1.4	コロンビア	1.6
16	イタリア	1.4	ルーマニア	1.5
17	フランス	1.3	イタリア	1.5
18	ポルトガル	1.2	中国	1.4
19	ウクライナ	1.0	フランス	1.4
20	ルーマニア	1.0	ポルトガル	1.3

図６　反転学習の仕組み
出典：FLIT(東京大学大学院情報学環・反転学習社会連携講座)のウェブサイト.

ろ継ぎ目なく学習を支援できるよう連携することが望ましい。その意味で、学校での学習と学校外の学習を接続する学習環境の構成は、自然な流れである。

例えば、アメリカを中心に反転学習という形態が普及しはじめている(図６)。反転学習は、説明型の授業をオンライン教材化して宿題にし、従来宿題であった応用課題を対面で行う学習形態である。より難しい知識の応用段階を対面学習で支援することにより、落第率の低下や成績の向上などの成果をあげている。

ＩＣＴメディアを利用した「反転」の概念は二〇〇〇年前後から主張されはじめた。例えば、大学講義の資料閲覧や学生同士で質問・議論ができる掲示板、確認テストをオンラインで授業前に行い、授業中にオンラインで学んだ知識の確認や拡張、応用のためのアクティブラーニングを行う形態が提言されている。初等中等教育では、コロラド州の高校教員であったバーグマンとサムズが自身の講義を録画して授業前に学生に視聴させ、授業中に理解度チェックや個別指導、学生主導のプロジェクト学習を行う形態を「反転授業("Flipped" Classroom)」と呼んだ(バーグマン他 二〇一四)。この方法は、困難校における落第率の低下が確認されたこともあり、草の根で広がっている。

このような対面とオンラインを組み合わせた教育スタイルは高等教育にも広がっている。スタンフォード大学医学部では、従来の対面講義をオンライン学習に切り替え、授業で患者の臨床事例や生理学的知識の応用を中心とした対話型の活動に変更した。その結果、学生の授業評価が向上し、出席は任意であるにもかかわらず、出席率が大幅に向上している。また、サンノゼ州立大学はＭＩＴのＭＯＯＣコースを活用した反転授業を同大の工学部のコースで実験的に行い、落第率の低下が確認されている。

反転学習の二つの類型

反転学習は授業相当の内容を予習としてオンライン学習で行うことによって対面学習の位置づけを変え、教育活動の付加価値をあげる点に特徴があるが、どのような価値を追求するかによって大きく二つの類型に分けることができる。

①完全習得学習型　ひとつは、サンノゼ州立大学で行われた実践を代表とする完全習得学習型である。完全習得学習は、カリキュラムの初期に評価を行い、理解していない生徒に特別な処遇を与えることによって、全員が一定水準以上理解することをめざす教育方法である。この型の反転授業では、オンライン学習で予習した後、十分理解していない学習者に対して教員やチューターが個別指導する。この方法はシステム化しやすいため、普及が進んでいる。

②高次能力学習型　一方、スタンフォード大学医学部の実践は、授業の目標が知識習得から臨床に関する能力育成に変化している。このような高次能力の習得は、アクティブラーニングと呼ばれる読解・作文・討論・問題解決などの活動において分析・統合・評価などの高次思考課題を行う学習として位置づけることができる。

このような高次能力を育成するためには、学生が協力しながら課題を解決する活動が必要になり、必然的に対面では協調学習が中心になる。教員のファシリテーションに関する力量が必要になるため、完全習得学習型に比べると実践の広がりは限られている。

完全習得学習型は反転学習の基本形であり、一定の学習内容を保障する上で重要な役割を果たしてきたが、社会から課題発見・解決能力を求められている現在の状況では、高次能力学習型の意義は大きい。ここでは、高次能力学習型の反転学習において可能になる能力育成について、日本語MOOCプラットフォーム「gacco」の「日本中世の自由と平等」において展開された「反転学習コース」を事例に考察する。

gaccoは、二〇一四年四月にNTTドコモ社によって開始された日本語MOOCプラットフォームであり、東京大学をはじめとする日本の大学や、政府・学会・企業などが「日本語で」コースを出している点に特徴がある。

このようなMOOCは地域MOOCと呼ばれ、ヨーロッパ諸国や中国などで普及が進んでいる。その地域の言語による教育を保障すると同時にグローバルMOOCではカバーできない地域のニーズを基盤とした講座が展開される点に特徴がある。地域MOOCは学習者の居住地域が限定されているため、対面学習と組み合わせやすい。そのためgaccoでは対面学習コースというMOOCと対面学習を組み合わせたコースが設けられている。

「日本中世の自由と平等」は、gacco開設と同時に開講された中世史に関する講座であり、本郷和人氏(東京大学史料編纂所教授)が講師を務めた。ヘーゲルの所有概念を用いて日本中世史における自由と平等を再考するため、第一・二週に歴史史料や解釈に関する基礎的な知識を、第三・四週に史料をもとに二つの異なる歴史観に基づく中世日本の再解釈について学ぶ構成になっている。

この講座では、オンライン学習のみの通常コースと有料の対面学習を組み合わせた反転学習コースが提供され

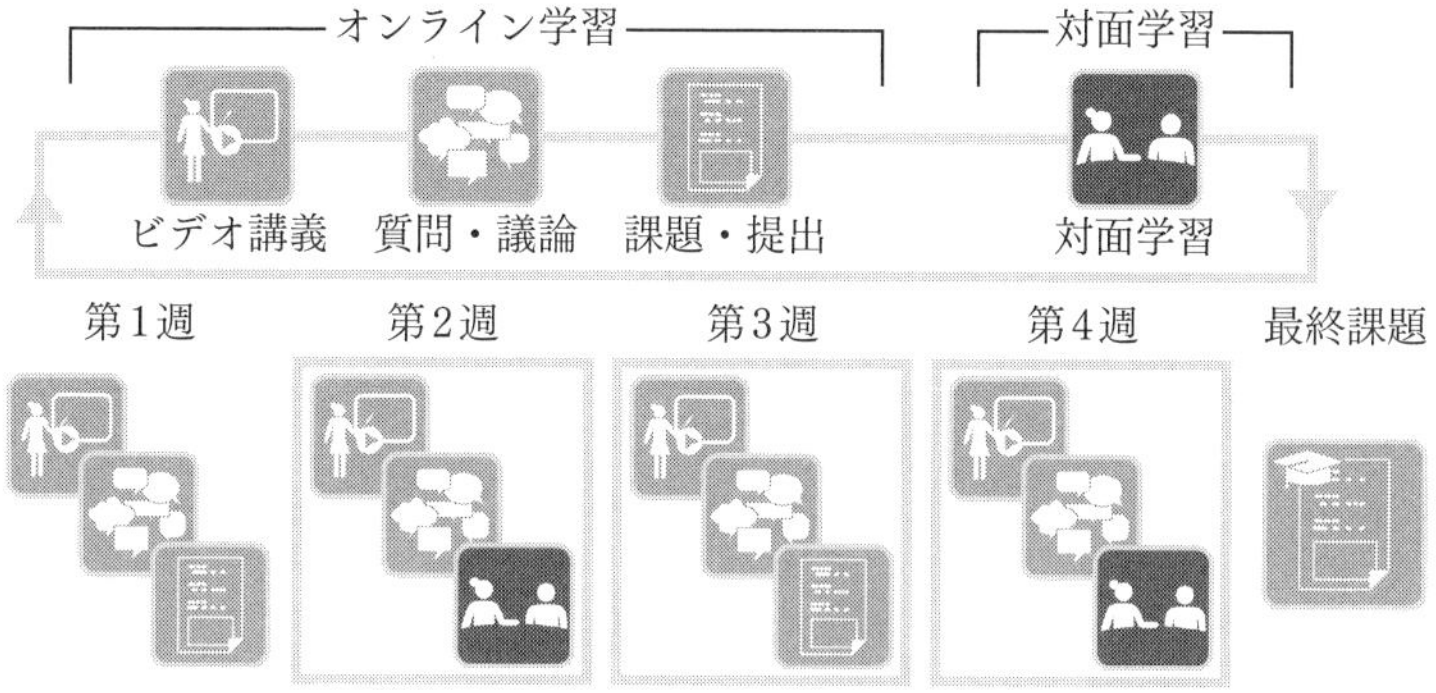

図7　反転学習コースの構成
出典：FLITのウェブサイト．

た。

通常コースは、コーセラと同様、講義映像を視聴した後で不明な点があれば掲示板で議論し、週ごとに小テストを受け、最終的に総括テストとレポートを提出するという形で展開された。このコースには、二万五一名が参加し、三五九三名が修了している（修了率一八％）。

反転学習コースでは、前記のオンライン学習に加え、第二週と第四週の週末に本郷キャンパスで対面学習（各二時間）を用意した（図7）。第一回では、小グループ（三―四名）で中世の権力構造に関する二つの学術的アプローチ（権門体制論と東国国家論）について、どちらがより説明力があるか、史料を元にディベートを行った。第二回では、小グループに分かれて織田信長と戦国大名の天下統一に関する考えの違い、信長と朝廷における公権力の意味の違い、信長と一向宗の組織体制の違いの三テーマについて史料を用いながら議論した。このコースには、九二名が参加し、七四名が修了している（修了率八〇％）。

学習者の年齢層が高校生から八〇代まで多様であり、職業経験や既存の知識レベルにもばらつきがあるため、グループは高校生・高齢者・その中間層が均等に分かれるように構成した。このグルーピングは成功し、高齢者が高校生の意見をうまく引き出し、中間層がまとめていくという展開になった。

筆者らはこの反転学習コースにおいて、歴史的思考力(歴史学者のように考える力)がどの程度向上しているかについて研究している(山内他 二〇一五)。その結果、オンライン学習のみの通常コースに比べ、反転学習コースの学習者は歴史的思考力がより向上することが明らかになっている。

このように、オンライン学習と対面学習を適切に組み合わせることによって、オンライン学習・対面学習単体よりも高度な学習を実現することが可能になる。対面とオンラインの組み合わせによって、学習効果を最大化する方法は「ブレンド型学習」と呼ばれ、今後の学習環境において重要な役割を果たすだろう。

学習環境のイノベーション

今後の学習環境を考える上で、社会の変化は無視できない要因である。情報化が進むにしたがって、我々の働き方は大きく変化している。企業がイノベーションを進めるにつれて、業態の変化により新しい職業が生まれ、既存の専門職を置き換えつつある。

デジタル技術が職業に影響を与えるまで高度化してきた背景には、人工知能技術の進歩がある。二〇世紀の人工知能が人間の論理的な思考をシミュレーションしようとしたのに対し、最近は、大量のデータの関係を統計的に算出する「機械学習」とよばれるアプローチに変化してきている。モバイル端末をはじめ、多様なインターネット接続機器の普及によって、人間活動に関するありとあらゆるデータを集約して関係を発見することが低コストでできるようになった。その結果、従来は人間でなければ不可能とされてきた「パターンを処理する」という知的作業がコンピュータによって代替される可能性がでてきたのである。

技術の発展によって業務が自動化されると、それを前提として付加価値向上のための新しい職業が生まれる。ただし、今後職業はより高度な知的能力を求められるものにシフトしていくことになるだろう。

「二一世紀型スキル」は、このような社会の変化を背景に、二一世紀に生きていく子どもたちに必要な一般的能力を整理したものである。ここでは二一世紀型スキルに関する代表的な産学官連携プロジェクトATC21s(The Assessment and Teaching of 21st-Century Skills)の定義を紹介したい(グリフィン他 二〇一四)。この定義では、二一世紀に生きる子どもたちが必要とされるスキルを一〇個に整理し、それを四つに分類している(表2)。

表2　21世紀型スキル

	思考の方法
1	創造性とイノベーション
2	批判的思考，問題解決，意思決定
3	学び方の学習，メタ認知
	働く方法
4	コミュニケーション
5	コラボレーション(チームワーク)
	働くためのツール
6	情報リテラシー
7	ICT リテラシー
	世界の中で生きる
8	地域とグローバルのよい市民であること(シチズンシップ)
9	人生とキャリア発達
10	個人の責任と社会的責任(異文化理解と異文化適応能力を含む)

出典：グリフィン他 2014 をもとに作成.

二一世紀型スキルは、不透明な時代を生きていくために必要な能力として提唱されているが、未来への備えとして考えると、それだけで十分とはいえないだろう。グラットンは、「専門技能の連続的習得」という用語を使い、変化の激しい社会においては学習によって専門性を常に最新の状況に保つ必要があり、専門分野を越えた人的ネットワークを構築し、複数の専門技能を身につけることを解決策としてあげている(グラットン 二〇一二)。このような高いレベルの専門的学習を支えるのが、二一世紀型スキルのような、高度かつ転移可能な一般能力という関係になるだろう。このように、求められる知

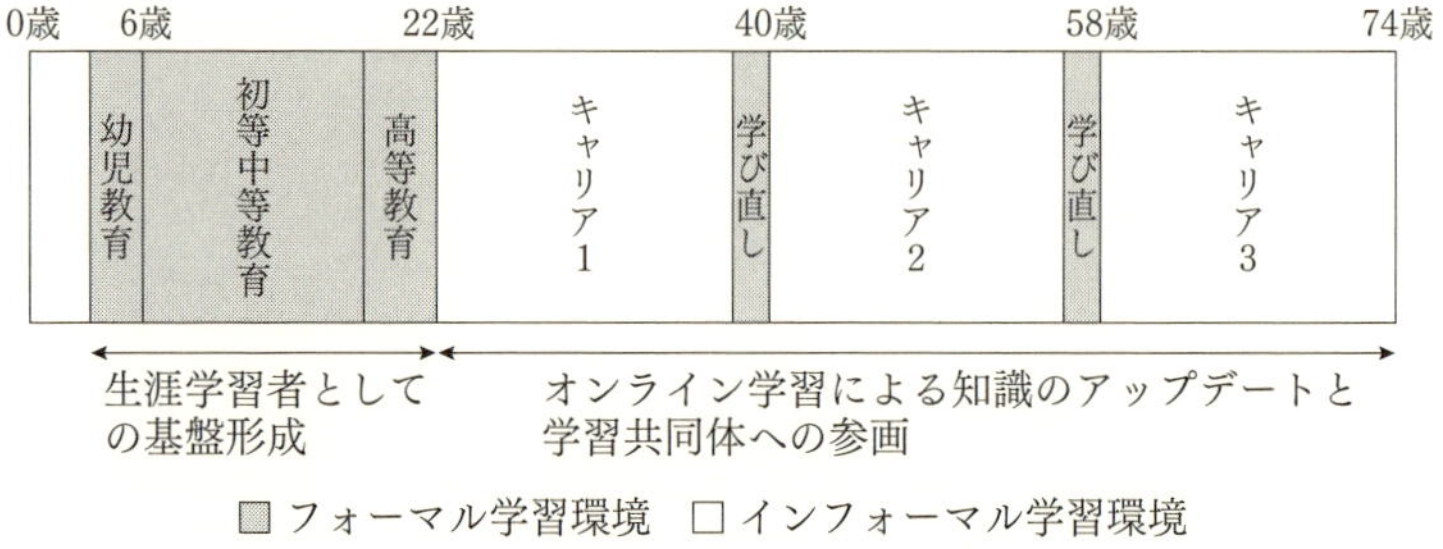

図8　生涯学習を前提とした学習環境

識や技能が飛躍的に高度化するとすれば、学習のあり方にも大きな変化が求められる。

高度化する教育目標に関する抜本的な対応は、大学卒業までを基本として想定している現在の教育体系を、ICTメディアを活用して生涯学び続けることを前提とした形に変更することである。変化が速い社会では、大学卒業から退職まで新たな学習がないまま乗り切ることは難しい。今後、本格的な高齢化社会の到来とともに、七五歳前後まで働き続ける人が増加するであろうことを考えると、オンライン学習で常に最新の知識を身につけておき、一五年に一回程度大学院などを活用し本格的に学び直した上、キャリアの転換をはかるような生き方が求められる。

図8は、七五歳前後まで働くことを想定し、フォーマル学習環境とインフォーマル学習環境の望ましい組み合わせをモデル化したものである。この図では、一六年でキャリアを分割し、各キャリアの間の学び直しの期間を二年間に設定している。キャリアの切れ目を一五年程度に設定しているのは、前述のように職業環境の変化の速度が速くなっているためであり、柳川範之も同様の指摘を行っている（柳川 二〇一三）。もちろん、一五年程度というのはひとつの目安であり、事情によって、一〇年になったり、二〇年になったりすることは、十分考えられることである。

このようなサイクルだと、働く期間が大きく三分割されるため、時代や家庭環境の変化に対応した働き方を選択し、それに必要な知識やスキルの学習期間を担保することができる。

この図において、キャリアの変化は転職など所属組織の変更を伴うものだけを前提としているわけではない。同じ企業に勤めていても、新規領域の開拓や、職種の変更を行う場合、新たな学習が必要になるからである。また、キャリア３については、地域の共同体のために働くＮＰＯなど、キャリア１、２で学んだことを活かして公共領域で自己実現する道もあるだろう。

学び直しについても、大学院で学位をとるコースだけが選択肢ではない。世界的に社会人の専門性を向上させる教育プログラムが増加しているが、学位ではなく修了証を発行する短期コースの履修という選択も考えられる。大学院に行く場合でも、夜間や週末などを活用して、働きながら学ぶという道もあるだろう。重要なことは普段のオンライン学習ではできない濃密な対面学習の時間をフォーマル学習環境によって確保することである。

逆に言えば、キャリア１―３の期間、インフォーマル学習環境で学び続けることが、フォーマル学習環境を選ぶ際の鍵になる。ＭＯＯＣのようなオンライン学習で知識を常にアップデートし、自分の専門領域の変化や隣接領域の動きを注視した上で、ソーシャルメディアなどを活用して勉強会など領域を越境した学習共同体に参画しておくことが、大学院や教育プログラムを選択するための基礎情報になるからである。

ＩＣＴメディアによるインフォーマル学習と学び直しとしてのフォーマル学習を接続させることは、生涯にわたり学び続け、働くことによって自己実現する社会にとって必要不可欠になるだろう。また、その前提として、人生最初の二〇年をカバーする幼児教育・初等中等教育・高等教育のあり方も、生涯学習者としての基盤形成という観点から見直す必要がある。

最後に、生涯学習者としての基盤形成という視点に立つ場合、フォーマル学習環境の各段階におけるＩＣＴメディアに関連したカリキュラムや授業方法の変革について考察してみたい。

二一世紀型スキルのような現代社会に必要とされている学習目標体系は、高度すぎるためそのまま幼児教育に適用することは難しい。また、教育経済学の研究が明らかにしたように、幼児教育の長期的影響としては、認知的能力のみならず、経験の開放性、勤勉性、外向性、協調性、情緒安定性など「非認知的能力」の要因も大きい。ＯＥＣＤが「社会情動的スキル」と呼んでいる概念も同様に、情動を制御し、他者と協調しながら目標の達成に向かうための能力を規定している。

ただし、社会情動的スキルは、単体で取り出して育てることは難しい概念である。それは認知的課題を遂行する際に車の両輪のように働く感情制御スキルであり、人生に必要な課題解決を模した「雛形」での成功経験がその基盤となるだろう。よってこの段階でのＩＣＴメディアの利用は、二一世紀型スキルにつながるテクノロジーに関係した活動をカリキュラムとして展開し、評価軸は成功経験を通じた社会情動的スキルの育成に重きをおくことが望ましい。

例えば、ＩＣＴメディアを用いて作品を制作する活動や、作品をプレゼンテーションし意見を交わす活動、海外とつなぎ異文化を実感する活動などを通じ、ＩＣＴメディアが新しい発見や学習のための道具になりうることを体感的に理解させる活動があげられる。現代の幼児の多くが家庭でスマートデバイスに触れているが、その使い方の多くは、娯楽的なものである。ＩＣＴメディアが娯楽のための道具としてのみ認識されることを防ぎ、自身の発達につながるための道具として理解することは、その後の初等中等教育段階での活用につながる重要なステップとなるだろう。

初等中等教育――学習指導におけるICT活用

今後小学校・中学校・高等学校において学習者一人一台の情報端末が整備されるとともに，学習指導におけるＩＣＴ活用も増加してくるだろう。その中には，ＣＡＩ的な個別学習での利用，マルチメディア教材的な探究学習での利用，ＣＳＣＬ的な協調学習での利用などが含まれると考えられる。それぞれの形態で可能になる付加価値と課題については前述のとおりであるが，時代の変化によって生じた留意点について整理しておきたい。

①個別学習・探究学習でのオープン教材の利用　インターネットが普及するにつれて，従来専門家の領域であった教材制作の世界に，大学・企業・個人など新しいプレイヤーが参画するようになっている。このような教材の多くは無償で公開され，クリエイティブコモンズライセンスに準拠することにより，利用者が内容を変更できるものもある。このように誰でも自由に使える教材は，教員の教材準備時間を短縮し，高いコストのために教材が導入できないという問題を解決するための処方箋になりつつある。教員は今後世界的に展開されているこのような教材の情報を収集し，教室の学習者に適した教材を渡すための「コーディネータ」の役割を果たすことになるだろう。

ただ，残念ながら英語による学習資源と日本語で利用できる学習資源には圧倒的な差がある。今後は，日本においても多種多様な教材が流通するように，整備が必要である。

②探究学習・協調学習での学校外との接続　様々な専門家がネットワーク化されている現代では，探究学習や協調学習において，学校外の専門家とＩＣＴメディアを利用して連絡を取り合いながら学習を深めていくことができる。探究学習において先端の課題をテレビ会議システムで専門家にインタビューし，協調学習において専門家と学校をつないだプロジェクト学習を展開することも可能になっている。

筆者は，高等学校の選択物理において行われた科学者と生徒をつなぐプロジェクトに関してエスノグラフィックな調査を行い、科学的知識よりも、科学的なものの見方や文化などが学習されることを明らかにしている(山内 二〇〇三)。今後科学教育を高度化する際に、このような専門家との交流による学習の真正性の担保が重要な役割を果たすことになるだろう。

③探究学習・協調学習での学び方の学習　二一世紀型スキルの「思考の方法」セクションには、「学び方の学習」という項目がある。この項目には自らの学習をコントロールするとともに、学習機会を認識し、自らのキャリア開発につなげていくことが含まれている。ICTメディアを用いた探究学習・協調学習を行う場合には、教科内容に関する深い理解を支援するとともに、そのような学び方が将来にわたり展開できるよう配慮する必要がある。探究学習においては、世界中の情報資源から自らの学びにつながる素材を見つけ出し、自分の学習に有用かどうかを判断する能力育成について意識した方がよいだろう。最初の段階では教員が学習に有用なリストを作って渡し、情報の検索方法を教えた上で徐々に学習者自身で調べられるよう足場かけするのが望ましい。協調学習においては、建設的な議論によって、自分だけでは到達できなかった知見を得る技能の習得や、専門家と協働するための開放的なネットワーキングなどが学習目標として想定される。

情報教育

日本の情報教育は、小学校段階では各教科における指導と総合的学習の時間、中学校では技術・家庭科、高等学校では情報科において展開されている。ここでは、第三節でレビューした世界のリテラシー教育の系譜と二一世紀型スキルの観点から、今後情報教育で考慮すべき課題について考察することにする。

①情報リテラシー　前述したように、日本の情報教育の柱の一つである情報活用の実践力は、情報リテラシー教育の概念に近い内容になっている。ただし、情報活用の実践力は、情報の収集・活用・発信という構成にな

っており、情報リテラシーが重視してきた「情報の評価」が取り扱われていない。具体的には、誰がどのような意図で発信したものかを理解した上で、自分が抱えている課題に対する有用性や、適用限界について考える活動があげられる。ＰＩＳＡのデジタル読解力調査でもこの概念は重視されており、今後の充実が望まれる。

②メディアリテラシー　学習指導要領には、メディアリテラシーという用語は直接使われておらず、情報科・国語科・社会科の教員が批判的思考や表現に関する目標に対応させながら実践を行っている状況である。メディアリテラシーの発展してきた経緯を考えれば、メディア上の記号体系を分析することと、社会・経済・文化的背景を理解することを取り入れる必要があるだろう。同様の内容は二一世紀型スキルのＩＣＴリテラシーにも含まれており、今後学習指導要領への記載が望まれる内容である。それまでは、総合的学習や合科的な展開を基盤とし、情報の評価概念ともつなげながら展開していくことが望まれる。

③技術リテラシー　中学校の技術・家庭科と高等学校の情報科では、「情報の科学的理解」が目標の一つになっているため、インターネットの仕組みなどデジタル技術の基礎について必要最小限の知識を身につけられるようになっている。ただし、プログラミングについては限られた範囲でしか取り扱われておらず、それらの理解は抽象的な次元にとどまっている。情報サービスが高度化する中で、情報の評価について検討する際にも、検索結果のランキングアルゴリズムなど、技術的な内容に触れる必要が出てきている。このような問題について正確な議論を行うためには、技術的な理解がかかせない。イギリスをはじめ、プログラミング教育を正式に学校教育に導入する国が出てきているが、技術リテラシーの観点から、コンピュータをブラックボックス化しないためにも、現実の課題にひきつける形でのプログラミング学習が必要になってくるだろう。

高等教育

高等教育は、その後のキャリアにつながる専門的な知識と技能を手に入れ、社会で活躍するための準備段階である。すでにPCやスマートデバイスを所有している学生も多く、論文やレポートの執筆などでICTメディアの活用は日常的に行われている。ここでは、大学教員が授業として展開する際のポイントについて述べておきたい。

①学習指導におけるICT活用　大学の学習指導におけるICT活用で比較的普及しているのは、LMS(Learning Management System 学習管理システム)による学習過程の合理化である。このシステムを利用すると、教材の配布やテストの実施などが可能になる。大学の授業は多種多様であり、初等中等教育のように教材としてパッケージ化される例が少ない。そのため教員の多くはオンライン上にある学習資源を編集して活用している。現状LMSの普及が進んでいるのは、このシステムによって成績管理など事務作業が簡略化されるという理由が大きく、教育的付加価値を意識した利用は少数にとどまっている。今後は、講義型授業の合理化だけではなく、初等中等教育のように個別学習・探究学習・協調学習と組み合わせてICTを活用することによって、創造性・批判的思考・問題解決など高等教育にふさわしい高度な能力の育成に注力すべきであろう。

②情報教育　初等中等教育において情報教育が体系的に実施される以前は、大学においても操作を中心とした実技的な指導がかなりの時間を割いて行われてきた。高等学校に情報科が設置され、家庭にも情報端末の普及が進むことになって、教養としての情報教育は、情報科学の基礎や、情報社会論にシフトしつつある。高等教育段階にふさわしい内容を取り扱うという意味でその方向性は妥当であり、メディアリテラシーや技術リテラシーの内容を含むより充実した科目展開が望まれる。ただし、実技系の授業が減少した結果として、情報リテラシー的な側面が弱くなっている点については、留意する必要があるだろう。例えば、大学図書館で行われている情報

リテラシー教育と連動して、学術的な情報の探索と評価に関する体系的な教育がカリキュラム化されることが望ましい。また、情報やメディアに関連する学部では、専門教育としてプログラミングやメディア制作系の実習が行われているが、導入的な内容については、全学生が履修できる体制を整えるべきであろう。

五　まとめ――ＩＣＴメディアと未来の学習環境

これまで述べてきたように、教育とＩＣＴメディアの関係は、数十年にわたって、学習指導におけるＩＣＴ利用と、情報教育という大きな二つの流れに沿って発展してきた。また、ＩＣＴメディアが普及することによって、学校外での学習でも幅広く利用されるようになっている。社会の変革速度が増すとともに、二一世紀型スキルなどを視野においた高度な学習が求められており、ＩＣＴメディアを利用して生涯にわたり学習する社会を前提とした学習環境の整備が必要になっている。学校卒業後も学び続けることができる仕組みの創出とともに、学校教育ではＩＣＴメディアを生涯学習者に必要な能力を身につけるために活用していくという視座が求められている。

参考文献

荒優・藤本徹・一色裕里・山内祐平　二〇一四、「ＭＯＯＣ実証実験の結果と分析――東京大学の二〇一三年の取り組みから」『東京大学大学院情報学環紀要』第八六号、八三―一〇〇頁。

リンダ・グラットン、池村千秋訳　二〇一二、『ワーク・シフト』プレジデント社。

Ｐ・グリフィン、Ｂ・マクゴー、Ｅ・ケア編、三宅なほみ監訳、益川弘如・望月俊男編訳　二〇一四、『21世紀型スキル――学びと評価の新たなかたち』北大路書房。

ジョナサン・バーグマン、アーロン・サムズ、山内祐平・大浦弘樹監修、上原裕美子訳　二〇一四、『反転授業』オデッセイコミュニケーションズ。

文部科学省　二〇一一、「教育の情報化ビジョン」。http://www.mext.go.jp/b_menu/houdou/23/04/__icsFiles/afieldfile/2011/04/28/1305484_01_1.pdf(二〇一五年一二月一五日閲覧)
柳川範之　二〇一三、『日本成長戦略　四〇歳定年制』さくら舎。
山内祐平　二〇〇三a、『デジタル社会のリテラシー』岩波書店。
山内祐平　二〇〇三b、「学校と専門家を結ぶ実践共同体のエスノグラフィー」『日本教育工学雑誌』第二六巻第四号、二九九―三〇八頁。
山内祐平　二〇一三、「教育工学とインフォーマル学習」『日本教育工学会論文誌』第三七巻第三号、一八七―一九五頁。
山内祐平編　二〇一〇、『デジタル教材の教育学』東京大学出版会。
山内祐平・大浦弘樹・池尻良平・伏木田稚子・安斎勇樹　二〇一五、「ＭＯＯＣと連動した反転学習における歴史的思考力の評価」『日本教育工学会第三一回全国大会講演論文集』三二三―三二四頁。
The LIFE Center, University of Washington, Stanford University and SRI International 2007, "Learning in and out of school in diverse environments", The LIFE Center Report.

10 新しい学力像と評価のあり方

田熊美保
秋田喜代美

一　ＯＥＣＤ諸国のカリキュラムに見る新しい学力観

(1) はじめに——カリキュラム分析への焦点

二〇一五年九月、国連サミットで「持続可能な開発のための２０３０アジェンダ」が採択され、二〇一六年一月一日「持続可能な開発目標(Sustainable Development Goals: SDGs)」が正式に発効した。これは、二〇三〇年までに、各国が協働・協力して、貧困に終止符を打ち、不平等と闘い、気候変動に対処しながら、あらゆる子どもたちに平等な機会を確保するための枠組みである。「持続可能な開発」とは、「将来の世代のニーズを満たしつつ、現在の世代のニーズも満足させるような開発」と定義される。ＳＤＧｓはもともとは、環境と開発に関する世界委員会が一九八七年に発表した報告書「我ら共有の未来(Our Common Future)」から生まれた、環境と開発の共存を提唱する環境保護の概念であった。しかしながら今日では、第四次産業革命による人工知能やモノのインターネット化(Internet of Things: IoT)、ビッグデータの活用などの技術革新や、急速に進展する社会・経済・文化のグローバル化、国内外で広がる経済・社会格差、人口問題、国際テロやサイバー攻撃による安全と平和への脅威など、さまざまな分野において、それぞれが相互に関連している中で、環境保全以外にも適用される「経済成長、社会的包摂(Social Inclusion)、環境保護」という三つの主要素の調和を意味する広い概念として捉えられている。また、その概念を「将来の世代のニーズ」を考慮する「未来志向型」として捉えることも重要である。

こういった「未来志向」は、OECD諸国の多くがカリキュラム改革を進めるうえで、最初に設定する問いと重なる。社会が多様化するとともに、めまぐるしく変化し(Volatile)、将来の見通しが今まで以上に不確実性が高い(Uncertain)時代。同時に、変化が相互に関連するため、課題が複合化し(Complex)、さらに課題解決の策は一つではなく、ある解決策が他の課題を生み出していたり、あるいは悪化させていって矛盾を孕むなど、解決策も曖昧になる(Ambiguous)時代。これら四つの単語の頭文字を取り、「「VUCA」な時代」と称される。この表現はもともとは一九九〇年代後半に、リスク管理と機会の模索の文脈でアメリカの軍事用語として用いられたものである。だが、その後、経営やビジネスなどの分野でも広く使用されるようになっている。教育においては、「OECD教育スキルの未来2030(以下、E2030と表記)」プロジェクトにおいて、現在小・中学生の子どもたちが、二〇三〇年には成人し、未来を生き抜いていくために、その未来を自らが創造するのに必要な複合的な力としてのコンピテンシーを、国際的な議論をもとに定義していく前提として、共有されている。E2030プロジェクトは、OECDキー・コンピテンシー(Definition and Selection of Competencies: DeSeCo)の再定義を担うプロジェクトと位置づけられている。

E2030は、東日本大震災後に復興支援として実施されたOECD東北スクール・プロジェクトの後継事業として、日本のイニシアティブを契機に始まった国際プロジェクトである。OECD教育政策委員会(OECD Education Policy Committee 以下、EDPC)は、二〇一五年から二〇一八年の間に、本プロジェクトについて、OECDキー・コンピテンシーの再定義に取り組むほか、カリキュラム国際比較分析を実施していくものとして承認している。ここで特筆すべきは、カリキュラム分析についての調査がEDPCで承認されたことは、初めてであるという点である。カリキュラム改革は非常に政治的で、センシティブな事項であるため、OECDによるカリキュラム分析が各国内の利害関係者(ステークホルダー)の力学などへ影響することが懸念されてきた。しかしながら昨今では、カリキュラム改革が生徒や教員に与える影響や、カリキュラムを自治体や学校現場が効果的に実行していくプロセスとそこに関わるカリキュラム改革の成功要因やリスク要因など、カリキュラム改革に関する研究が体系的に構想され、現実に実施されてきている状況下で、EDPC各国代表行政官のニーズも大きく変化してきた。EDPC参加国の多くが、カリキュラム改革に関する客観的なデータと新しい知識ベース、他国の事例収集、他国との情報・意見交換の機会など、OECDによる分析と多国間での対話を行う機会の意義を認識し、E2030プロジェクトがEDPCで承認される運びとなったのである。

カリキュラムと教授法が一体化されている教室では、学習機会のインパクトは最大になり、意図された内容を生徒はよく理解し、知識とスキルを効果的に習得することができる。カリキュラムと教授法は相互に作用しあう。しかし、カリキュラムとして扱う範囲や内容を確定することは重要な教育政策ツールの一つでありながらも、それを研究の対象として、カリキュラムを検討することは、相対的には少ない。多くの研究は、教授法と生徒の学力調査結果の関係性に焦点を当てている。しかし、最近のPISAの分析から示唆されているように、カリキュラムのある特徴と生徒の学力には強い相関関係が見られる(OECD 2013; Schmidt et al. 2013)。よって、カリキュラムを深く分析し、その内容と学習機会や生徒の学力との間の関連性を検討することで、新たな洞察を教育の知識ベースに加えることができると考えられる。なお、本稿執筆時点では、本プロジェクトのカリキュラム分析は検討途中であり、本稿で述べる内容は、予備的なものにとどまっている。しかしながら、プロジェクト参加国が編成しているカリキュラムでの「新しい学力観」や「カリキュラムデザイン」には、以下に述べる六つのトレンドが見られる。

（2）全体としてのヴィジョン――個人の目的と広く社会の公益の目的達成に求められるコンピテンシー

第一のトレンドは、カリキュラムのヴィジョンや目的を記した文書に、単なる知識の獲得や習得というよりも、包括的なコンピテンシーを備える生徒像が明記されている点である。このコンピテンシーの包括性とは、先述の通り、グローバル化、急速な技術革新、広がる格差、安全と平和への脅威など、社会の変化が多岐にわたることと重なっている。各国のカリキュラムの「ヴィジョンステートメント」や「教育目標」には、こうした社会の変化を子どもたちが当事者として捉え、持続可能な未来へと発展させていくために求められる力をどのように解釈しているかが、反映されているのである。

また、各国の経済・社会・文化的背景は異なっていても、各国が定める教育目標としての学力観には、共通する要素がある。まず、生徒個人の興味・関心にもとづく目的を達成するためのコンピテンシー（たとえば知的好奇心や自信、健康、自立、自発的な生涯学習、内省、起業家精神）と、社会全体の公益のために問題を定義し行動するために必要なコンピテンシーの双方を、包括している点である。後者に関しては、社会変化に伴う社会全体の課題を発見し、その解決策を複数想定できることと同時に、その変化から生まれる新たなチャンスを捉え、その可能性を最大限に活用できる力といった二つの方向、すなわち既存の価値や社会へ適応することと、新たな価値・社会を創造することの両側面から捉えられることが多い。各国のカリキュラムのヴィジョンを記した文書には、「市民性」に関するコンピテンシーの方向性としては、「自主的、参画的、倫理的、責任ある貢献と参加」が、また「創造性と経済生産性」のコンピテンシーの方向性においては、「創造的な貢献、経済的な生産、社会変化に対応した起業家精神」などの語が並んでいる。

もっとも、この二つの方向を主な軸としながらも、そのバランスのとり方は国により判断が異なる。たとえばニュージーランドでは、「自信を持ち、人との関係性に富み、積極的に参加する、生涯学習者」を若者のヴィジョンとして描き、他者との関係や社会への積極的参加といった「市民性コンピテンシー」と、自信を持った自発的な生涯学習者という「個のコンピテンシー」を中心に置いている。シンガポールも同様に、「個人コンピテンシー」と「市民性コンピテンシー」を中心としている。一方、カナダのオンタリオ州では、「一人の個人として成功し、経済的生産力を持ち、活発な市民」といったように、「個人コンピテンシー」「市民性コンピテンシー」だけでなく、「創造・経済生産コンピテンシー」も加えている。

また韓国のヴィジョンにおいては、社会の価値観が具体的に示されている。「全人格形成の基礎として、個性を探求する者、創造力を発揮できる者、広範囲な文化の中でキャリアパスを開拓する者、民主主義の市民性意識にもとづいて地域の発展に貢献する者」と、人格形成や職業観、地域の概念などを具体的に織り込んだヴィジョンを記している。また、エストニアの場合、さまざまな側面からメタ認知への言及が見られる。個人のコンピテンシーを軸に「知的好奇心、学習スキル、内省、批判的思考、自己表現、社会的文化的アイデンティティ、生涯学習への参加」を促すために、「生徒の道徳的、身体的、社会的成長」を教育目標に挙げている。

(3)「コンテンツ焦点型」から「コンピテンシー焦点型」へ、そして「コンテンツ・コンピテンシー統合型」モデルへ

カリキュラム改革の第二のトレンドは、カリキュラム編成の重点が、教える内容、すなわち「コンテンツ」から「コンピテンシー」へと、その焦点が変わってきたことである。現在では、さらに政治的な背景も加わり、「教科コンテンツの重視への回帰」を唱える国もある。この中で、エビデンスにもとづいたカリキュラム改革を目ざす国では、「コンテンツとコンピテンシー両者の統合」が図られてきている。

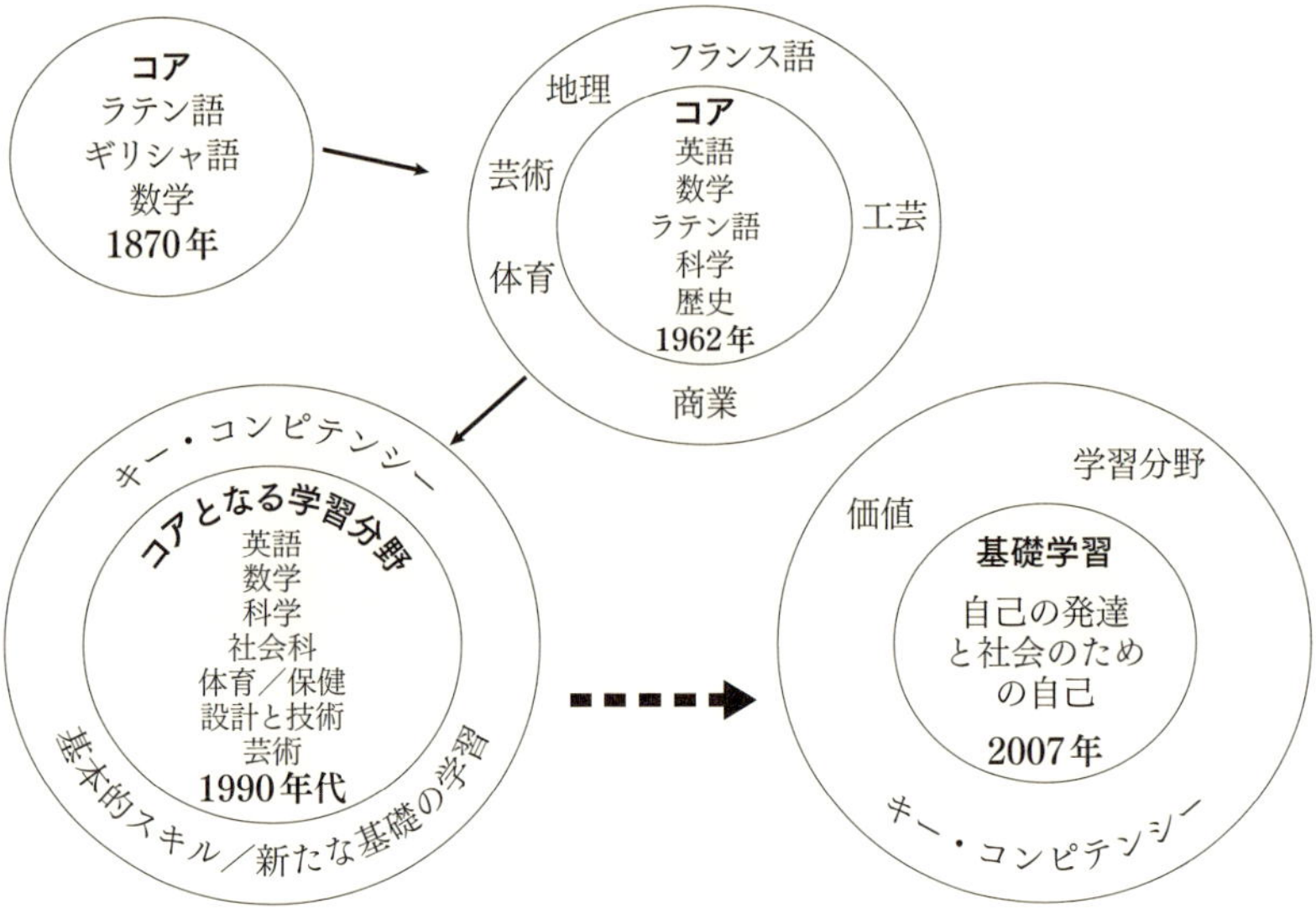

図1　ニュージーランドの中等教育段階のカリキュラムの変遷

ここでは、ニュージーランドのカリキュラムの変遷を例に挙げよう。**図1**は、ニュージーランドの中等教育段階のカリキュラム改訂の目標設定についての変遷を表したものである。

ニュージーランドでは一八〇〇年以前は、大半の子どもは中学校に通学できなかった。中学校に通うことができたのは裕福な家庭の子どもであり、彼らは主に教会が運営する私立学校に通っていた。当時の中等教育は大学進学の予備校のような存在であった。大学に進学するためには、ラテン語、ギリシャ語、数学を習得する必要があったため、自ずと、中学校はそれらの教科を学ぶ場所という意味合いを持つようになった。一八〇〇年代後半から一九〇〇年代前半になると、政府による公立学校が設立される。これにより、裕福な家庭の子どもに限らず、中学校への通学層の間口が拡がることとなった。また科学の発展により、一九三〇年代には、「科学」が「コア(主要)教科」入りを果たした。一九六〇年代に入ると、教育内容は劇的な変化を遂げた。すなわち教育の目標が、一つの教科の習得のため、より広範な教科を学ぶよう再編成されていったのである。もっとも、その主眼とされたのは「知識の習得」に過ぎなかった。第二次世界大戦後になると、中学校はますます一般的な存在になり、義務教育化され、卒業年齢も一五歳に引き上げられた。しかしながら、その後、すべての子どものための公教育の意義を見直し、中等教育の目的を再考し明確化する機会がなかったため、カリキュラム改革はそれほど進まず、「コア教科」の知識習得のための準備学校的意味合いが大きかった。そのため、「コア教科」入りを果たした英語、数学、ラテン語、科学、歴史と、「非コア教科」とされた地理、フランス語、芸術、体育、工芸、商業との間に、教科間での上層・下層の関係性が生まれることとなった。

一九九〇年代に入ると、すべての教科には等しい価値があるという認識が高まった。英語や数学、科学、社会科、体育／保健、設計と技術、芸術などを「コア教科か、否か」という区別をせずに、「重要な学習領域」として再編成したカリキュラムとなった。さらに、この時代のカリキュラム再編成の主眼は、ＯＥＣＤのＤｅＳｅＣｏプロジェクト(一九九六―二〇〇一年)において選ばれたキー・コンピテンシーに沿って、基本的スキルまたは新しい基礎の学習としての「包括的(generic)なコンピテンシー」が導入された点である。

以上見てきたように、ニュージーランドにおいても、「知識の習得」を重視した教育が長い時間をかけて「コンピテンシー」重視へと変わっていったのであるが、コンピテンシー重視のカリキュラムにおいても、「コンピテンシー」という語が誤って解釈される場合がしばしば見られた。コンピテンシーに関連した用語を使用する際、その定義について厳密さと統一性が欠如していたことが明らかになっている。一般向けの講演のみならず専門的な文献においても、「二一世紀スキル」と「二一世紀コンピテンシー」の定義が不正確であったり、この双方が言い換え可能な語として使用される傾向が見られ、かつその傾向は現在でも続いている。そのために混乱が生じ、「知識」か「スキル」かという二項対立が起きることとなった。だが、子どもたちに必要なのは、「知識」と「スキル」の両方を身につけた「コンピテンシー」である。OECDの教育大臣会合(二〇〇一年)においても「コンピテンシー」は、「持続可能な発展と社会のつながりは我々すべての人のコンピテンシーにかかっており、知識、スキル、態度、価値を網羅するものとされる」という文脈で使用されているし、DeSeCoプロジェクトに貢献したA・ゴンチは、コンピテンシーを、一貫した包括的なアプローチとして捉えることを支持している(Gonczi 2002)。すなわち、コンピテンシーを、個人の属性(知識、スキル、態度、価値など)として広く理解し、さらにそれらを、さまざまな場面における必要性や課題と結びつけて考えるということである。したがって、キー・コンピテンシーを、知識や教科学習の領域から切り離したり、別の物として捉えるべきではなく、知識やスキル、態度、価値などを、さまざまな場面において、その場に応じて活用することによって、複雑な要求に応えられるという包括的な概念として捉えるべきなのである。

現在のニュージーランドのカリキュラム改革には、こういった包括的なコンピテンシーの理解が見られる。同国では、国民が加速度的に多様化し、技術のさらなる高度化や仕事の質の変化、需要のさらなる複雑化といった状況において、学校教育がどう対応すべきかという問いに対して、二〇〇〇年から二〇〇二年の間、教師、保護者、政策立案者、地域や業界団体を巻き込んだかたちで、カリキュラムの徹底的な検討が行われた。この検討を経て、二〇〇七年、ニュージーランドのカリキュラムが再編された。新しいカリキュラムでは、コンピテンシーは、全人格の形成を教育するように、従来の基本教科を網羅した「主要な学習領域」の教育と「価値観」の教育を明確に結びつけているのである。

ニュージーランド同様、カリキュラムの中にコンピテンシーを包括的に統合しようとするアプローチは、シンガポールなど他国でも見られる。オーストラリアも、ニュージーランドと同様のカリキュラム改訂の過程をたどっている。オーストラリアでは、コンピテンシーを「知識、スキル、態度、素質の融合」として包括的に捉えて

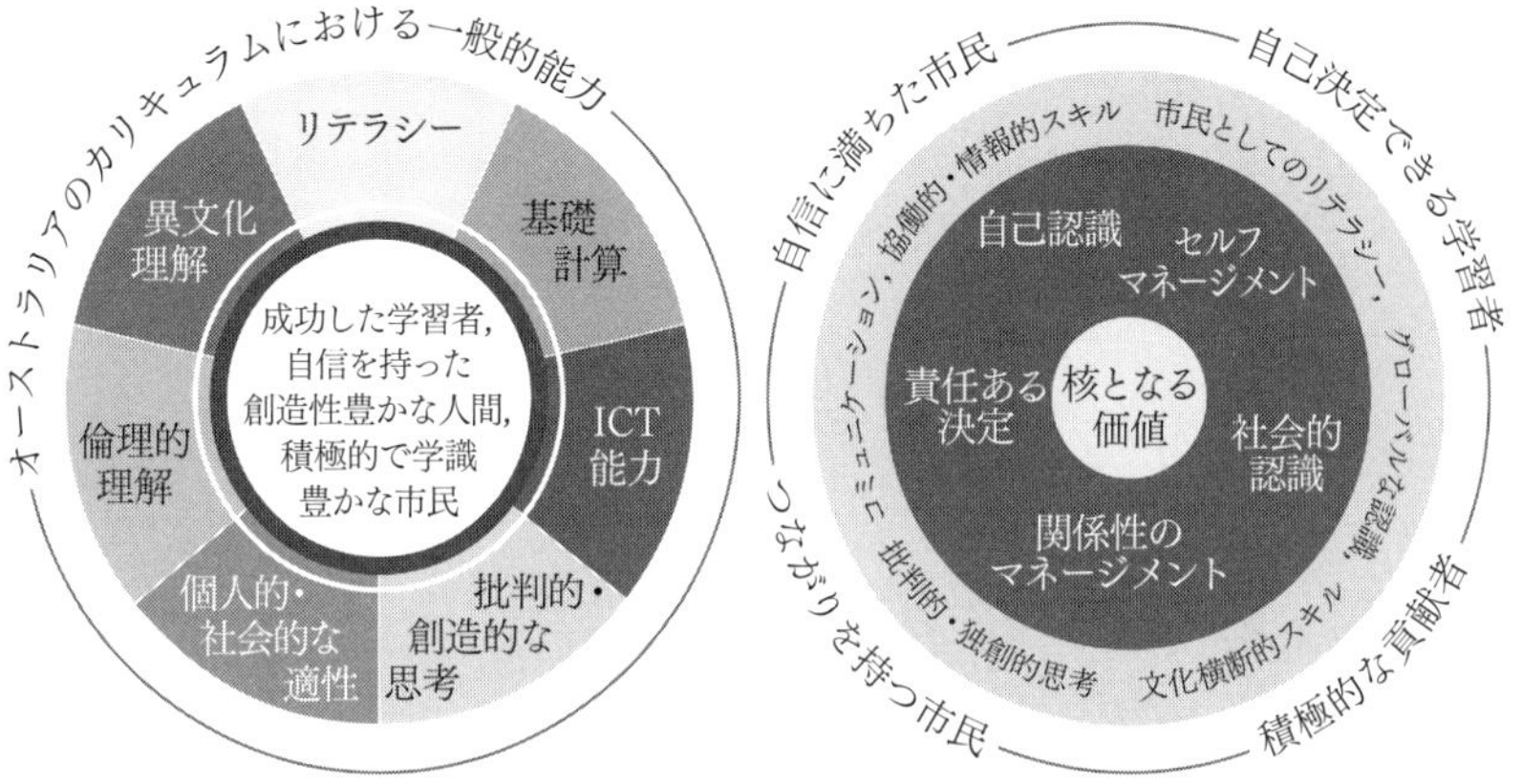

図2　諸外国のカリキュラム枠組みの例：
オーストラリア(左)とシンガポール(右)

いる。それらの資質能力がカリキュラムを通じて発達し、活用されることにより、生徒が「成功した学習者、自信を持った創造性豊かな人間、積極的で学識豊かな市民」となる。そのため二〇一六年に、オーストラリア・カリキュラム評価担当局(The Australian Curriculum, Assessment and Reporting Authority: ACARA)は、コンピテンシーを役立つ一般的能力として定義している。同国では、包括的な能力を、リテラシー、基礎計算、ICT能力、批判的および創造的な思考、個人的および社会的な適性、倫理的理解、異文化理解についての能力から構成されるものと明記している(図2)。これらの包括的資質は、適宜、主要な学習領域の内容に含まれているか、あるいはこれらを横断するかたちでカリキュラムの中に統合されている。

　民間主導で提唱されているカリキュラムでも、包括的なコンピテンシーモデルが採用されている。たとえば、ヒューレット財団によるコンピテンシーモデル(二〇一三年)では、生徒がより深い学習を通じて教科の知識を吸収し、二一世紀の職業と市民生活で成功を収めるための枠組みを設定している。この枠組みでは、二一世紀コンピテンシーにおける六つの核となる要素を提案し、それらは相互に関連し合うものとしている。それらは、①真正の学問内容の習得、②批判的思考と問題解決スキル、③協調性、④効果的なコミュニケーション、⑤自己調整学習、⑥学習に対する心構え(マインドセット)となっている。

(4)「概念的理解」に対する注目から「キー概念重視とコンピテンシー統合型」モデルの誕生へ

第三のトレンドとしては、特定の教科内で、「詳細な内容の知識」から「キー概念(key concepts)」、または「重要な観念(big idea)」を抽出して捉える流れが生まれている点である。たとえば、先述のニュージーランドのカリキュラムでは、「キー概念」を次のように定義している。「キー概念とは、生徒が学校を卒業し多くの詳細な内容を忘れてしまった後でも、なお生徒の中に残ることが期待される考え方や原理についての理解である。キー概念は、個々の状況を超えたところにありながらも、あらゆる状況の中に見出すことができるものである。このキー概念を探究し、その範囲の広さや深さ、そこに付随する微妙な意味合いなどを深く理解するとともに、意味が常に一定でないことも理解し、人によって異なる視点から、これらの概念を捉えていることについても学習するには、時間とそのための機会が必要である。さまざまな方法で働きかけ、また異なる状況下で、比較的短期間のうちにこのようなキー概念にふれることによって、生徒は理解を深め、その概念を自分のものにしていくのである」。

具体的に、何を「キー概念」としているかの例を挙げてみよう。ニュージーランドの数学を例にとると、他の学問分野への応用可能性から、三つのキー概念が紹介されている(表1)。

社会科学の例では、歴史を真に理解することを目的とし、生徒が「歴史家」のように考えられることを支援するために、四つのキー概念が提案されている(表2)。

同様のアプローチは、カナダのブリティッシュコロンビア州のカリキュラムにも見られる。同州でも、個別の

表1　ニュージーランドの数学の例

変化と変動	生徒は，変動はどこにでも存在するというストーリーを発見する．数学や統計学は，心臓の鼓動をモデル化し，心臓の薬の効果を研究することにも役立つ．
構造と普遍化	生徒は，モデルや抽象化，表象化を使ったストーリーを発見する．数学と統計学を使って，気候の変化を調査したり，新しい仮想世界を設計することができる．
論証と立証	生徒は，証拠と論拠を用いて，ストーリーを説明する．数学と統計学を用いて，科学的データを参画して測量してみて，300 以上の異なる方法でピタゴラスの定理を証明することができる．

表2　ニュージーランドの社会科の例

意義	歴史家は，過去の事象やテーマ，問題について，その重要性，永続性，関連性を評価する．さらに，それらの過去が，現代への教訓を示唆することが適切か否かについても考案する．つまり，歴史家は，何が意義ある歴史かを議論し，さらには，意義ある歴史とされる判断基準が，歴史とともにどう変化し，なぜ変化するかについても議論する．
継続と変化	歴史家は，時間に伴う変化と時間が経っても継続しているものを検証する．歴史家は，時系列を使ってこのような変化を体系化する．歴史家は，変化したこと，変わらずに残っていること，そして変化の影響などについて議論する．
原因と結果	歴史家は，歴史上の事象の理由と結果について調査する．つまり過去の事象の原因と，その事象が人々の生活と社会に及ぼした影響について議論する．歴史家は，各事象が，相互にどのように関連しあっているかを研究し，テロ行為や革命，移住など，広く認識されているテーマや考え，運動などを浮き彫りにする．
視点	過去についてはさまざまな見方が，その当時でも後になってからでも存在する．過去の解釈については，異論があるものである．そのため，歴史家は自分の主張を，さまざまな視点から引用した歴史的な証拠にもとづいて行う．

内容に関する知識と重要な観念(big idea)とを、各学習領域において区別している。すべての学習領域は「知る(内容)―理解する(重要な観念)―行動する(教科コンピテンシー)」というアプローチによって構成されている(図3)。「知る」の柱では、各学年のレベルに合わせて、学習内容のスタンダードが、基本の主題と知識に関して詳細に規定されている。これに対し、「理解する」の柱では、重要な観念は、ある学習領域で一般化されている概念と原理から構成されている。重要な観念は、学年を超えて習得し、各発達段階においてさらに理解を深めていくことが目ざされている。教科コンピテンシーとは、各教科で生徒が発展させていくスキルや方略、プロセスなどのことであり、いずれの学習領域にも取り入れられている。

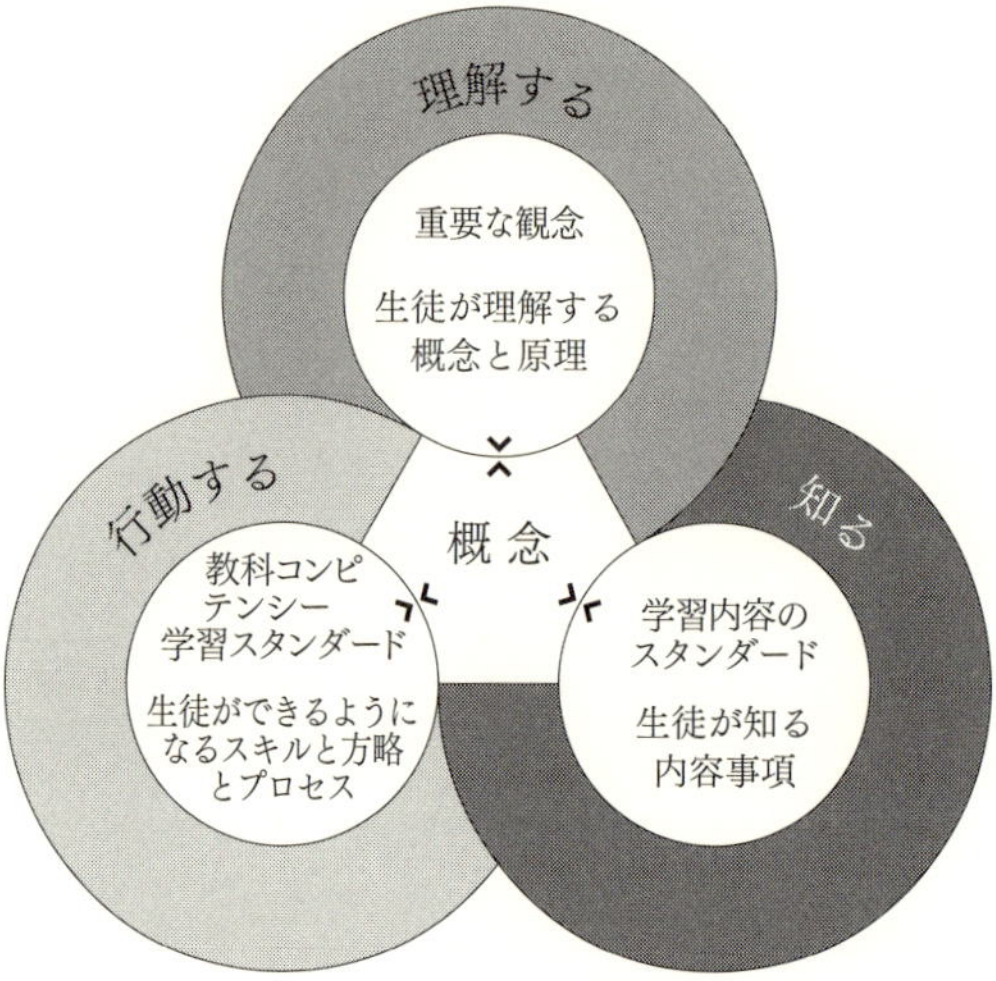

図3　カナダ・ブリティッシュコロンビア州のカリキュラム枠組み(概念ベースのコンピテンシーモデル)

さらに同州のカリキュラムでは、このモデルの前提として、前項で述べた「キー・コンピテンシー」も学習領域に取り入れる枠組みが設定されている。同州が選定しているコア・コンピテンシーは、「思考能力」「コミュニケーション能力」「個人的・社会的能力」である。カリキュラム上では、図に示した三つ葉モデルと連動している。教科コンピテンシーは、各科目、各学年で個別に定義されている。たとえば小学一年生の算数では、「論理的に推理する」という教科コンピテンシーが設定されている。この対象年齢では、「X君は、私よりも背が高い。私はYメートル(インチ)より身長が高いので、X君もそれよりは高いはずである」というように、身近なもの(この年齢では「自分」)と比較することを通して論理的な推理を引き出す例が紹介されている。ブリティッシュコロンビア州の「知る―理解する―行動する」の三つ葉モデルは、各教科領域において、生徒の深い学びと生涯学習を促す基盤づくりがなされ、同時にすべての教科領域に不可分な学習の鍵としてキー・コンピテンシーを取り入れ、毎日の学校生活の中で、さらに卒業後も生涯にわたり日々利用できるようデザインされたカリキュラムである。

(5) 教科横断的コンピテンシーに対する要求の高まり

第四のトレンドは、ＩＣＴリテラシーやグローバル・コンピテンシーなど、革新的で進取的かつ持続可能な開発といった、教科横断的な学際的問題に対応する能力への要求が高まっていることである。こういった需要の高まりは、カリキュラムの教育目標や教科再編成等にも反映されている。現在、私たちの住む社会・世界は、ますます包括的で相互依存性が高く、複雑で多極的で変化が速く、紛争の影響を受けやすく、また脆くて不確実になっているというのが一般的な論調となっている。この概念を教育の文脈に当てはめるとすれば、ＶＵＣＡに象徴される現実社会に対応し、学問領域を超えて存在する新しい社会問題を解決する「コンピテンシー」とは、具体的にどのような「知識、スキル、態度、価値」の組み合わせが必要となるのか、また、カリキュラムを再構成していく中で、それらをどう組み込むことができるのかが問われることになる。

この問いに答えるため、各国は、「教科横断的な要素」を、生徒に望まれる成果(アウトカム)と結びつけている。たとえばオーストラリアでは、「ＩＣＴリテラシー」や「異文化理解」など、教科横断的な力を「一般的能力(general capabilities)」として明確にしている。またエストニアでは、「環境と持続可能性」、「技術と革新」、「健康と安全」など教科横断的なテーマを中心に教科を再構成し、関連性の高い科目領域を統合してきた。フィンランドでも現在カリキュラムの再編を議論中であり、二〇一〇年にはすべての科目を「テーマ(主題)」によって再編し、選択学習の割合を大きく高める再編案が提案されたがこれは幅広い層から反対され、議会には提出されず、二〇一二年に段階的に改革を進める案が提案され、教科横断的な側面は「主題中心(phenomenon-based)学習」として承認された。それらを科目の中に導入し、学ぶための思考力と学習力、文化的スキル、自己充足性、マルチリテラシー、ICT、労働市場と起業家精神、社会参画と持続可能な未来などを含む横断的な目標を同時に入れることが可決された。禅問答のようになるが、教科横断的な事象を学ぶためには、教科の知識が、その根本的基盤として必要となる(Young et al. 2016)。たとえば、機械工学は物理学と数学から派生したというように、学問の境界知識が基礎学問からどのように派生してきたか、そして浮上してきた問題に取り組むのに必要な知識を得るためには、どうすればその問題を基礎学問に還元できるのかということを併せて理解する必要がある。

(6)生涯学習の重要性と生徒の主体性に必要なメタ認知能力、態度の価値づけ

第五のトレンドとしては、「生涯学習」の重要性が近年、カリキュラムの枠組みの中でさらに明確にされるようになってきたことである。前述のニュージーランドのカリキュラムに書かれている文書には、「自国の児童と生徒が生涯学習を続けることを想定している」と明言されている。具体的には、「読み書き計算ができ」、「批判的で創造的な思考力を持ち」、「知識を積極的に探求して活用し、さらに創造し」、「知識を持って決定を行う」人としての生徒像が描かれている。これはカリキュラム全体の枠組みにも明確化されており、主要能力は、就学前、初等・中等、高等教育の各時期において、各年齢によって適切であるかどうかも考慮されている(図4)。たとえば、幼児期の年齢において「(社会に)所属している」という感覚は、初等・中等教育段階のカリキュラムでは「参加し、貢献している」、高等教育の段階では「社会集団の中で仕事をする」というように、発達に沿った記述がなされている。

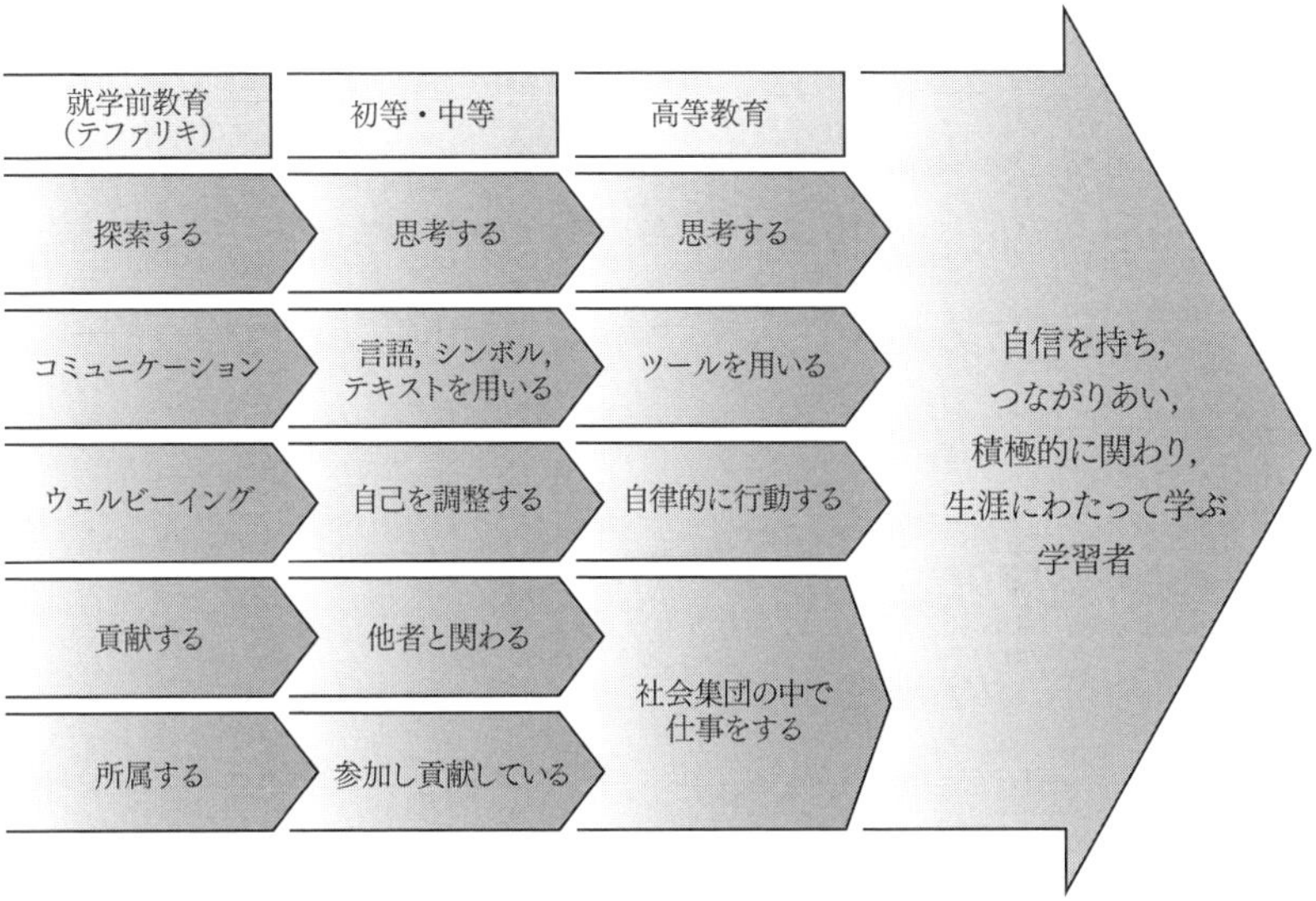

図4　ニュージーランドのカリキュラムにおける生涯学習フレームワーク
注：テファリキはマオリ語で「縦横に編む」との意味.

各国は、生涯学習者となるために重要な役割を果たすコンピテンシーとして、学習を計画したり振り返りをすること、自己管理、学業マインドセット（心構え）といったメタ認知能力などを、コア・コンピテンシー、一般的な資質、あるいは教科横断的能力等に位置づけることによって、生涯学習の重要性を明確化してきている。前述のニュージーランドのカリキュラムでは、教室での実践における「生徒自身の行動の主体性」が提案されている。たとえば、「生徒自身がオンラインの学習材料を使って学習目標と手順を設定し、管理し、考える（メタ認知）」、「生徒自身が学習の進捗状況の報告に関し、保護者・教師との議論をリードする（三者協議会）」、「生徒自身が教科横断的な学習の責任を負う」、「生徒自身がたとえば学習環境をどうすべきかなど、学校や教室内での意思決定に貢献する」といったことである。

(7)カリキュラムで意図した学力——教師の実践(教授法)——生徒の習得(学力)間の関連性

六つのトレンドの最後である。これまで見てきたとおり、カリキュラムの枠組みや学習スタンダードは、各国間で共通性の高いものになってきており、生徒が教育のさまざまな段階で習得を期待される知識やスキル、態度、価値などが明確にされてきている。このように、生徒が習得すべきことが書いてあるものが「(政策策定者によって)意図されたカリキュラム(intended curriculum)」である。これに対し、意図されているか否かにかかわらず、実際に教室で教師が行う実践が「(教師により)実施されたカリキュラム(implemented curriculum)」であり、教師の実践の良し悪しにかかわらず、実際に生徒が教室の中で身につけた力が「(生徒に)習得されたカリキュラム(attained curriculum)」である。そして、政策のねらいが達成されたか否かが、「評価されるカリキュラム(evaluated curriculum)」である。広義のカリキュラムはこれら四つの面で捉えられ、それぞれの側面が連動していることが、制度として効果的であると見なされている。

ニュージーランドのカリキュラムは、これらの四側面が連動している好例である。ナショナルカリキュラムは、生徒の学習の方向を決定し、学校がカリキュラムを策定して検討する際の指針となるものである。M・ケネディはたいていの教師が、カリキュラムの枠組みが生徒に与える影響の重大さを認識しながらも、「自身が教えられたように教える」ため、教師個人の信念や教室での行動が、カリキュラムや教員養成課程、現場経験を通じて得られた情報よりも影響力を持っていると主張している(Kennedy 1995)。ニュージーランドのカリキュラムにおいては、実施されるカリキュラムである教師の実践を、生徒にとってより良い学習の機会とするため、「学習のための指導」や「手引き」という教員サポートの材料もカリキュラムの一貫として作成されている。「学習のための指導」には「手引き」、つまり意図されたカリキュラムを最も効果的に実施できるよう、教師が使用するための多くの補助教材とともに、教え方を支援することによってカリキュラムを達成できるよう、特定の学習領域における主要能力と生徒の成果をモニタリングする形成的評価に役立つさまざまなツールが付加されている。「習得されたカリキュラム」との連動も確保するため、成果のモニタリングは、単なる記録指標やスタンダード、成績づけ、等級(grades)、ルーブリックに関するものだけではなく、説明や例、語りなどの豊富な手法を使って生徒の成長を記録している。この複雑な生徒記録を、教師が実際に実施できるよう支援するために多種類の記録ツールが紹介され、教師と生徒の双方にとって役に立つ「真の評価」を行うために、どのツールをいつ使うかを、学校や教師が決めることができるようになっている。そして、十分な情報を持ってその決定ができるよう、いろいろな具体例を紹介している。

また、オーストラリアのカリキュラムも、事例などを数多く提供している。特に、一般的な資質やコア・コンピテンシーを、どのように教師が教え、生徒が学べるのか、また、それらがどのように主要な学習領域に組み込まれるのかといったことについて、事例やガイドを用意している。また、カナダのブリティッシュコロンビア州では、コア・コンピテンシーの支援ツールとして、評価の記述および生徒のプロフィールを用意している。評価の記述や生徒のプロフィールは、各コア・コンピテンシーごとに用意されている。コア・コンピテンシーは、「コミュニケーション」「創造的思考と批判的思考」「コミュニケーション能力」「個人と社会のコンピテンシー」「前向きな個人的および文化的アイデンティティ」「個人の意識と責任および社会的責任」の六つから構成されている。

カリキュラムで打ち出された望ましい生徒像やヴィジョン、策定された学習スタンダードなどは、そのまま生徒の学習評価に使用されることが多い。ＯＥＣＤによる教育政策レビューでは「学校向上のための評価とアセスメント」が行なわれたが、参加二八カ国のうち、イスラエルとスウェーデンを除きほぼすべての国が、学校内部の生徒評価に、カリキュラムスタンダードまたは目標を、ある程度活用していると報告している。公教育に限らず、民間主導で作成された「P21 framework(Partnership for 21st century learning)」などの枠組みでも、カリキュラム、学習スタンダード、指導、評価、および学習環境を連動させて学習フレームワークを作成している。

二 OECD諸国の生徒評価の動向

OECD諸国において、生徒の学習成果を調べようとする試みが増えてきている。これは、政策担当者が、より強力で公平な学校システムを構築するための説明責任を確かなものとすると共に、学校や教師が生徒の学習成果が向上するのを支援するという両方の目的のための重要な道具(ツール)として考えているからである。しかしながら、生徒の学力データを政策的な必要性に適した形で測定しデータ化するには限界がある。小・中学校において生徒の学習成果をより効果的に向上させるために、アセスメントと評価政策をどのように連動させ機能させるとよいのかを検討するにあたり、OECDは「学校の成果を向上させるための評価とアセスメントの枠組みに関するレビュー」に着手した。このレビューには二八カ国が参加し、非常に高い関心が寄せられた。同レビューは、各国が生徒のアセスメントのために、次に述べるようなさまざまな幅広い形式のアセスメントを使用していることを示している。そこでは大きくは四つの傾向が見られる。

(1)アセスメントの基準とルーブリックでの評定

第一は、多くの国の教育制度において、生徒が期待される成果にどの程度到達できたかを判断するのを支援するために、生徒の習熟水準を詳細に分化して記述できるような支援材料を開発してきている点である。たとえばカナダのブリティッシュコロンビア州のように、ガイドラインは、さまざまな教科の分野やコンピテンシーの領域で「普通／良い／とても優れている」別にパフォーマンスを構成する要素について教師が理解できるように支援するものである。各国でカリキュラムやスタンダード、学習の進捗に対して、生徒の学習成果のアセスメントの実施を促すのに寄与するよう多様なツールが使用されているが、それには以下の例が挙げられる。

・パフォーマンス評価規準——生徒のパフォーマンスや作品の質を判断するために何を見ればよいのかという規準で、ガイドラインや原則の中に記述されているもの。
・ルーブリック——一定のパフォーマンス尺度に沿って、そのパフォーマンスの得点を評定できるように基準が記された評点の道具。
・事例——一定の尺度に照らして、どの程度の得点となるかを例示した実際のパフォーマンスや作品(products)例。

生徒のアセスメントに関するレビューでは、基準やルーブリックは、カリキュラムの枠組みや関連する記録の一部となっていることは多いけれども、体系的に使用するための詳細なアセスメント基準を用いたルーブリックはいまだOECD参加諸国の中でも普及しているわけでもない。多くの場合、アセスメント基準は教師や学校のレベルで決められている。ポルトガルの場合には、アセスメントの基準開発に国が強い関心を示しているが、学校は自分たちのアセスメント基準を詳述し公表において自律性を持っている。この公表している基準は生徒や保護者とも共有され、生徒の進捗を捉えたり、補足的に必要なサポートを決めるのにも使われる。また学校内部での総括的評価として使用される(Santiago et al. 2012)。このようなアセスメントの自律性は平等性に関する課題をもたらすことにもなりうる。ノルウェーでは校長会が、成績に求められるコンピテンシーに関する規準の欠如や、教師の成績評定が生む潜在的な不公正に懸念を示している(Norwegian Directorate for Education and Training 2011)。

前節で述べたように、新たなカリキュラムの枠組みにもとづいて決まる生徒の成果は、複雑なモデルへと変化してきている。すべてのOECD参加国において、学校は教育の質をモニターし、カリキュラムや学習スタンダードに決められた望まれる成果を生徒がどの程度習得しているかを査定することが期待されている。しかしながら、各国教師によるアセスメントは基礎スキルの活用とともに断片的な個別知識に焦点を当てた伝統的な教育のままであるとの懸念が報告されている。アセスメントに関するシステムや実践は、より複雑なコンピテンシーモデルに向かおうとするカリキュラム改革のトレンドから遅れている。

しかしながら、いくつかの革新的な実践も見られる。それらはカリキュラムの再編成とアセスメント実践との間のタイムラグを縮めようとする国々において、共通のものである。

たとえば教師の行う評価を基盤とするアセスメントであり、典型的には、カリキュラムの一部となるあらゆる科目の知識の生徒の習得状況をアセスメントしているものであるが、このアセスメントと標準化されたアセスメントや外部試験(external examinations)が補完しあうことも多い。

レビューによれば、伝統的に教師は記述によるアセスメントと試験に依存している。コア科目についての生徒のパフォーマンスを測定する際には、口述アセスメントが使われることもある。記述式のアセスメントは、多肢選択テスト、クイズ、書き取り、練習問題、短期または長期にわたる応答課題や評論課題(essay questions)など、さまざまな形態をとる。これに対し、口頭の試験は典型的には、質問と応答の実践というかたちをとる。教科ごと、特に体育や音楽、アート、科学のような実技的な事実を求める教科では伝統的に、教師は実技やパフォーマンス、実験などのように、より幅広い方法を用いてアセスメントを行っていることが報告されている。また、教師は伝統的なアセスメント方法を越えて統合された知識やスキルを幅広く把握することを目的として、より洗練されたアセスメント方法を使用してきている。教師による報告によれば、作品(エッセイや実験レポートなど)、パフォーマンス(ロールプレイ、実験、プレゼンテーション)やポートフォリオを含む多様なアセスメントの方法が用いられている。作品(プロダクト)やポートフォリオ、パフォーマンスを用いるアセスメントは「3Pアセスメント」として知られており、正しい方法で、より高次の思考スキルをアセスメントすることを強調している(Madaus and O'Dwyer 1999; Stiggins 1987)。

また最近では、学習の進捗と同様に、生徒の学習成果を測定するためのパフォーマンス評価が率先して行われるようになってきている。生徒自身の自己評価や仲間によるピア評価を含むものもある。これらはカリキュラムの中で示されているヴィジョンともつながっており、生涯学習やメタ認知スキルの育成につながるものでもある。たとえばフランスでは、生徒個人のコンピテンシーのモニタリングシステムが導入され、教師が担当する生徒のコア知識やコンピテンシーの獲得の進捗を記録するようになっている。またベルギーのフランドル地域では、教育担当当局が形成的(formative)評価や観察、ポートフォリオ、リフレクションシート、自己評価やピア評価などの新たなアセスメントアプローチへとシフトしており「幅広いアセスメント文化」の形成を推進している。つまり、絶対的なパフォーマンスの高さよりも、一定時間の経過を経て生徒が進捗していることのほうがより大事であることに焦点を当てている(Flemish Ministry of Education and Training 2010)。

(2) 評価される学習成果(アウトカム)の諸側面

第一節で述べたように、カリキュラムで設定している望ましい成果は、複雑なコンピテンシーモデルに移行してきている。しかし第二のトレンドとしては、生徒のアセスメントに関するOECDのレビューは、標準化した教師評価を基本とした、基礎スキルの活用と断片的な知識に焦点を当てた旧来のアセスメントが残っている点を懸念している。それゆえアセスメントシステムも実践も、新たなカリキュラムのトレンドとの間には、ずれが起きていくだろう。

標準化したアセスメントと試験においては、アセスメントの中心的な方法は筆記試験である。伝統的な紙ベースのフォーマットに依存してはいるが、多様な様式でコンピテンシーをアセスメントしようとする事例も生まれてきている。たとえばオーストラリア政府のイニシアティブによるオンラインの診断ツールは、教師が生徒の進捗をアセスするのを支援し向上させるのを援助するためのデジタルの学習リソースを提供している。またベルギーのフランドル地域では、教師が生徒の非認知スキルを向上させるためのアセスメントツールを開発してきている。最もよく使用されているツールのひとつは、SAM尺度(態度測定尺度)である。これは、教師が、たとえば生徒の柔軟性や勤勉さ、責任感などの態度を評定するツールである。

また、オンデマンドのアセスメントを開発している国もある。教師がアセスメント課題を中央省庁の課題バンクから引きだし、教師が準備できたと考えたときに、生徒にそのアセスメントを実施するというものである。この場合には、アセスメントのタイミングは教師の統制にゆだねられる。

また、非認知スキルの成果を含めて、カリキュラムのより広範な部分をカバーするような標本抽出法にもとづく調査を開発している国もある。フィンランドでは国のカリキュラムにおいて、「学び方を学ぶ」スキルが生徒が身につけるべき中核であることを明示している。このスキルの重要性を評価し促進するために、ヘルシンキ大学教育評価センターでは義務教育段階の三、六、九年生でこの学び方を学ぶスキルを評価するための抽出法が開発されてきている。またニュージーランドにおいても、小学校段階での児童の進捗を国の教育モニタリングプロジェクト(National Education Monitoring Project: NEMP)で測定している。NEMPは、コンピテンシーと価値を組み込んだカリキュラムと連動している。アセスメント課題はパフォーマンスにもとづくものであり、一対一のインタビューから、生徒自身が学習を実生活に近い状況で活用することを求めるような課題や、チームで解く課題なども含んでいる。NEMPはどの生徒に対しても標準があてはまるテストではない。生徒にとって意味があり、楽しめるような課題作成を狙っている。アセスメントの主な目的は、生徒が課題解決や実験を行うのに用いる豊かな情報を集めることにある。この課題の一部はビデオで記録され、生徒の応答や教師とのやりとりが詳細に分析される。NEMPはまた、生徒の教科横断的なスキルや学習分野に対する態度のアセスメントも行っている。

(3) ICTを用いたアセスメントの研究と開発

近年では生徒評価の点でICTの活用には、二つの方略が見られる。一つは、移転(migratory)方略(伝統的なアセスメントのかたちをより効果的・効率的に使用するように、ICTを普及させて使うもの)、もう一つは変容的(transformative)方略である。これはアセスメントされるコンピテンシーに応じて、ICTの使い方を変えて用いるものである(Binkley et al. 2010; Ripley 2009; European Commission 2011)。アセスメントのためのICTの使用は国際的にもまだ一般的な実践とはなっていない。使われる場合でも紙ベースの試験であるが(たとえばオーストラリア、チェコ、ニュージーランドなど)、データシートをスキャンする、マークセンテンスを入力する、結果を管理するなど、全国テストにおいて種々の技法として活用されている。ベルギーのフランドル地域やチェコ、ルクセンブルク、ニュージーランド、ノルウェー、北アイルランドでは全国テストの実際の実施運営においてもコンピュータベースのアセスメントが使われている。デンマークでは、国語、英語、数学、生物、地理、物理・化学などの教科の異なる学年で、コンピュータにもとづく国レベルのアセスメントを実施している。この適応的アセスメントでは、テスト項目が以前のテスト項目でのパフォーマンスに応じて系列的に選択される。この方法は、より効率的でより正確な情報を、より少ないテスト時間で得ることを可能とするものである。

また、コンピュータにもとづくアセスメントは、状況に応じたやりとりを通して構成された応答の形式によって、複雑なパフォーマンスの測定を可能とする、強力なものだといえる。最近では洗練されたＩＣＴプログラムが、小論文などの一つの正解の存在しないパフォーマンスの採点も、自然言語処理解析の人工知能を用い、文法や内容の質、考えの構造化など多様性を含む小論文のテキストとしての特徴を検出する技法を用いてのパフォーマンスの採点を可能にしてきている(Chung and Baker 2003; Chung et al. 2001; Herl et al. 1999; Looney 2009)。

また他のイノベーションとしてたとえば、ハーバード大学のヴァーチャル・パフォーマンス・アセスメント(Virtual Performance Assessment: VPA)では、生徒はどのようにして科学実験を行うのか、あるいは他の課題を解くのかを示すのにＩＣＴを用いている。ビデオゲームと類似のデザインを用いて、参加者はヴァーチャルな科学者としてのアイデンティティを仮託され、その環境の中を歩き回り、観察しデータを集め、ある文脈における科学的問題を解決する。生徒の議論は概念マップやデータ収集ツール、仮説や因果を表現する結果表現のツールなどを用いて表現される。ここでの生徒のアクションはログファイルに保存され、生徒の探究の軌跡は活用可能である。また、協働的な問題解決を測定するアセスメントの分野での研究も行われるようになってきている。たとえば、生徒同士で情報やドキュメントを相互に送り合い、ＩＣＴを用いて一緒に課題に取り組むというようなことである。

またアメリカのＥＴＳ(Educational Testing Service)が開発したi-Skillsのような、生徒の批判的思考や問題解決スキルをデジタル環境のもとで測定するようなことや、生徒の活動をコンピュータ上で追跡表示するものもまた革新的な一例である。

（4）国際学力調査の影響

国家レベルの教育論議が国際的な比較、特に国際的な学力調査によって形成されることが増えてきている。調査参加国の多くは通常、読解、数学、化学などのコアとなる知識、スキル、コンピテンシーのアセスメントを含む調査と、政策や教授学習環境の調査を含む調査に参加している。その主なものにはＩＥＡ(International Association for the Evaluation of Educational Achievement　国際教育到達度評価学会)やＰＩＳＡ、欧州委員会によるものなどがある。

この国際比較データは国が自分たちの強みと弱みを特定するのを助け、自国のシステムをよりよく理解する機会を提供する(Tamassia and Adams 2009)。また、国際比較の重要性は、各国間での順位など競争的な精神で実施する場合と、教育政策立案に生かす場合の両面がある(Sauvageot 2008)。

学力に関する国際比較データは、各国で教育について議論し、教育政策を策定するのに影響を与えている。また国際学力アセスメントの拡大は、各国が実施する学力アセスメントの導入へ寄与している。デンマークやイタリア、メキシコ、ポルトガルなどはこの例である。それまでは生徒の学力の測定については強調されてきていなかったが、これらの国が実施する生徒の学力評価は国際比較のみが利用可能であったのが、国ごとの学習目標につながった測度の開発も必要と見なされるようになってきた。

また国によっては、ＰＩＳＡが提案したアセスメントの枠組みや方法をもとに、自国のアセスメントが開発されるようになってきた。

国際的アセスメントの各国の政策へのインパクトや、異なるステークホルダーに異なる影響を与え議論をよび評価がなされることがわかっている。ＰＩＳＡの実施委員会では四三カ国五四八の政策策定者や行政官、スクールリーダー、保護者、研究者、メディア等をもとにＰＩＳＡの影響をレビューしているが、ここではＰＩＳＡは政策形成者、自治体行政官やスクールリーダーによって、パフォーマンスと教育システムの平等性をモニターするために使用されていることが明らかになっている。またＰＩＳＡは大きな信頼と影響力を持っており、カリキュラム改訂や評価、指導法の政策、各国での学力テスト導入などの説明の根拠として影響を与えていることが報告されている。

三　新たな学力を測る国際比較の試み

第一節で述べたように、現在Ｅ２０３０プロジェクトでは次の二点、①ＤｅＳｅＣｏのキー・コンピテンシーの枠組みを更新すること、②カリキュラムの枠組みについての国際比較を行うことを主要目的としている。ＤｅＳｅＣｏプロジェクトはＰＩＳＡ、およびＰＩＡＣＣの概念枠組みの基礎となっており、Ｅ２０３０が再構築しようとしている枠組みは、ＰＩＳＡや他のＯＥＣＤが行うアセスメントの将来の方向性を支える目的に資することが期待されている。この目的のために二〇一六年一一月に概念的な一貫性や凝集性、共同での相互作用を確かなものとするために、すでに発展してきたプロジェクトや現在進行中の概念枠組みのプロジェクトの間で、ラウンドテーブルが組織された。ここに参加したプロジェクトには、幼児期からの学習国際アセスメントプロジェクトや子どもの社会情動的スキルに関する縦断研究プロジェクトなども含まれていた。以下では学校教育分野に絞り、新たなスキルと評価に関与する三つのプロジェクトを紹介する。

（１）２０３０年の教育とスキルの未来プロジェクト

ＯＥＣＤの分析に関連する政治的な語りは、経済的成果だけではなく、社会的成果やウェルビーイングの研究へも急激に幅を広げている。そして「よりよい経済のための、よりよい政策」から、「よりよい生活のための、

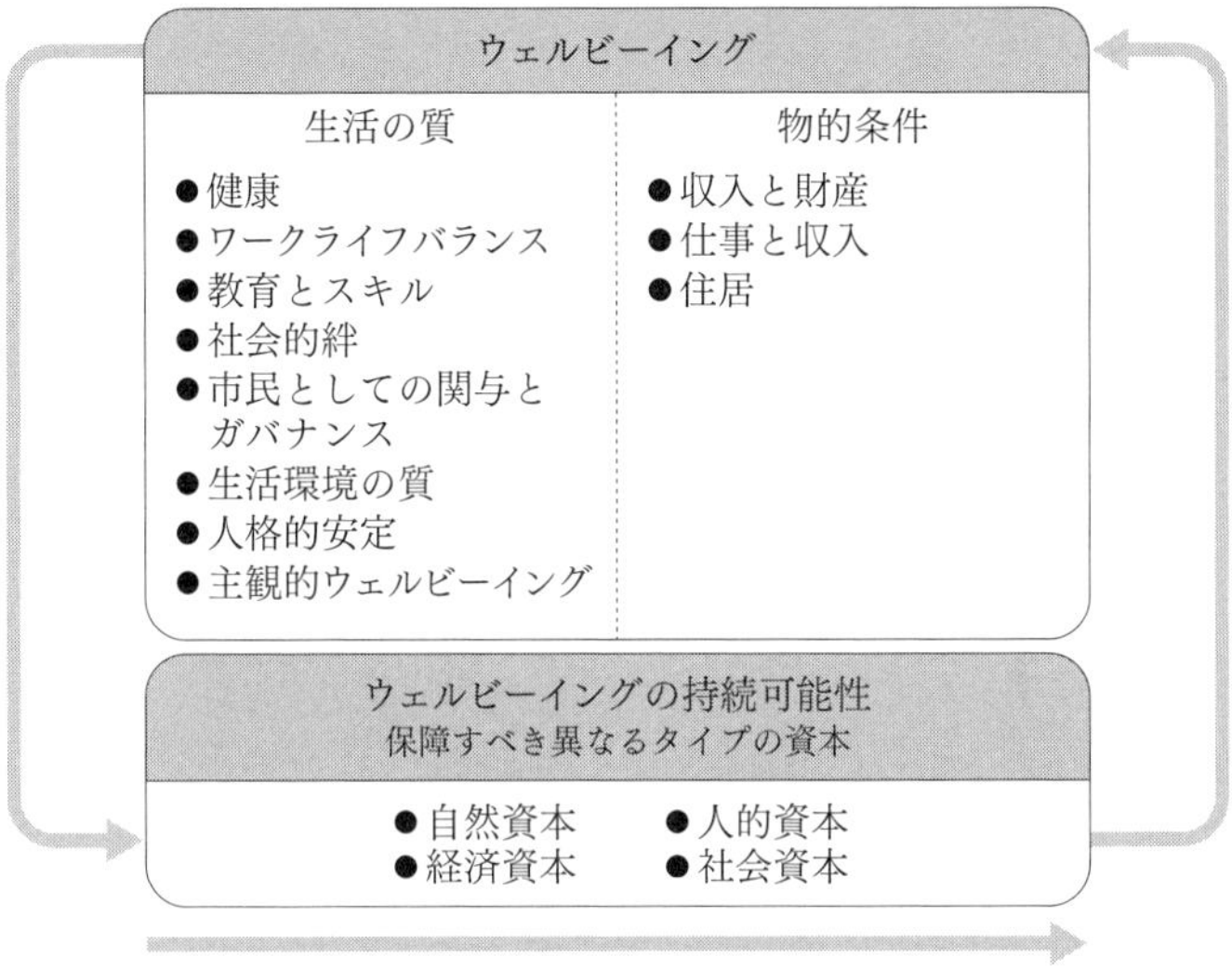

図5　ウェルビーイングを測定するための OECD 枠組み

よりよい政策」へと分析の焦点をシフトしてきている。このような幅広い概念に枠組みを与えるために、OECDはウェルビーイングを測定するための枠組みを生み出した。それは、個人と社会の両方のウェルビーイングに寄与するために幅広い要素を含んでいる。個人のウェルビーイングは物質的な条件だけではなく、たとえば社会的つながりや市民としての関与とガバナンス、健康、教育、余暇に公平にアクセスできるなどの多様な要因を含む、生活の次元の質によって生まれるものとされている。そして個人のウェルビーイングは、集団的なウェルビーイングの持続可能性に直接影響を与える(図5)。

この枠組みでは、教育において望まれる成果は、子どもたちが安定した物質的生活の糧である収入や財産を通して、仕事や収入、住居を持つことだけではなく、平等、結束性(集団の凝集性)、持続可能性を向上させることも含まれている。教育の文脈においては、ウェルビーイングは教育の成果だけではなく、よい学びの経験に関わる前提条件でもあり、またその過程でもある。ウェルビーイングは、子どもたちが、知識やスキル、態度・価値、そして自分の主体性を活かす過程を保障すること、そしてそれらを学ぶための安定した環境の育成を助けるものでもある。

子どもたちが個々のウェルビーイングを達成するとともに、時を越えて社会全体のウェルビーイングを持続可能なものとしていくのに寄与するためには、どのようなコンピテンシーを備えていることが必要だろうか。これは、ＤｅＳｅＣｏの知見にもとづいて立てられたＥ２０３０プロジェクトを貫く政策的な問いである。図6のような予備的な概念枠組みでは、子どもたちが成長し生きていく社会の未来を形成するためには、知識、スキル、態度・価値のすべての領域を含むことの必要性が同意されている。

知識基盤社会において知識は重要な役割を果たし続けるだろう。知識領域には、教科知識(言語、数学、科学、社会科学、体育や音楽)同様に、教科横断的な知識(グローバル・コンピテンシー、ＩＣＴコンピテンシー、持続可能な発達、イノベーションや起業、金融リテラシー、予期)や実践的知識(ノウハウ、マニュアル的なスキルや知識、職業や専門的知識)が含まれる。

またスキルには、認知的(たとえば批判的思考、創造的思考)やメタ認知的(たとえば自己意識、学習方略)スキル、社会情動的(たとえばコミュニケーション、協働、共感など)、あるいは身体的・実践的(器用さ、ＩＣＴが活用できる、臨機応変な対処)なスキルなどがある。

協働的・倫理的に振る舞い、関与することの要求は、近年では増大している。このような行動は態度(他者への尊敬、責任)によって導かれるものであり、価値や信念(たとえば正義、高潔さ)によって支えられている。各領域の中で重視されるべき構成要素が、現在では以下の原理のもとで議論・探究されている。

・今日的な意味を持つこと――人々が二〇三〇年の世界を生き延び繁栄するのを援助できる。
・影響力を持つこと――すでに証明されている資質もあるが、未来の生活において有意義なものであることが証明される。
・鍛えることができること――学びのプロセスを通して発達させていくことができる。
・測定可能であること――ある尺度で量的に比較可能な値としてすでに与えられている、あるいは与えることが今後可能、あるいは他のモニタリングの手段によっても測定できる。

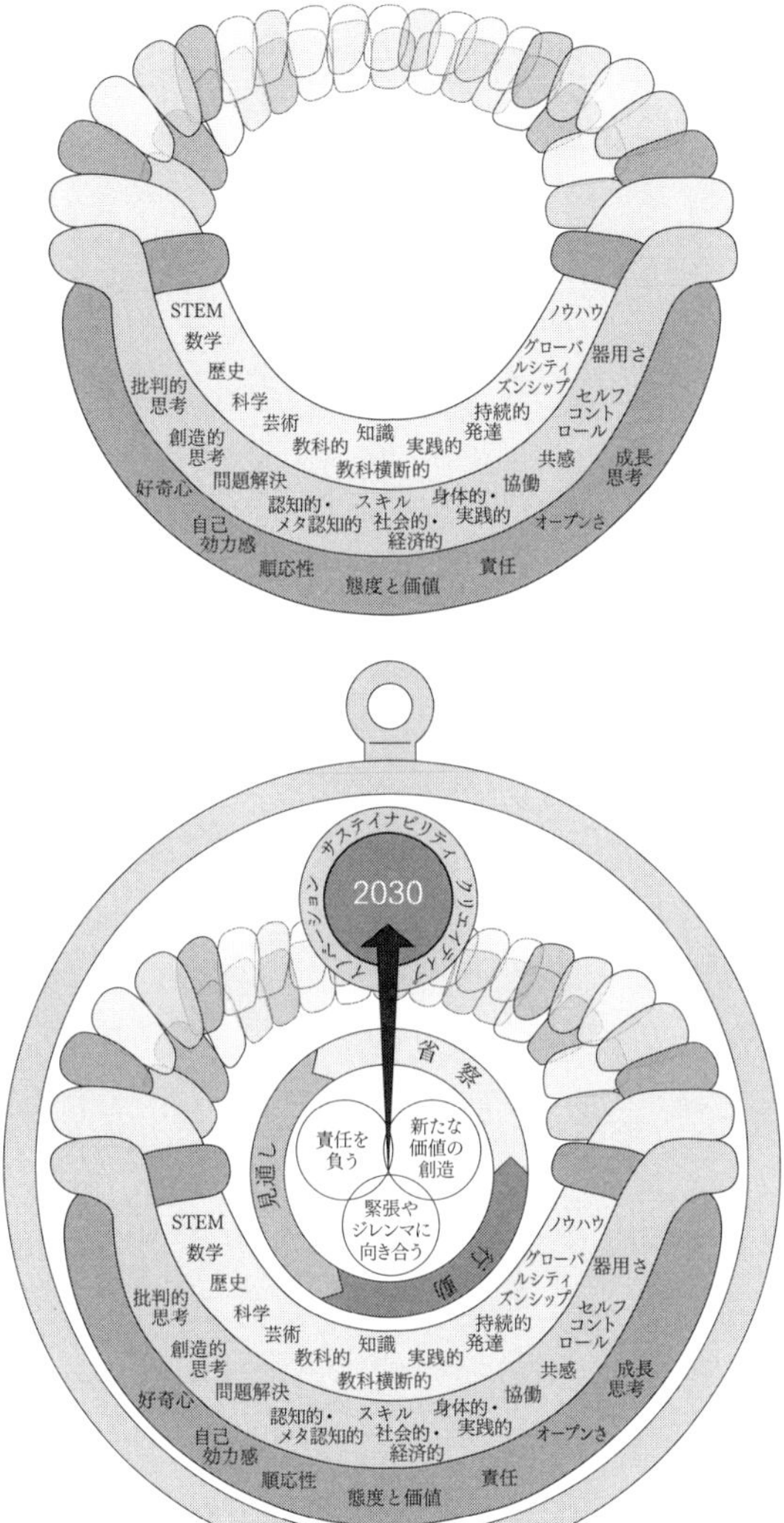

図6　OECD Education 2030 草稿段階でのキー・コンピテンシー(上)とラーニングコンパスの概念枠組み(下)　2016年11月版

注：STEM とは Science, Technology, Engineering and Mathematics の学問領域のこと.

この枠組みは図6の選択された構成要素として示されている。そしてさらに、また相互的に、さまざまなステークホルダー(参加国の政府、学校間ネットワーク、社会的パートナーや多様な学問原理や専門を持った学術研究者)からの注力や省察によって、今後もさらに議論され洗練され、多彩になっていく予定である。

(2)創造性の測定評価プロジェクト

このプロジェクトは、OECDイノベーションストラテジーの一部である。教育システムが育成すべき個々人のスキルとして、①技術的な知識とスキル(know-what と know-how の知識)、②行動的かつ社会的な知識(自信、エネルギー、忍耐力、熱意、リーダーシップ、協働、コラボレーション)、③思考と創造性のスキル(批判的思考、観察、好奇心、つながりを創る力、想像力など)を設定している。このプロジェクトでは、創造性と批判的思考力の発達のアセスメントの実施への寄与を目的にしている。このプロジェクトでは他の大規模調査とは異なり、学校を基盤としたアセスメントに焦点を当てている。

創造性の枠組みとしては、①想像的であること、②探究的、③根気強さ、④協働的、⑤自律的の五つのキー・コンピテンシーを示している。

さらに、三つの特定の構成因果が各コンピテンシーに対応して示されている(図7)。この枠組みのもとで記述式の予備調査が開発実施されてきている。

(3)革新的な分野——二〇一五年の協働的問題解決スキルと二〇一八年のグローバル・コンピテンシープロジェクト

協働的問題解決スキルは、PISA2015での革新的な領域として、アセスメントの焦点であった。三つの

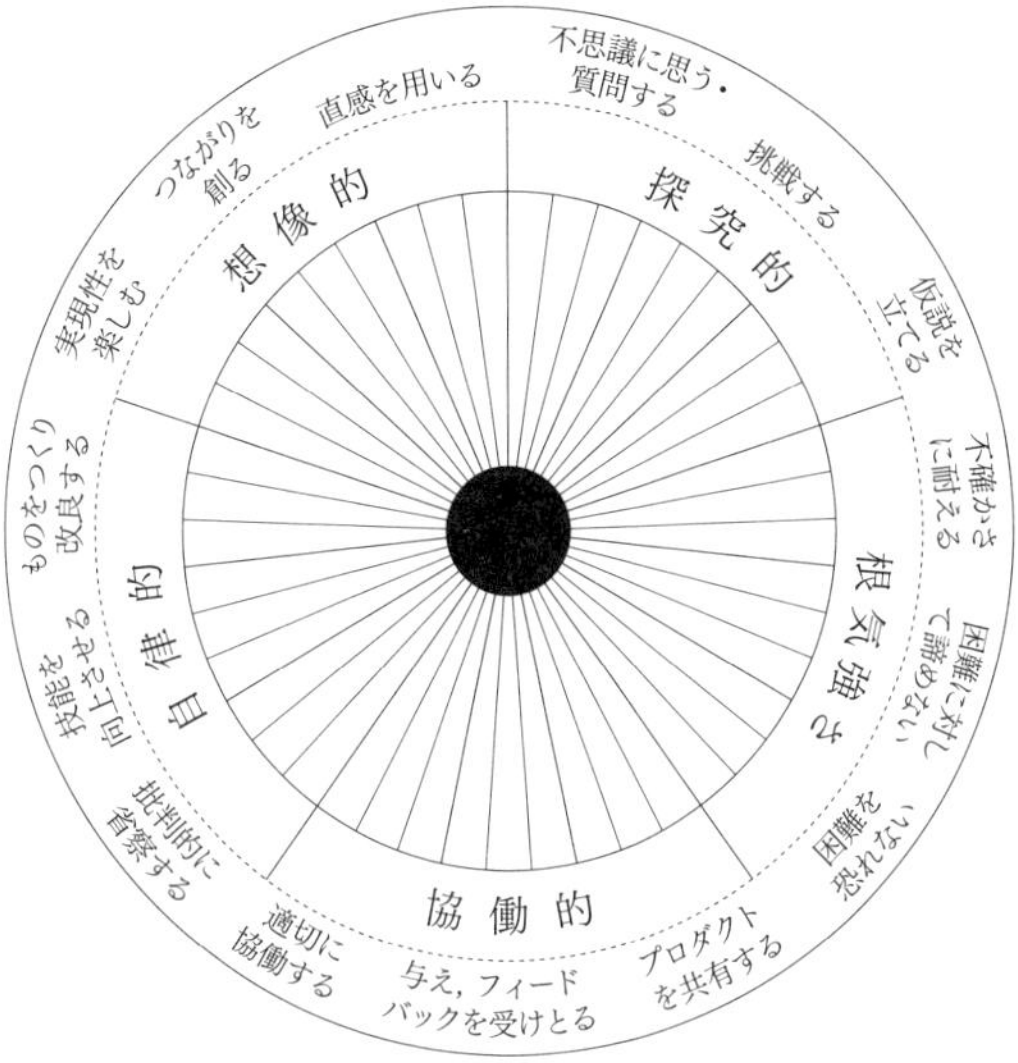

図７　創造性についての発達を測定するアセスメントツールの典型

キー・コンピテンシー(すなわち、理解を共有しそれを維持し続ける、そのプロジェクトの解決のために適切な行動がとれる、チームとしての組織を作り維持する)と、これらコンピテンシーを効果的に遂行するための四つの異なるプロセスの段階が結びついたマトリックスをもとに開発されてきた(表3)。

ＰＩＳＡ２０１３の運営委員会はＰＩＳＡ２０１８において、グローバル・コンピテンシーのアセスメントを探究することを決定した。それは、若い世代が異なる文化を背景とした人々とともに共生し関わり合うこと、彼らの態度に対して開かれ柔軟であること、コアとなる価値を同じ人類として共有することが世界で求められているという認識においてである。

この概念の背景となる報告書として、日本がホスト国となって二〇一六年五月に開催されたＧ７大臣会合の場において、ＯＥＣＤはグローバル・コンピテンシーを定義する概念を示した。この枠組みは、Ｅ２０３０と並んで、以下のような次元に分化して示されている。

表3　PISA2015 のための協働的問題解決スキルのマトリックス

		コンピテンシー		
		1　理解を共有し続ける	2　問題解決のために，適切な行為をとる	3　チームのまとまりを確立・維持する
プロセス	A　探究し理解する	A1　チームメンバーの視点と能力を発見する	A2　問題をゴールに沿って解決するための協働的なやりとりのタイプを発見する	A3　問題解決のための役割を理解する
プロセス	B　表象し定式化する	B1　表象を共有して築きあげ(共通の基盤に立って)，問題の意味を交渉する	B2　完成すべき課題を同定し記述する	B3　役割とチーム組織のあり方を記述する
プロセス	C　計画と実行	C1　遂行すべき行動について，チームメンバーとコミュニケーションする	C2　計画を実行する	C3　活動に携わる際のルール(たとえば他者を促す等)に従う
プロセス	D　モニタリングと振り返り	D1　共有した理解をモニタリングしたり，修正したりする	D2　行為の結果をモニターし，問題解決時の成功を評価する	D3　モニタリングし，フィードバックし，チームとしてルールを取り入れる

知識(グローバルな問題に関する知識と理解、文化間の知識と理解)、スキル(分析的で批判的な思考、相手への敬意を持ち、適切かつ効果的にやりとりする能力、共感と柔軟性)、態度(異なる文化出身の人々への寛容さ、文化的他者性への敬意、グローバルな精神性と責任)、価値はこれらの概念の基礎となるものとして含まれる。

PISAの筆記テストで測られるのは認知的要素だけであり、生徒に対する質問紙の中では自己報告で測定されるのが、**表4**のゴシック体文字で記された部分である。

また、OECDだけではなく、他の国際機関、国連、欧

表4　グローバル・コンピテンシーとして提案されている次元

知　識	スキル	態　度
グローバルな問題に関する知識と理解 文化間の知識と理解	分析的で批判的な思考 敬意を持って適切かつ効果的にやりとりする能力 共感 柔軟性	異なる文化出身の人々への寛容さ 文化的他者性への敬意 グローバルな精神性 責任感
価　値		
人間の尊厳に価値を置く 文化的多様性に価値を置く		

州評議会、ユネスコ、IEA等もそれぞれに、二一世紀の市民性と生活のためにグローバルに求められるコンピテンシーを模索し定義し、検討を行ってきている。

まとめにかえて

教育評価に関するOECDの政策レビューでは、その枠組みとして、①生徒の学力評価、②教員の評価、③校長や自治体のリーダーシップ力の評価、④学校評価、⑤教育制度の評価といったように、多面的かつ包括的に調査が行われる。

今後、そのレビューを活用する際、たとえば生徒の学力向上と教員の評価を関連づけて論じる等、前記のような各面を結びつけて考えようとする場合には、これらの多様な要素は相互に関係し合っているため、ある一つの面のある一要素が因果関係を示すものではないことを十分理解しておく必要がある。また、評価対象者が与える真正な「インセンティブ（誘因）」のあり方を理解しなければならない。各側面で「何を評価の対象とするか」の範囲や焦点は、国の政策により異なり、適切な評価方法と評価結果の使用法も異なっている。このように複雑な評価制度・実践状況の中で、本章で述べたカナダなどに見られるように、多くのOE

CD諸国は、近年実施しているカリキュラム改革において学力評価を重要なものとして位置づけている。日本においても、新学習指導要領は、「新しい時代に必要となる資質・能力の育成と、学習評価の充実」を中心に据えている。この点では、OECD諸国と共通の可能性と課題があるだろう。「社会に開かれた教育課程の実現」を中核に据えている点は、他国と共通する課題として「社会の変容と学校改革のタイムラグ」を縮めるためのヴィジョンを明確に打ち出し、革新的な学校改革の可能性を示唆しているものと言えよう。日本からの実践事例が期待される。同時に、このヴィジョン実現の課題の一つとしては、「何ができるようになるか」という、各教科で育みたい資質や能力を明確にした後、各教科で知識以外の資質や能力を、どのように教え、そしてどのように評価測定するかという実践の具体的検討が挙げられよう。また、「何ができるようになるか」を各教科で明確にするだけではなく、教科を超えて求められる力や教科横断的な考え方などを、どのように評価するかも課題になるだろう。

諸外国では、カリキュラム改革によって生じる教員の負担を見落としてはならない点も指摘されている。生徒評価の手法やその結果をどう生かすかについては、生徒を中心に据えたフィードバック重視の形成的評価が、OECD諸国でいっそう注目されてきている。生徒個々人の学習過程を詳細に捉えるには、教員にそのための適切な専門性と時間が求められる。「評価」のみならず「指導」においても、「生徒の主体的な学び・対話的な学び・深い学び」を実践するための準備や授業計画、他教科や学外との調整などにも、それにふさわしい教員の専門性と時間が必要である。日本の教員の多忙さを考えた場合、生徒の学習過程を質的に向上させるためには、教員の限られた時間の中でそれを実現させるためのリソースが必要であろう。そのリソースを生み出すためのイノベーションも求められる。たとえば国内外の事例を見ると、学習過程を丁寧に捉えて個別に指導していくためには、「学習過程を追う」のにかかる時間については、AIやビッグデータの活用で圧縮が可能になるかもしれない。

けれどもそのデータを用いてフィードバックするのは、生徒との関係性を築いている教員が行うのが適切と思われる。

技術革新を、生徒の指導に取り入れるだけでなく、評価にも取り入れ用いることにより、新学習指導要領の実現はいっそう効果的なものとなる可能性もあるだろう。その際、教員の「役割・資質・能力」を改めて考察し、技術との「役割分担」の見極めも必要となろう。どこまでをＩＴのような道具に頼り、どこからを教員が担うべき教育実践とするのか。「科学技術と人間の共存」が教育現場でも問われる時代になってきたのではないだろうか。これらの点でも、「教育大国」「科学立国」と諸外国から評価の高い日本から、新たな教育実践の蓄積とその発信がなされることが大いに期待される。

〔付記〕
本稿は、第一著者の田熊が英語（一部日本語）で執筆した文章を第二著者の秋田が翻訳し、さらに紙幅の関係から、一部縮約して作成したものである。なおＯＥＣＤ教育スキル局幼児・学校教育課、白井俊氏に最終訳文のチェックにおいて御協力を頂いた。謝意を記したい。

参考文献

Binkley, M., O. Erstad, J. Herman, S. Raizen, M. Ripley and M. Rumble 2010, Draft White Paper 1: Defining 21st Century Skills. (http://atc21s.org/wpcontent/uploads/2011/11/1-Defining-21st-Century-Skills.pdf)

Chung, G.K.W.K. and E.L. Baker 2003, "Issues in the Reliability and Validity of Automated Scoring of Constructed Responses", in M.D. Shermis and J. Burstein (eds.), *Automated Essay Scoring: A Cross-Disciplinary Perspective*, Lawrence Erlbaum, Mahwah, New Jersey, pp. 23–40.

Chung, G.K.W.K. et al. 2001, *Knowledge Mapper Authoring System Prototype*, University of California, National Center for Research on Evaluation, Standards, and Student Testing (CRESST), Los Angeles.

European Commission 2011, The Making of: Leadership in Education, A European Qualification Network for Effective School Leadership, Niedersächsiches Landesinstitüt für schulische Qualitätsentwicklung(NLQ), Hildesheim.

Flemish Ministry of Education and Training 2010, OECD Review on Evaluation and Assessment Frameworks for Improving School Outcomes: Country Background Report for the Flemish Community of Belgium, Flemish Ministry of Education and Training, Brussels, www.oecd.org/edu/evaluationpolicy.

Gonczi, A. 2002, "Teacing and Learning of the Key Competencis?", Contributions to the Second DeSeCo Symposium.(http://www.oecd.org/edu/skills-beyond-school/41529505.pdf)

Herl, H. E. et al. 1999, "Reliability and validity of a computer-based knowledge mapping system to measure content understanding", *Computers in Human Behavior,* Vol. 15, pp. 315–333.

Kennedy, M. M. 1995, "Research genres in teacher eduction", in F. Murray(ed.), *Knowledge base in teacher education,* Washington, D. C., McGraw Hill, pp. 120–152.

Looney, J. 2009, "Assessment and Innovation in Education", OECD Education Working Papers, No. 24, OECD Publishing, Paris.

Madaus, G. F. and L. M. O'Dwyer 1999, "A Short History of Performance Assessment: Lessons learned", *The Phi Delta Kappan,* Vol. 80, No. 9, pp. 688–695.

Norwegian Directorate for Education and Training 2011, OECD Review on Evaluation and Assessment Frameworks for Improving School Outcomes: Country Background Report for Norway. www.oecd.org/edu/evaluationpolicy

Nusche, D., L. Earl, W. Maxwell and C. Shewbridge 2011, OECD Reviews of Evaluation and Assessment in Education: Norway, OECD Publishing, Paris.

OECD 2013, PISA 2012 Results: What Students Know and Can Do: Student Performance in Mathematics, Reading and Science (Volume I), Paris: OECD Publishing.

Ripley, M. 2009, "Transformational Computer-based Testing", in F. Scheuermann and J. Bjömsson(eds.), *The Transition to Computer-Based Assessment: New Approaches to Skills Assessment and Implications for Large-scale Testing,* Office for Official Publications of the European Communities, Luxembourg.

Santiago, P., G. Donaldson, A. Looney and D. Nusche 2012, OECD Reviews of Evaluation and Assessment in Education: Portugal, OECD Publishing, Paris.

Sauvageot, C. 2008, "International comparisons - Introduction", *Éducation et formations,* no. 78, November 2008, Ministry of National Education, Ministry of Higher Education and Research, Direction de l'évaluation, de la prospective et de la performance(DEPP), Imprimerie Moderne de l'Est, Paris.

Schmidt, W. H., P. Zoido and L. S. Cogan 2013, Schooling Matters: Opportunity to Learn in PISA 2012, OECD Education Working Papers, No. 95. Retrieved from: http://dx.doi.org/10.1787/5k3v0hldmchl-en

Stiggins, R. J. 1987, "Design and Development of Performance Assessments", *Educational Measurement: Issues and Practice*, Vol. 6 No. 3, pp. 33–42.

Tamassia, C. and R. Adams 2009, "International Assessments and Indicators: How Will Assessments and Performance Indicators Improve Educational Policies and Practices in a Globalised Society?", in K. Ryan, *The SAGE International Handbook of Educational Evaluation*, SAGE Publications, Thousand Oaks, California.

Young, Michael, Katherine Ross, Philip Tomporowski, Anita Collins, Rachael Jacobs, Stephen Billett, Laura Lippman, and Kimberly A. Schonert-Reichl 2016, OECD unpublished document cote number. [EDU/EDPC(2016)23/ANN2]

小玉重夫(こだま・しげお)
1960年生．東京大学大学院教育学研究科教授．教育哲学・教育思想．『教育改革と公共性——ボウルズ＝ギンタスからハンナ・アレントへ』(東京大学出版会)，『教育政治学を拓く——18歳選挙権の時代を見すえて』(勁草書房)など．

今井康雄(いまい・やすお)
1955年生．日本女子大学人間社会学部教育学科教授．教育哲学・教育思想史．『メディアの教育学——「教育」の再定義のために』『メディア・美・教育——現代ドイツ教育思想史の試み』(ともに東京大学出版会)など．

山内祐平(やまうち・ゆうへい)
1967年生．東京大学大学院情報学環教授．教育工学．『デジタル社会のリテラシー』(岩波書店)，『デジタル教材の教育学』(編，東京大学出版会)など．

田熊美保(たぐま・みほ)
1970年生．OECD教育スキル局幼児・学校教育課シニア政策アナリスト．国際比較教育・教育政策評価．*Starting Strong IV: Monitoring Quality in Early Childhood Education and Care, Strengthening Social Cohesion in Korea*(ともに共著，OECD)など．

執筆者

佐藤 学(さとう・まなぶ)
1951年生．学習院大学文学部教育学科教授．学校教育学．『学校改革の哲学』(東京大学出版会)，『専門家として教師を育てる——教師教育改革のグランドデザイン』(岩波書店)など．

白水 始(しろうず・はじめ)
1970年生．東京大学高大接続研究開発センター教授．学習科学・認知科学．『21世紀型スキル——学びと評価の新たなかたち』(共著，北大路書房)，『資質・能力 理論編』(共著，東洋館出版社)など．

一柳智紀(いちやなぎ・とものり)
1984年生．新潟大学大学院教育学研究科准教授．教育心理学．『教師の言葉とコミュニケーション——教室の言葉から授業の質を高めるために』(共著，教育開発研究所)，『授業における児童の聴くという行為に関する研究——バフチンの対話論に基づく検討』(風間書房)など．

藤村宣之(ふじむら・のぶゆき)
1965年生．東京大学大学院教育学研究科教授．教育心理学・発達心理学．『数学的・科学的リテラシーの心理学——子どもの学力はどう高まるか』(有斐閣)，『発達心理学——周りの世界とかかわりながら人はいかに育つか』(編著，ミネルヴァ書房)など．

石井英真(いしい・てるまさ)
1977年生．京都大学大学院教育学研究科准教授．教育方法学．『現代アメリカにおける学力形成論の展開——スタンダードに基づくカリキュラムの設計 増補版』(東信堂)，『今求められる学力と学びとは——コンピテンシー・ベースのカリキュラムの光と影』(日本標準)など．

斎藤兆史(さいとう・よしふみ)
1958年生．東京大学大学院教育学研究科教授．英語教育・英語文体論．『英語達人列伝——あっぱれ，日本人の英語』(中央公論新社)，『日本人と英語——もうひとつの英語百年史』(研究社)など．

秋田喜代美
1957年生. 東京大学大学院教育学研究科教授. 教育心理学・授業研究・保育学. 著書に『学びの心理学——授業をデザインする』(放送大学叢書),『あらゆる学問は保育につながる——発達保育実践政策学の挑戦』(監修・共著, 東京大学出版会)など.

岩波講座　教育　変革への展望 5
学びとカリキュラム　第7回配本(全7巻)

2017年2月24日　第1刷発行
2018年5月25日　第2刷発行

編　者　秋田喜代美《あきたきよみ》

発行者　岡本　厚

発行所　株式会社 岩波書店
〒101-8002 東京都千代田区一ツ橋2-5-5
電話案内 03-5210-4000
http://www.iwanami.co.jp/

印刷・理想社　カバー・半七印刷　製本・牧製本

ISBN 978-4-00-011395-3　　Printed in Japan

内容案内進呈

岩波講座
教育 変革への展望 全7巻

［編集委員］
佐藤 学、秋田喜代美、志水宏吉、
小玉重夫、北村友人

第1巻 **教育の再定義**
本体 3200 円

第2巻 **社会のなかの教育**
本体 3200 円

第3巻 **変容する子どもの関係**
本体 3200 円

第4巻 **学びの専門家としての教師**
本体 3200 円

第5巻 **学びとカリキュラム**
本体 3200 円

第6巻 **学校のポリティクス**
本体 3200 円

第7巻 **グローバル時代の市民形成**
本体 3200 円